대전문화의 뿌리와 정신을 찾아서

# 한밭, 향토문학론

대전문화의 뿌리와 정신을 찾아서

# 한밭, 향토문학론

조남익 지음

이든북

# 머리말

문학과 사상의 표현에는 어쩌니 해도 환경의 영향이 큰 것이라고 아니 할 수 없을 것이다. 사물은 소멸해도 거기서 얻은 생기生氣는 남는다. 흔히 자연 속에 있는 너의 뿌리로 내려가라. 그러면 너 자신을 알게 될 것이다 하고 말하는 것은 이 때문이다.

필자는 문단에 종사한 지 어느덧 반세기가 넘었다. 그동안 작품을 쓰며 시집도 내곤 했지만, '향토문단'이란 특별한 의식은 별로 없었던가 싶다. 아마도 문단의 중앙집권적 영향 때문이었을 것이다.

그런데 어느 평론의 글에서 '백강 조남익 시인은 충남 부여에서 출생해서 팔십이 되기까지 고교시절과 대학시절을 제외하고는 거의 향토를 떠나 본 일이 없는 향토애호가'란 지적을 받곤 조금 놀라기도 했다. 뜻밖의 깨달음 때문이었다. 그리고 군 복무기간 또한 고향을 떠난 기간이었음을 생각해 내었다.

산다는 것은 서서히 태어나는 것이라는 말이 있다. 또 귀향이란 근원으로 가까이 돌아가는 일이요, 고향길은 밤에 가도 돌부리에 채이지 않는다고 한다.

사실 따지고 보면, '충청도인'으로서의 내 삶은 일생을 지배해 왔다고 해도 과언이 아닐 것이다. 오랜 백마강의 흐름처럼 삶의 여정이 이곳의 뿌리 속에서 키워지고 그 넋을 호흡했다고 할 것이다.

돌이켜 보면 현재도 이 고장의 문학의 중심이 되고 있는 《충남문학》을 내 손으로 창간(1970)하였고, 대전이 충남에서 분리되면서 또한 《대전문학》을 창간(1989)하게 되었다. 《충남문학》은 한국문협 충남지부의 사무국장 때였고, 《대전문학》은 분리된 대전지부 초대회장이 되었을 때였다.

이런 사정은 지역사회의 각종 지면에서도 자천 타천으로 적지않은 발표가 뒤따랐다. 시간이 흐르면서 이런 흔적은 이 고장의 역사적 생명감으로 이어오고, 이것을 찾아 연구하는 분도 있는 것을 알게 되었다. 거의 방치했던 흔적을 찾아 『한밭, 향토문학론』을 엮는 동기라면 바로 이것이라 할 수 있다.

도시는 얼굴을 갖고 시골은 영혼을 지닌다. 사실 과거처럼 확실한 것도 없을 것이다. 모든 이유에는 원인이 있기 때문이다.

지금도 그렇지만 우리 나라의 각종 문예지는 서울에 집중되어 있다. 나의 작품 무대도 자연 거기에 쏠려 있었다. 그러나 평생을 살면서 영혼을 키우고 정신적 성숙을 도모해 온 것은 삶의 터전이었다고 할 것이다.

이 책은 거의 이런 측면에서 편집되었다. 제1장 향토의 푸른 넋에서는 주로 우리 문학적 이슈가 됨직한 글들을 모았다. 「충청도 사람들」 「고향에 살어리랏다」 등은 물론 내 작품의 해설이 되는 것도 여기 포함시켰다. 내 시도 상당부분이 고향의 향토의식을 자양분으로 하고 있기 때문이다.

제2장 향토문학론은 대전의 문학지, 또 충남 대전의 시집 출간 현황 등 기록적인 문헌을 정리한 것이다. 이것은 사라져 가는 연대의 것으로서 새로이 간직해야 될 기록물이 될 것이다.

제3장 창작집의 파노라마는 소설 및 시집에 대한 평설의 글을 모은 것으로 모두 이 고장에 계시는 분들의 것이다. 이 고장을 지키고 빛내고 있는 소중한 분들이라고 해도 과언이 아닐 것이다.

속담에 이르기를 "사람을 보려거든 먼저 그 후광을 보라"고 한다. 모든 것은 아는 만큼 보이기 때문이다.

조금 늦은 감이 있으나 이 책은 내 고장, 내 삶의 터전에 바치는 조그마한 정성이 숨어 있다. 적으나마 내일의 지혜로 인도하는 문이 되었으면 한다.

## 제1장 향토의 푸른 넋

## 제2장 향토문학론

## 제3장 창작집의 파노라마

제1장

# 향토의 푸른 넋

# 충청도 사람들

그들은 누구를 보아도 고운 햇볕 아래 잘 여문 나락 같은 얼굴을 하고, 웃기를 좋아한다. 상냥한 미소, 예의 바른 몸가짐, 슬기로운 눈빛 속에는 오랜 세월 연면히 이어온 자존自尊과 사랑의 평화가 있다.

그들은 서두르지 않으나, 민첩함이 있고, 모나지 않으나, 정의의 칼이 숨겨져 있다.

그들은 그들의 고향을 사랑한다. 아니 자랑한다. 북으로 차령산맥과 가야산령, 남으로 소백산맥과 노령산맥이 갈비뼈처럼 남북으로 방어벽 구실을 하면서 황해로 뻗어내린 그 사이의 푸른 들과 산의 1천리 터전이 그들의 고향이다.

내포의 드넓은 평야와 젖줄인 금강이 어우러져 산물이 풍부하여 인심 좋고 살기 좋은 곳이다. 특히 차령산맥은 한반도의 중부와 남부지방을 가르는 기준선으로 북녘 오랑캐의 한반도 정복의 최후 돌파구였고, 또한 남녘 왜구들에게는 서울 침입의 최후 관문이기도 했다. 조국을 지키는 국토수호의 숙명적인 지령地靈이 여기서 꿈틀거렸고,

수많은 충절과 애국지사가 이 곳에서 나고 찬란히 개화하였음은 너무도 당연했다.

차령은 또한 대나무가 기후적으로 더 이상 북상하지 못하는 한계선으로도 유명하다. 그들은 그들의 삶과 미래가 과過해도 불급不及해도 안 된다고 생각한다. 겨울이 오고 바람 불어도 한결같은 그들의 이상은 엄격한 중용中庸의 향기를 취한다. 그들은 바라보는 곳이 넓고 아늑하며, 편안하고 즐거운 멋을 포용하되, 그것이 가볍거나 얇지가 않다. 물로 말하면 큰 대접에 담긴 물이요, 종재기 물이 아니다. 극악한 범죄, 잔인무도한 치한이 충청도엔 없었다.

그들은 형명보다는 개혁을 사랑한다. 진달래 꽃보다는 무궁화를, 무궁화보다는 순백의 국화를 더 사랑한다. 피를 부르는 혁명, 그 부정적 일변도를 그들은 좋아하지 않는다. 그러나 잘못된 물줄기를 고쳐잡고, 기강을 중히 여기며, 사려깊은 경륜에 몰두하는 것은 그들의 특징이다. 그것은 소아적 영웅주의가 아니요, 대의에 입각한 협동정신이었다.

물이면 흐르고 산이면 오르고, 사람이면 사람답게 살자. 압록강과 두만강, 그리고 한라산까지 이 나라의 형제들이 함께 어우러져 춤출 때 충청도 도련님, 충청도 서방님, 충청도 시악시, 충청도 아주머니, 충청도 할아버지…. 그들이 치는 풍장을 보아라. 자지러질 듯 이어지는 농악속에는 절로 익어터진 천성天性의 오색 무지개가 너무도 현란하다. 나는 충청도의 얼과 철학을 좋아한다. 그리고 그들의 빛나는 사랑, 이 땅에 심은 긍지, 해와 달에 어리비친 독수리의 영원한 눈동자를 진실로 사랑한다.

# 고향에 살어리랏다

나는 지난 4월 23일 고향에서 아버님을 잃고 그 장례를 모신 일이 있다.

아버님께서 85세를 살으신 고향, 아니 그 선대로 거슬러 가면 무려 19대까지 올라가 대대로 살아왔던 고향이니 그야말로 토박이란 이런 경우를 두고 하는 말이 아닌가 한다. 일찍이 나의 시와 문학은 토착민의 세계로부터 출발했다 해도 과언이 아니다.

나의 데뷔작품인 「수고리」「북촌리 타령」「산바람 소리」 뿐만이 아니라, 연작시인 「충청도」 최근의 역사 시행의 연작시 「짐朕의 연가」에 이르기까지 나는 한국인의 서정과 얼을 시에 담았다.

토착민土着民의 세계는 풀과 나무처럼 태어나고, 죽고 또 나고 성장하는 유구한 인간 생존의 모습이었다.

내 영혼이란 것도 기실 풀씨처럼 떨어질 것이고, 풀씨는 이름없는 한포기 풀이 되어 비와 천둥을 맞으며 그의 일생을 산다. 인간을 하나의 식물성적 존재로 파악해 들어간 그것은 내 고향의 우주와 섭리의 세계에 기준한 것이라 할 수 있다.

扶餘郡 世道面 水古里…

그러나 많은 책을 읽고 도시생활에 물들면서 나는 원시적 고향에 대한 인식을, 그 생명감을 이어받되 끊임없이 변용하고 재구성해야 했다. 고향의 숲과 바람소리와 새 울음 등 따위로는 지적 충족은 물론 현대시를 쓸 수가 없었던 것이다. 특히 최근 10년 가까운 세월을 나는 역사의식에 사로잡혀 겨레의 혼魂에 매달려 있었다.

그러는 사이 지적 오만이랄까 고향에 대한 소원한 감정도 상당히 들어와 있었다.

그러나 아버님의 임종과 흙으로 돌아가게 되는 삶의 진면목을 보고, 새삼 고향의 땅과 하늘을 돌아보는 계기가 되었다. 그것은 머지않아 나도 고향으로 돌아가야 된다는 깨달음이었다. 어떤 지적으로도 압도시킬 수 없는 인간의 본질이 거기 있었다.

바람기 많은 나의 일생이 여기 와 잠들게 되리라는 어떤 충족감에 나는 가슴이 떨렸다. 그리고 이런 물씬한 흙과 좋은 고향이 있는 나의 행복도 찾아낼 수 있었다.

누구나 그런 것처럼 고향은 소중하고 또 정신적으로 요람지가 된다. 인간은 흙에서 태어나 흙으로 돌아간다는 말은 조금도 틀린 말이 아니다.

특히 우리와 같이 시를 쓰며, 정신적 세계를 소요하게 되는 사람들에게는 그 본성과 본질이 거의 선천적 유전질로부터 유년시절의 체험과 삶에서 크게 벗어나지 못하는 것으로 보고 있다.

프랑스의 이쁠릿 테느가 문학을 결정하는 3요인을 종족, 환경, 시대로 설명한 이론은 너무도 유명하다.

테느의 실증주의적 경향은 이들 3요인이 모두 확인 가능한 '사실'로 구성되어 있고, 이 '사실'들에 의하여 문학이라는 상층구조를 낳는 원인으로 설명되고 있다.

나의 고향은 한국의 전형적 농촌 지역이 갖는 낭만과 인정이 숨쉬고 있는 곳이다. 그러면서 백제의 고도로서 문화적 여운과 역사의 한恨이 또한 배어있는 곳이기도 하다. 특히 백제 왕도의 제일의 외성인 성흥산성이 지척에 있고, 그것을 바라보며 성장한 나는 거대한 백제 멸망의 화신化身을 거기서 받아들이지 않을 수 없었다. 나의 역사 의식이 싹튼 곳도 고향이었던 것이다.

이제 하나의 물거품처럼 우리 고향에 돌아가 묻힐 것이다. 그리고 우리는 고향에 안주하지 말고 다시 영원한 그리움을 푸른 산빛처럼 뿜으며 영생을 지향해 볼 일인 것이다. 그리운 고향으로 다시 가야 되는 것처럼….

# 시비공원詩碑公園의 조성

"삶과 죽음에 차가운 눈길을 던지라. 말 탄 자여 지나가거라" 이것은 아일랜드 최대의 시인 예이츠의 비명碑銘에 있는 그의 시구이다. 아무런 장식도 없는 석회석 묘비에 이 시구는 새겨져 있다고 한다.

우리나라에 시비가 등장하기 시작한 것은 대체로 8·15광복 이후부터이니 긴 역사라고는 할 수 없다. 처음에는 윤동주(연세대 교정), 유치환(경주 불국사, 부산 에덴공원), 이상화(대구 달성공원) 시비 등이 나타나기 시작했고, 대전에서는 박용래(보문산 사정공원), 한성기 (시민회관 광장) 시비가 세워졌다.

대전은 역사도 짧지만 유적이나 문화재 같은 것이 빈약한 도시다. 직할시는 되었지만 문화적 공간은 물론 문화적 전통이나 축적이 많지 못하다. 이제부터라도 '문화의 뿌리내리기'에 힘써야 할 때인 것이다.

이런 대전에서 필자는 보문산의 '시비공원 조성'을 제안하고 싶다. 보문산은 단조로운 듯 하지만 막상 들어가 보면, 광대한 지역에 계곡이 첩첩이요 능선이 사방으로 얽혀진 광활한 산악지대를 형성하고 있어 길을 잃을 정도인 것이다.

한국 중부권의 심장인 대전에 전국에서 제일가는 시비공원이 조성되어 크고 작은 시비·문학비·예술인비·동요비·노래비 등이 세워져 '시비공원'으로 불릴 때, 보문산은 분명 새로운 시민문화의 명소가 되고 요람이 될 것이다.

우리는 서두르지 말고 이 고장 출신의 예술인 뿐만 아니라, 한용운 김소월 서정주 박목월 등 문학사의 거목들의 시비도 세울 일인 것이다. 학생들은 그것을 보며 학교 소풍의 보람을 만끽하게 될 것이다. 먼 곳의 명사들이나 문인들도 대전에 오면 이곳에 들러 여러 시비들을 둘러보면서 얼마나 흐뭇해 할 것인가.

전남 구례 화엄사 입구에는 '시인 동산'이 조성되어 있다. 김소월 김영랑 김현승 이동주 시비가 들어섰고, 최근에는 젊은 시인 송구헌의 시비가 제막되었다.

또한 경남 마산 산호공원에는 '시의 거리' 조성이 펼쳐져 김용호 정진업 박재호 시비가 건립되었다. 모두 한번쯤 음미해 볼 만한 일인 것이다.

# 문학과 카타르시스의 매력

임진왜란 7년 전쟁은 오늘날까지도 국민적 반일反日 또는 배일排日 감정의 오랜 뿌리로 자리매김 되고 있다. 중국과도 수천 년 갈등구조가 있었지만, 그 저변의 국민감정은 일본과는 많이 다르다고 할 수 있을 것이다.

임란 뒤에 나온 군담소설 「임진록」은 사명당의 초인적인 도술이 종횡무진으로 활약하여 통쾌한 민족적 카타르시스를 제공한다. 갖은 술책으로 사명당을 죽이려 했지만, 번번이 실패하였고, 종국에는 왜왕의 항복은 물론 왜인 처녀 총각의 인피人皮 3천장씩을 조공으로 바치게 하는 등 민족적 울분을 풀어낸다.

일제 치하에서 금기서였던 이 고대소설은 지금 읽어도 통쾌한 바가 있다.

우리나라의 고대소설은 대부분 권선징악의 주제로 되어 있다. 힘없고 당하기만 하는 일반 대중에게 억울한 마음의 한풀이가 여기 녹아 있다고 하겠다.

가령 「흥부전」을 보면, 흥부와 놀부의 선명한 선과 악이 대비 된다. 놀부가 부모의 유산을 독차지하고 동생 흥부를 내쫓는다든가. 흥부는 다리 부러진 채 땅에 떨어진 제비 새끼를 정성껏 동여 매어 날려 보냈지만, 놀부는 흥부가 벼락부자가 된 자초지종을 듣고, 일부러 멀쩡한 제비 새끼를 잡아다 다리를 부러뜨린 후 실로 동여매주는 등 소설의 내용이 선악의 양극에서 전개된다.

대표적인 서민문학이며 또한 해학문학의 백미인 「흥부전」은 오랜 세월 서민들이 울고 웃는 가운데 약자의 정서적 해갈에 감동을 주었다고 할 수 있다. 문학에서 카타르시스는 일찍이 아리스토텔레스가 그의 「시학」에서 "연민과 공포를 통하여 비극은 그 감정들의 카타르시스(Catharsis)를 초래한다"는 짤막한 진술을 남긴데서 유래한다. 인간은 왜 눈물을 흘리며 비극을 보는 것인가에 대한 심리적 효과를 지적한 것이다.

카타르시스는 대체로 정화淨化와 배설排泄의 두 가지 의미로 해석한다. 전자가 주로 창작상의 문제로 논의되었다면, 후자는 의학상의 은유로 확대된다.

비극을 보고 느끼는 연민과 공포적인 감정은 모두 인성의 본연적 성격이다. 비극을 보고 일어나는 이런 흥분은, 그동안 관객의 심리 내부에 쌓여있던 억압된 정서를 배출하게 되며, 이로써 관객은 그 감정의 중압에서 벗어나 해방되고, 심신이 깨끗하게 정화된다는 것이다.

종교적 해석에서는 죄의 더러움을 씻고 평화에 정착하게 된다는 뜻으로 발전한다. 하이데거에 의하면 "시인은 본질적 언어를 가능케 한다"고 하였고, '본질적 언어'는 "시는 민족의 근원적 언어다"로 이어진다. 원초적 언어로서 시는 언어미言語美를 극단적으로 추구하게 되며, 순수시의 경지가 여기서 개척하게 된다.

문학에서 신神은 시공간의 차원 너머에 있는 초월적 존재일 것이다. 신의 입증은 과학의 오랜 숙제였지만, 신에 대한 불가지론不可知論이나 범신론汎神論 등은 끊임없는 논쟁으로 이어져 온다. 그러나 물리학 같은 과학에서조차 모든 물질은 보이지 않는 에너지로 구성돼 있다며 신의 불가사의에 결코 자유롭지 못함을 본다.

종교적이든 비종교적이든 신은 인간과 우주의 근원적인 비밀을 쥔 열쇠라는 점에서 문학의 마력적 환상은 적은 것이라 할 수 없다. 진리를 나타내는 것은 궁극적으로 신의 존재이다. 시가 설명이 아니라 직관의 산물이며, 이는 신의 본질을 자유와 사랑의 정신으로 이어주기도 한다.

우리 국민시인 김소월은 외래어를 한 단어도 쓰지 않은 토착어 지향의 시인이었고, 그의 시는 근원적 민족어의 발굴에 바쳐진다. 그의 시 전편에 흐르는 한恨은 그로 하여금 국민시인이 되게 한 정화작용 곧 카타르시스 때문이라는 것이다.

'한'이란 실의와 좌절에 빠진 정서이며, 인생에서 낙오된 자요, 변두리 인생인 것이다. 버림받은 애절한 여인의 극치가 그의 「진달래꽃」인 것이다. "나 보기가 역겨워/ 가실 때에는/ 죽어도 아니 눈물 흘리오리다(4연)"라는 도착적 쾌감이 민중의 한을 풀어주는 해독제 구실을 한다.

박경리의 「토지」는 이미 고전적 작품으로 인정 받고 있다. 이 소설의 '토지'는 단순한 농토를 의미하는 것이 아니라. 멀리 간도까지를 무대로 함으로써 나라를 빼앗겼던 일제 치하의 국민적 한풀이가 요동치면서 관심을 모은다. 지은이와 오랜 주제인 한恨과 생명사상, 그리고 웅장한 파노라마로 펼쳐진 행적 추적은 국민적 공동성을 획득하게 된다. 한 시대를 껴안은 문학이 울분의 저변을 씻어 내리는 정화작용이 있다.

이 소설은 동학혁명이 실패로 끝난 1897년 한가위로부터 3·1운동, 항일운동, 사회주의 운동 등이 배경을 이루고, 북간도의 등장은 가장 의미 있는 정서적 활기에 기여한다.

톨스토이의 「정쟁과 평화」는 단순한 역사 소설이 아니고, 러시아 국민의 본질을 밝히려는 뜻을 가지고 559명에 이르는 등장인물을 통하여 조국의 심층부로 접근한다. 수많은 희로애락이 춤추면서 대서사시와 같은 국민적 카타르시스 이론이 옛날과 같은 논리에 있다고 볼 수는 없을 것이다. 비극의 효과로 보는 해석을 부인하는가 하면, 일부에서는 적용의 범위를 희극 기타의 문제에까지 넓혀서 보려는 견해도 있다.

카타르시스는 삶의 진실한 감동으로서의 매력이 무엇인가를 밝혀주는 것이라고 할 것이다. 삶의 위안이야말로 문학의 기본적 명제가 아니겠는가. 미적 경험을 통하여 우리의 정서는 때로는 순치되고 때로는 폭발한다. 문학은 곧 감동이다. 그 감동의 중심에 카타르시스의 매력이 있다고 하겠다.

# 내가 가입한 시인단체

서울이건 지방이건 크고 작은 문학단체들이 있고, 좋은 의미든 나쁜 의미든 이 단체들과 소홀히 할 수 없는 것이 또한 우리 문인들의 입장일 것이다. 많은 단체에 관련하기도 그렇고, 그렇다고 까닭 없이 이들과 동떨어져 지낼 수도 없다 .

내 시인단체의 가입은 오늘에 이르기까지 한국시인협회 한 곳으로 일관한다. 수많은 시동인지에서는 나는 비교적 초연해 있는 편이다. 특별한 이유는 없다. 여러 곳에 기웃거리기보다는 이것이 내게 편하고 합리적인 처신이라고 보고 있기 때문이다.

누구나 그렇겠지만 특별한 사유가 없는 한 종합적인 단체로는 한국문인협회, 시 전문단체로는 한국시인협회의 두 곳이면 되었다. 그리고 내가 사는 지방의 단체는 일종의 생활 방면 같은 것이라 할 수 있었다.

1971년 한국현대시인협회가 창립되었을 때는, 지방에 사는 나에게도 어려운 처신이 왔다. 시단의 모양새가 여하간 서정주, 문덕수 선생님을 비롯해서 평소 인간적으로 가까운 그쪽 분들에 대한 내 나름의 고민이 닥친 것이다.

입회원서를 받아놓고 적지 않은 시간을 보냈지만, 나는 끝내 제출하지 못했다. 그 뒤 두 곳을 모두 가입하는 '이중 가입'의 마음의 유혹이 몇 차례 있었지만, 내 좁은 소견은 그것을 허락하지 못했다. 이런 저런 고비를 거쳐 한국시인협회는 내게 내가 소속한 '집'이라고 어떤 의미를 심어주었을 것이다. 거기서 오는 공문을 읽으며 매년 회비를 챙겼다. 그러나 한국시협에서 주관하는 각종 행사는 거의 참석하지 못하는 편이다. 시간에 쫓기는 생활 때문이었지만, 나는 본래 번다하게 돌아다니는 성격도 못 되었다.

이성교 시인이 사무국장(1977)을 맡았을 때이다. 학교 선배이기도 한 이성교 형은 "내가 있을 때, 꼭 한번 나오시오"하는 간곡한 서신이 있었지만, 어쩌다가 가지 못해서 지금도 가끔 미안해지고 한다.

1986년 10월 제16회 시협세미나가 유성의 신원장호텔에서 있었다. 내가 맡은 주제는 "시의 학교 교육상의 문제점"이었다. 이번의 대주제과가 「시문학교육의 제문제」였고, '국민교양으로서의 시교육 방향'(최원규), '학교 교육상의 문제점'(조남익), '시와 시인과 사회'(박의상), '어떤 시를 가르칠 것인가'(이건청) 등의 세분된 소주제로 짜여져 있다.

시는 극단적인 주관의 산물인 데다가 수사상으로도 상당한 난해성을 동반한다. 이를 학교 현장에서 어떻게 가르칠 것인가의 시교육 방법론이라고 하겠다.

나는 『현대시해설』(1977)을 통하여 시의 명료한 분석과 감상을 시도한 바 있었다. 당시만 해도 시를 해설한다든가 해체하는 일은 대체로 기피하여 왔다고 할 수 있었다. 지금도 이론적으로는 시는 종합적인 감성 능력을 가지고 시의 자율성에 접근하는 것이 가장 합리적인 방법으로 옹호된다.

그러나 교단에서 시를 가르쳐 본 사람이라면, 뜬구름 잡는 식의 수업은 사실상 어려운 것임을 이해한다. 할 수만 있다면 분석과 종합이 합일된 '해체의 처방'이 이해의 수준을 높여 준다. 그리고 거시적으로 역사적 체험의 시가 '정신의 얼굴'이라면, 순수한 개인적 체험의 시는 대체로 '절정의 언어'를 지향하기 때문에, 시의 수업은 그 핵심적 요소를 놓칠 수가 없을 것이다. 시문학 교육이 전인교육으로 가는 뜻 깊은 과제도 여기 있을 것이다. 벌써 20년이 되어가는 일이었지만, 그 세미나는 잊기 어려운 일도 또한 있었다. 서울에서 온 일행들과 다방에서 처음 합석되었을 때였다. 나는 조병화 선생님으로부터 야단을 맞았다. 그때 나는 《현대시학》에 「광복 40년, 한국시인 대표작 연구」란 연재물을 쓰고 있었는데, 그 글에 대한 조 선생님의 불편하신 심기가 있었기 때문이었다.

나는 너무도 뜻밖이어서 한 말씀도 드릴 수가 없었다.

"그런 말씀이라면 단 둘이 있을 때, 하실 일이지, 여러 사람이 있는 데서 한 건 무리가 아닌가…" 어떤 분이 나에게 위로 겸 해 준 말이었다. 조병화 선생님과 사적인 교류는 전혀 없었다. 그러나 내 첫 시집 『산바람 소리』(1969)에 컷을 그려주신 분이여서 항상 고마운 뜻을 지니고 있었다. 《현대문학》에서 나온 이 시집은 김수명 편집장이 편집했는데, 카바 그림은 김영덕 화백, 컷은 조병화 선생님이었다. 물론 나는 시집이 나온 뒤에서야 알게 됐다.

내가 야단을 맞았지만, 그때 구체적 언급은 없었기 때문에, 나는 지금도 어느 부분이 심기를 불편하게 해 드렸는지는 감을 잡지 못하고 있다. 그 일이 있은 뒤 몇 년인가 흘러 시협 세미나에서 몇 번 뵐 수 있었다. 나는 미안해하시는 조 선생님의 눈빛을 읽을 수 있었고, 나도 송구스럽기는 마찬가지였다. 그 글들은 단행본에 수록되어 시판되고 있지만, 글이란 한번 나가면 고칠 수도 취소할 수도 없게 된다.

어느 핸가 나는 조병화 선생님께 시집을 보내드린 적이 있었는데, 따뜻한 회신을 받은 일이 있었다. 선생님은 역시 대시인으로서의 면모와 금도가 있는 분이라고 할 것이다.

한국시인협회와 대전의 시인들은 비교적 좋은 관계가 유지되어 왔다고 할 수 있다. 특히 박목월, 정한모, 성찬경 회장 때는 대전 동학사, 충북 속리산, 대전 등에서의 세미나가 있었고 업무적으로도 긴밀한 협조가 있었다고 하겠다.

박목월 회장(1969-1977)은 사모님과 같이 오셔서 유성에서 일박하시는 경우가 있었고, 비교적 대전에 자주 오셨다. 그 분이 오시면 대전의 한성기, 박용래, 임강빈, 최원규, 조남익, 홍희표 등이 자연스럽게 모일 수도 있었다. 그 첫 결실은 6인의 합동시집 『청와집青蛙集』(1971)으로 나타났다. 한국시인협회 발행으로 나온 이 6인 시집은 보기 드문 대전 지역의 한 수확이라 할 수 있었다. 『청와집』은 정한모의 「향토적 릴리시즘의 승화」란 발문이 또한 주목을 끌었다고 할 수 있었다. 박목월 회장과 박용래 시인의 친숙한 관계를 우리는 기억해도 좋을 것이다.

박용래 시비의 제막식(1984)은 10월의 늦가을 햇살이 뉘엿한 오후

의 시간에, 대전의 유일한 공원지대인 보문산 사정공원에서 거행되었다. 대전 지역에서는 처음으로 세워지는 시비였다. 이 시비는 서울대 미대 최종태 교수가 설계한 것으로 시비는 지각으로 솟아 그 높이가 4.10m에 달하고 있는데, 시비 상단에는 인면상人面像의 청동조각(1.15m)이 얹혀짐으로써 또 하나 금상첨화의 모습을 하게 된다. 제막식에는 한국시인협회 김남조 회장님을 비롯하여 김구용, 전숙희, 박동규, 이문구, 홍완기, 이명수, 이종학 씨 등 많은 재경문인들과 지역문인이 운집한 성황을 이루었다. 김남조 회장은 주최측을 대표해서 끝까지 보살펴주셨고, "이 공원을 앞으로 한국 유일의 시비공원으로 조성"할 것을 권하기도 했다. 이 시비의 글씨는 김구용 선생님의 작품이다.

한국시인협회는 그 역사에서 보듯이 투명한 시의 가치관을 오랜 전통으로 계승해 오고 있다고 할 것이다. 가령 회장 선출을 전임 회장단으로 구성된 '평의원회'에서 추천하는 일도 나름대로 뜻이 있는 전통이 아닌가 한다. 시협은 일종의 전문성의 단체인데, 정치성에 휘말릴 수 없기 때문이다.

서두에서 말한 바와 같이 나는 한국시인협회의 조용한 회원으로 오늘에 이르고 있다. 시협의 무궁한 발전을 빈다.

# 푸른 동해의 매력

– 겨레의 어머니 길을 찾아서

동해의 푸른 바다는 언제 보아도 우리 가슴을 시원하게 하며, 세상의 온갖 잡것들로부터 해방되는 듯한 청정한 느낌을 준다. 거기엔 어떤 원류에 대한 아득한 동경이 있고 사람의 근원을 되돌아 보게 하는 매력이 있다.

우리 나라는 3면이 바다이지만, 아마도 동해를 가보지 않은 이는 없을 것이다. 영동고속도로는 주말이면 유독 사람들로 넘쳐난다. 이 길은 서울과 강릉뿐만 아니라 경인고속도로와 접속됨으로써 서해와 동해를 연결하는 국토횡단의 구실도 한다.

사실 동해는 수심이 깊어 어로기술의 발달이 미약했던 옛날에는 어장으로서의 이용가치가 적었고, 태백산맥이 가로막은 교통의 불편으로 사람들의 내왕이 많았다고 할 수 없었다. 동쪽이 높고 서쪽은 낮게 완만한 경사를 이룬 태백산맥의 경동지형傾動地形은 서해안이나 남해안에 비하여 지역발전을 가로막았다고 할 수 있었다.

그러나 오늘날의 동해는 사정이 아주 달라져 버렸다. 서해나 남해에서는 느끼기 어려운 깊은 휴식과 영적인 평온을 주었고, 어딘가 경승지의 숨소리가 들리는 듯하였다. 나는 동해안의 어느 한적한 민박에서 하룻밤을 지내면서 「동해에서」란 시를 쓰기도 했다.

그때 내 귀에 울리는 것은 "해의 강보에 싸인 애기 잠든 바다/ 밤이면 철썩철썩 칭얼거리며 울어"(1연)였다. 말하자면 동해는 '강보에 싸인 애기'가 칭얼거리며 우는 바다였다. 살아있는 바다, 그것도 애기가 깊은 숨소리를 내는 요람의 바다였다.

이러한 서정은 서해나 남해에서는 찾아 볼 수가 없을 것이다. 서해는 수심이 불과 20-80m에 그치고 있어 밀물엔 덮이고 썰물엔 바닥이 드러나는 곳이 있게 된다. 당태종이 고구려와의 안시성 싸움에서 패주할 때, 진흙탕에 빠져 죽을 뻔했다는 그 개펄의 바다인 것이다.

남해 역시 서해안과 함께 복잡한 리아스식 해안과 다도해를 이룬다. 거기엔 인간의 삶과 역사가 있고, 전쟁의 탁류도 곳곳에 스며있는 반면에, 동해에서와 같은 기품있고 고고한 휴식과 정결한 명상의 맛은 기대하기가 어렵다.

동해에서는 때로 먹구름이 밀려오곤 해도 진여眞如세계의 눈 뜨는 해탈과 자비와 무욕의 첫걸음 같은 신화가 있다. 요컨대 동해는 우리 겨레의 멀고도 가까운 신비로운 정신적 고향이라고 하겠다.

우리 겨레가 오랜 세월 만주와 한반도에 걸쳐 살아왔지만, 동해의 무궁한 영원은 우리 겨레의 모성적 태반이라 할 것이다. 서해와 남해가 삶의 터전이요 바깥마당이었다면 동해는 어머니가 안방에 계시면서 후손들이 이어지고 어떤 평안을 보듬는 곳이었던 것이다.

한반도의 등줄을 이루는 태백산맥은 반도를 지배하면서 동해에 임박하여서는 급경사면을 보이는 것인데, 그것은 어머니의 요람을 보호해오는 장치이기도 했다. 모순을 공존케 하는 상상력의 세계, 곧 신화가 동해에는 있었다.

동해안의 강원도는 어머니의 표상인 신사임당과 효심이 지극했던 이율곡 모자가 태어난 곳이다. 뿐만 아니라 오염되지 아니한 강원도의 순박한 인심은 지금도 인구에 회자되어 온다. 음성이 비교적 맑고 겸손하며 비리나 범죄에 물들지 않은 "산사람 강원도"는 자랑이 아닐 수 없다. "감자바위"란 그 별명은 토속적이면서도 푼푼한 기질을 보인 것이라고 하겠다.

나는 강원도의 그런 정신을 강원도가 낳은 이성교와 이성선의 시에서 살펴보고자 한다.

이성교의 시선집 『동해안 연가』(2015)는 시의 소제, 내용의 심도에 신선함이 있는 시집이다. 그의 시는 오직 강원도에 받쳐진 헌시라고 해도 과언이 아니다. 그만큼 고향인 삼척과 강릉 주변의 지역을 반복적으로 호출하면서 낙관적 시선으로 향토정신을 승화시킨다.

> "선자령仙子嶺을 따라서 국수당에 오르면/ 피에 젖은 옷조각, 마르지 않는 눈물/ 귀신나무 소나무만 애처러이 자랐거니/ 목이 말라도 목이 말라도 이 산을 부르면/ 눈앞에 시원히 해도海圖가 열린다"
>
> – 「대관령을 넘으며」 결구

이성교는 강원도의 서정과 영혼을 위하여 그의 일생을 바친 시인이라고 할 수 있을 것이다.

이성선의 시집에는 『벌레시인』(1994), 『산시山詩』(1999) 등이 있다.

그는 강원도의 자연에 살고, 속세에 물들지 않은 '산山 처녀'의 단아한 시풍으로 주목을 받았다. 특히 자유자재한 상상의 전개와 청정하고 아름다운 단형시에서 빛났다.

"나는 저 산을 모른다// 모르는 산속에 숨어 피는 꽃/ 그것이 나의 저녁밥이다" (「산시」 전문)에서 볼 수 있는 것처럼 기상천외의 비현실적 표현이 경이적이다. 그는 강원도의 체질을 받은 천성의 시인이었다.

한반도에서 백두산을 아버지로 본다면, 금강산은 어머니로 볼 수 있을 것이다. 이때 동해는 어머니의 태반이 된다.

사실 금강산의 세 부분에서 내금강은 단층부의 뭇봉우리들이 둘러싸고, 온유하고 반지르한 맛을 준다. 그러나 중앙 연봉의 동쪽인 외금강은 푸른 바다를 마주하여 깎아지른 듯한 암벽 형성이 장대한 기운을 낸다. 해금강은 나머지의 산줄기가 아예 바다로 들어가 괴이한 섬과 바위를 형성한다. 결국 산맥의 급사면이 바다밑으로 계속되어 수심이 깊은 급경사를 이루는 것인데 여인의 하체가 일부 잠긴 상태라고 해도 좋을 것이다.

금강산은 우리 겨레의 영원한 성산이요 민족혼이 탄생되는 모성애 주체 공간이다. 그리고 그것은 동해와 한 몸을 형성한다. 어쩌니 해도 우리 겨레는 국토의 대자연이 낳은 피조물이며, 우리는 또한 그 흙으로 돌아가는 존재인 것이다.

어머니의 무한한 사랑과 은혜는 바다와 같은 것이다. 따라서 어머니에 대한 은유는 곧잘 바다로 비유된다. 바다는 모든 생명의 기원이기도 하고, 최초의 인류를 잉태한 모태인 것이다.

바다에는 육체가 없다. 그것은 영혼이기도 하고, 꽉 차 있으면서 텅 비어있는 것인데, 이것이 바다가 지닌 역설이다. 그러나 거대한 부재의 그 바다가 나에게 있어서의 어머니인 것이다. 겨레의 어머니요, 대지의 어머니가 지금 동해에서 나를 지켜보고 있다. 그것은 그리운 조국애의 손짓이기도 한 것이다.

천진난만한 아이들의 가슴에는 어머니가 산다. 끝끝내 마르지 않는 샘처럼 거기엔 사랑이 있고, 살아가는데 큰 힘이 되는 아름다움이 있다. 어머니는 생명을 불어넣는 힘으로 아이를 낳고 돌본다.

가정의 유형을 보면 우리나라는 모자중심母子中心의 가정으로 일컬어진다. 미국의 부부중심, 프랑스의 가족중심, 유대인의 부자중심과 조금은 다르게 나타난다. 우리의 모자중심은 모자의 유착이 강하고, 모자가 동화된 메주콩 모습으로 설명된다.

어머니 길이란 도덕의 빛, 도덕적 가치로 전지전선全知全善의 길을 지향하게 되며, 우리의 본능을 끊임없이 정복하면서 그것들을 새롭게 성화聖化하는 과정이라고 하겠다. 위대한 어머니의 길, 어머니의 가치관인 것이다.

나는 더위가 본격적으로 오기 전에 친구들과 함께 동해로가서 다시 민박집의 하룻밤 신세를 지고 올 일정을 잡고 있다.

# 김관식 시인의 추모

## 1. 병상의 김관식 모습

병명도 모르는 채 시름시름 앓으며 몸져 누운 지 이제 10년.
고속도로는 뚫려도 내가 살 길은 없는 것이냐.
肝, 心, 脾, 肺, 腎…….
五臟이 어디 한 군데 성한 데 없이
생물학 교실의 골격표본처럼
뼈만 앙상한 이 극한상황에서…….
어두운 밤 턴넬을 지나는
디이젤의 엔진 소리
나는 또 숨이 가쁘다 열이 오른다.
기침이 난다.
머리맡을 뒤져도 물 한 모금 없다.
하는 수 없이 일어나 등잔에 불을 붙인다.
방안 하나 가득 찬 철 모르는 어린 것들.
제 멋대로 그저 아무렇게나 가로 세로 드러누워
고단한 숨결은 한창 얼크러졌는데

문득 둘째의 등록금과 발가락 나온 운동화가 어른거린다.
내가 막상 가는 날은 너희는 누구에게 손을 벌리랴.
가여운 내 아들 딸들아.
가난함에 행여 주눅들지 말라.
사람은, 憂患에서 살고 安樂에서 죽는 것.
白金 도가니에 넣어 단련할수록 훌륭한 보검이 된다.
아하, 새벽은 아직 멀었나 보다.

-「病床錄」에서

이렇게 10년간을 처절한 투병생활을 하던 시인 김관식 형이 1970년 8월 31일 37세의 젊은 나이로 쓰러졌다. 1934년 논산에서 출생하여 강경상고에서 수학한 그는《현대문학》을 통하여 문단에 등단한 것이 1955년이었다.

시집『낙화집落花集』『해 넘어가기 전의 기도』(공저)『金冠植 詩選』등 3권의 저서에 나타나는 그의 시는 한국적 정서의 발상과 그 고유성에 의한 소위 순수시의 주류를 이룬다. 그는 흔히 박재삼, 이성교 등과 더불어 이 방면의 주요한 존재로 평가되었으며, 특히 그의 기조는 동양정신의 정수와 그 전통의 계승자로 자처하여 왔다.

이 자리에서 나는 그의 시를 말하려는 것이 아니요, 너무나 허전하고도 비통한 그의 죽음이다. 그의 다른 '폭음'과 그로 인하여 결단이 난 그의 육신, 그리고 긴긴 그의 투병생활… 이러한 그의 죽음은 상당히 충격적인 것이었다.

병상의 김관식 형을 내가 만나게 된 것은, 그러니까 어느 늦가을 저녁 어스름 때였다. 그가 이미 결단이 날대로 난 몸을 이끌고 대전 그의 백씨(生門方한의원 김창규 원장)댁으로 요양을 왔다는 전갈이 왔었다. 퇴근길에 그와는 강경상고의 선배가 되는 시인 박용래씨를 모시고 그를 찾았다. 우리가 안내되어 들어간 곳은 조그만 별실이었다.

약관 20대로 시단에 등장하여 그 특유의 주벽과 기행으로써 수많은 화제를 몰고 다니던 이 천재시인이 거기 초라하게 누워 있었다. 나와는 10여 년만의 대면이었다. 우리를 보자 반갑게 일어나 앉기는 하였으나, 오뚜기같이 두 눈만 형형할 뿐 그는 이미 피골이 상접한 폐인이 되어 있었다.

내 경우로는 그보다도 그의 부인(方玉禮 여사)과의 인사가 먼저였었다. 시인 서정주 선생의 처제가 되시는 그의 부인은 내가 다니던 대학의 2년인가 윗 학년에서 같은 국문과를 수학한 때문이다. 그때 김관식 형의 '괴짜 인생'은 파다하게 알려져 있었는데, 나중에 정작 대면해보니 좀 과장된 감은 있었지만 헛소문만은 아니었다.

그러다가 1960년 4·19 이후의 7·29 총선거에서 그는 일약 민의원 선거에 출마하였는데, 그것도 당시 정치적 여망을 일신에 모으고 있던 장면 박사가 출마한 서울 용산 갑구였다. 그의 말을 빌면 "이왕에 싸울 바에는 거물과 싸운다"는 것이었다. 그때 입후보자는 '공탁금'이란 것을 내야만 하였는데, 그것은 당시 화폐로 3백만환의 거금이었다. 이 가난한 시인이 그것을 어떻게 주선해 넣고 출마라도 했는지, 지금 생각해도 어이없는 일이었다.

그날 문병을 마치고 돌아오는 우리는 우울했다. 어느 기적이 없는 한 그가 재기할 수 없으리라는 쓸쓸한 생각이 우리를 압도한 때문이었다.

스산한 늦가을의 찬바람이 부는 포도에 가로수의 잎은 떨어져 뒹굴고… 이제는 기억조차 희미한 그의 부인과 자녀들을 생각하게 된 나는, 남의 일 같지가 않았다.

그 뒤 다음 해의 이른 봄에도 그는 대전에 몇 달인가 있었다. 연락을 받은 내가 홍희표 시인과 그를 찾았을 때, 그의 건강은 조금도 나아진 게 없었다. 보행조차 어려우니 밖에도 못 나가고, '감옥에 갇힌 죄수'라면서 너무도 쓸쓸한 모습이었다. 그의 이 답답하고 우울한 정경을 생각하면 매일이라도 나가 말벗이 되어주어야 할 형편이었다.

그러나 격무에 쫓겨 그런 한가한 시간이 나에겐 없었다. 여러 문인들에게 연락을 하고, 문병을 권장하고 했으나 문인들도 그렇게 여유롭지 못했던 듯 그의 대전 요양 생활도 자연 적막함을 면하지 못하였다.

그 뒤 한번 더 내가 잠시 지도하고 있던 판도라 동인 몇과 그를 두 번째 찾았을 뿐, 이승의 그와 나의 인연은 그것으로 끝장이 나고야 말았다.

그는 이미 죽음을 앞에 둔 지 오래였다. 그의 시 「나의 임종은」을 보면, 임종의 준비가 된 사람의 높은 해탈을 우리는 보게 되는 것이다.

> 오늘은 春分! 낮과 밤이 같은 날
> 나의 臨終은 子正에 오라!
> 가장 소중한 손님을 맞이하듯
> 너를 위해 즐겨 마중하고 있으마.
> 비인 방에 호올로 누워 千古의 秘密을 그윽히 맛보노니…
> 가여운 아내 아들 딸들아
> 아이예, 불쌍한 울음을랑 들네지 말라.

그동안 신세 끼친 旅宿을 떠나
영원한 本宅으로 돌아가는 길이다.

그의 시는 본래 단단한 육성의 기조 위에서 인생적 호소력이 강한 것이지마는, 위의 시구에서 보는 바와 같이 속탈俗脫의 그것은, 진귀한 '자기발견'에 터전을 둔 것이었다.

뿐만 아니라 같은 시의 5연 "저녁 밥상을 물리고 난 여름 밤/ 멸구 깔따귀를 앞세우고 날아와/ 스스로 불에 들어/ 오뇌의 나래 파닥거려 사루는 불나비처럼, 깃은 찢기고 죽지만 남아/ 형해뿐의 육신이지만 달라는 이 있거든 서슴없이 인도하라"에 이르러서는 범인이 상도想到할 수 없는 '죽음의 문'을 자유로 드나들고 있는 것이다.

그러나 그도 인간이었다. 죽음 직전에 쓴 작품에서는, 아무것도 남겨놓지 못하고 황야에 내버린 듯한 그의 가족에 대한 연연한 애착과 미련이, 보는 이로 하여금 눈물겹게 한다.

사랑은 겹겹
안으로 붉게 타는 연꽃 봉오리
가고 없어도
情은 長江 물…
연뿌리 끊쳐도
실로 이어지듯이
심줄만치나 끈질긴 괴로움

누가 어디서
날카론 지혜의 칼날을 세워

두 눈 꽉 감고
뚝 끊어 버리랴
情의 실마리…

— 시 「情·斷章」에서

결국 그는 문학에도 청춘을 다 불사르지 못한 채 20대의 무질서한 주벽과 폭음으로 아까운 나이와 천재를 한꺼번에 빼앗기고 말았다. 그것은 어쩌면 예술에 종사하는 사람들에게 큰 교훈이 되어야 할지도 모른다.

## 2. 고향마을 입구의 무덤을 찾아

1986년 8월 일단의 대전 문인들이 논산군 연무읍 소룡리, 그의 옛 고향 마을 입구 길가에 있는 김관식 무덤을 찾는다. 김영배, 지광현, 이대영, 홍희표, 김완하, 조남익 등이라고 기억되는데, 우리는 논산의 화가 강성렬씨 봉고차와 권선옥 시인의 안내로 현지에 도착한다. 우리는 대전에서 출발, 연무읍의 어느 다방에서 합류했던 것이다.

8월의 뙤약볕이 내리쬐는 이 천재시인의 무덤은 묘비 하나 없었고, 그것도 마을 입구 길가에 너무도 평범한 충격적이었다. '대한민국의 김관식'이라는, 어쩌면 시인들의 패기, 오만을 혼자 살고 간 그가 이처럼 허무하게 무너져 있다니… 참으로 기가 막힌 현장이랄 수 있었다.

마을에는 그의 친족들이 살고 있는 듯 아는 체하는 아주머니들이 나와 서성거렸고, 뜻밖에도 대전에서 그의 백씨 김창규 원장이 동석하여 인사들을 나누었다. 미리 연락이 되었던 듯 벌초가 된 무덤을 돌아보며, 술 한 잔씩 붓고 성묘를 하곤 약간의 주안상이 마련되어 있었으나, 우리 일행은 도망치듯 그 곳을 빠져나오고 말았다. 동도의 후학으로서 오래 그곳에 있기에는 견디기 어려운 심경이었던 것이다.

우리는 예정대로 논산군 적곡면 계백장군의 묘를 둘러보고, 강경 황산나루로 가서는 메기탕이라는 것을 들기도 했지만, 모두들 기분이 유쾌한 것만은 아니었다. 김정수, 나태주 시인은 강경에서 뒤늦게 합류하였으나, 대부분 일행들이 바쁘다는 핑계로 흩어지고 조남익, 지광현, 이대영 등은 강성렬 화백에게 붙들리고 말았다.

강성렬 씨는 생전의 고 박용래, 김관식 시인들과 친교가 두터웠을 뿐만 아니라, 작품 내용에도 매우 밝은 분이었다. 그는 또한 기골 있는 화가였다.

“더도 말고 10만원어치의 술을 자시고 가시오. 내 돈은 깨끗한 돈이요.”

강성렬 선생의 이러한 강청은 우리를 매료시키고 말았다. 나는 이미 취해 있었지만, 그의 매력에 끌려 몇 군데 술집을 도는 사이에 대취하기에 이른다. 아니, 김관식 무덤의 충격이 술을 마시게 했는지도 모른다.

“당신들이 문인이면 무어냐. 김관식의 영구靈柩가 논산에 왔을 때, 너희들 개미 새끼 한 마리 얼씬거렸느냐. 묘비 하나 세워 주었느냐. 너희들의 일은 너희들이 해야 되는 거여…….”

그날 밤 강성렬 씨의 과묵한 자세 속에는 이런 질타가 숨어 있었다.

빗나가는 얘기지만 이런 강성열 화백을 몇 년 뒤 우연히 만난 곳이 대전 사정공원 朴龍來 詩碑 앞에서였다. 늦가을 오후, 나는 아내와 함께 약수터 산책길에 올랐다가 뜻밖에 그와 해후한 것이었다. 그는 눈시울이 벌건해 가지고 시비 앞에 술 따라놓고 몇 사람들과 술을 마시고 있었다. 말을 들어보니 논산에서 동행들을 안내해 가지고 여기까지 온 것이었다. 그의 성격이 이러했다.

내가 처음 김관식 형의 무덤이 충남에, 그것도 논산에 있다 는 것을 알게 된 것은 권선옥 시인의 첫 시집 『풀꽃사랑』(1985)을 받 아 보고서였다. 권선옥 씨는 지금도 김관식의 옛 고향 마을에서 살고 있다. 그의 양질의 이 시집에는 「김관식 무덤」「다시 김관식 무덤」이 수록되어 있다. 두 편을 모두 소개하려고 한다.

大韓民國 金冠植은 죽어서
어린 아이보다 더 낮은 키로
그가 자랄 땐 구자곡면 소룡리였지만
지금은 충청남도 논산군 연무읍 소룡리가 된
우리 동네 입구로 이사를 했다.
마을 사람들은 모두
여기서 태어난 누구보다도 재주는 있었으나
길 잘못 뚫려 시인이 돼서
가난하게 살다 간 약방양반 재종이라고,
무식한 게 한이 된 사람들인데도
아들에게
대한민국 김관식보다는
연무읍사무소 읍서기가 되든지
차라리 차라리 애비처럼
농사꾼이 되라고 한다.

– 권선옥 「김관식 무덤」 전문

아무도 그에게
한 잔 술을 권하거나
악수를 청하지도 않는다.
그래도 그는 말이 없다.
작은 碑돌 하나 서지 않은
쓸쓸한 그의 무덤에서 일어서지 못하는
대한민국 김관식
누워있는 그의 얼굴에
바람은 먼지를 뿌리며 지나간다.
가을은 나뭇잎과 마른 삭정이를 던지고 지나간다.
하느님이 단 한 번
그에게 말문은 열게 한다면
한 마디만 말하게 한다면
그는 무어라 말할 것인가.
이 시대의
대한민국 김관식은
무슨 말로 입을 열 것인가.

– 권선옥 「다시 金冠植 무덤」 전문

지금 우리는 김관식 시비건립을 위하여 성금을 접수하고 있는 터이지만, 가장 중요한 것은 우리들 서로가 알게 모르게 마음의 공감대가 있어야 된다는 점일 것이다. 권선옥 시인의 시에는 37세로 요절한 김관식 시인에 대한 애틋한 연민의 정이 담백하게 표출되어 있다. 명리적인 세속의 이목과 허무의 감회도 뒤섞여 고독한 천재의 위상이 인상적인 것이다.

사람은 누구나 이승을 떠나게 되어 있다. 죽음이라는 것은 반드시 거쳐야 할 관문인 것이다. 바람에 흔들리는 꽃, 한 점 구름의 공간에도 시간은 흐르고, 우리의 예술과 학문은 인간의 문화로 지상에 남는다. 천재들이 번쩍거린 예지와 정서의 갈피를 보면, 우리네 범인들이 추적할 수 없는 섬광들을 만나게 된다.

김관식 형의 많은 시에는 어려운 한자·한문들이 있어 오늘날의 언어 세대에서는 독자들에게 부담을 줄지도 모른다. 그러나 그는 한학에만 능한 것이 아니라 우리말의 구사에도 남다른 센스와 능력이 있었다. 어려운 한자·한문의 갈피 속에는 유연한 국어의 가락이 싱그러운 물처럼 흐른다. 말의 묘미, 참신성, 동양정신의 유수幽邃의 경지는 당대에 독보적인 존재였던 것이다. 그는 일종의 고급의 시를 시단에 남겨놓은 시인이다.

김관식의 시비는 그뒤 대전 보문산 사정공원에 건립된다. 그의 시 「광야에서」가 새겨지고 시인 연보와 건립기가 들어갔다. 그는 사후 22년만에 시비로 환생할 수 있었다.

또한 그의 초라한 묘를 새로이 다듬고, 묘비를 세웠고 상석과 망두석을 갖추었다. 그리고 묘비후면에는 그의 직계가족은 물론 방계가족들까지 넣었다.

# 詩의 날

한 편의 서정시가 주는 아름다움을 사랑하는 사람들이 많다. 한 줄의 詩句가 일생동안 잊혀지지 않고 어떤 심성의 판단을 해주는 경우도 종종 있다. 시의 황홀한 감동, 광기와 비슷한 열정, 아름다운 말이 주는 마음의 특유한 빛… 이런 것을 사랑하고 멋으로 알며 오래 기억하려는 사람들이 많은 것이다.

매년 11월 1일은 「시의 날」이다. 금년으로 세번째인 시의 날— 이 날을 맞아 한국시인협회와 한국현대시인협회가 공동으로 문예진흥원 강당에서 조촐한 기념행사를 갖는다.

시의 날은 1908년 崔南善의 신체시 「海에게서 少年에게」를 기점으로 하여 新詩 80년이 되는 1987년에 제정되었다. 그해 9월, 모 신문사의 주간지 주최로 시의 날 제정기념의 「詩人萬歲」 행사가 서울을 비롯하여 전국 주요도시를 돌았다. 이 행사는 현역시인 자작시 낭송을 주로 하여 시창·무용시·가곡 등 공연이 있었고, 시낭송 콩쿠르에서 절정을 이루었다. 그때 시인들이 즐겨쓰는 모자라 하여 특별히 제작된 연초록의 베레모가 참가한 시인들에게 주어지기도 했었다.

오늘날과 같은 거대한 산업사회 속에서 시의 날이 갖는 의미는 무엇일까. 그것은 하나의 빛이요, 꿈일 것 같다. 정신문화 영역에 종사하는 시인들이 이 사회에 켜려는 촛불이요, 희망인 것이다. 시인들이 모여 자신의 권익이나 주장하고 친목을 도모하려는 것이 아니라 물량사회의 온갖 병리속에서 인간적인 정신을 지키려는 조그만 의지가 거기 있다고 할 수 있을 것이다.

인간이 한 없이 무력해 보이고 정에 굶주린 이 시대에 시인이 무슨 소용있으랴! 일찍이 「휠델린」이 탄식했던 것처럼 오늘날 시인이 설 땅은 갈수록 좁아 보이는게 우리의 현실일 것이다. 또한 시인은 현실적으로는 언제나 낙오자가 되기 쉬웠다. 그런데도 시인들은 돈이 되지 않는 시, 지위를 높여주지 않는 시를 쓰고 있는 것이다.

그러나 우리의 사회는 건강하고 충실한 삶을 추구하며 도덕성과 가치성을 존중하는 절대다수의 사람들에 의하여 고동치고 있음을 알아야 한다. 그러므로 어찌 시인이라고 외롭기만 할 것이랴.

마침 독서의 계절인 이 때, 우리는 시집이라도 읽으며 시가 주는 숨결, 마음의 정수精髓를 음미하면 어떨까.

아이들의 손이라도 잡고 詩碑가 있는 공원을 찾아가 산책이라도 하면 어떨까. 시는 선善이고 마음이며, 정신이며, 행복이기 때문이다.

— 〈서울신문〉 1989.11.1

# 문화의 지방화 시대

서해안 고속도로 건설 계획이 확정되면서 전국토의 균형발전이 가시화될 전망에 있다. 전국토가 균형 있게 개발되어 어디라 할 것 없이 경제성장의 균점均霑 혜택을 받게 된다고 할 때, 모든 국민이 기초적으로 평등한 삶을 향유할 수 있게 된다는 것은 매우 고무적이다.

그러나 이러한 국토의 발전에는 필연적으로 문화의 발전과 맥을 같이 해주어야 할 것이다. 고속도로가 뚫리고 산업기지, 지방공단, 관광요충지의 건설 등이 세워지는 이면에는 사상 · 도덕 · 교육 · 학술 · 예술 · 종교 등 정신문화에 대한 배려와 후원이 뒤따라야 한다. 우리는 이미 '도시형' 경제적 풍요 속에서 정신적 빈곤이 가져오는 각종 병리현상을 경험한 지 오래다. 자본주의형 각종 파탄과 병리가 아직 오염되지 아니한 산간벽지의 시골에까지 파급되는 역리를 유념해야 할 것이다.

문화의 지방화 시대란 말이 나온 것은 어제 오늘 일이 아니다. 그러나 중앙 집권적 '서울형 문화'는 포만에 지쳐 있는 감이 있고, 지방문화는 그 실체조차 느끼기 어렵다. 시설·인력·예산 등 모든 분야에서 낙후된 채 겉치레에 불과한 실정인 것이다. 서울은 그래도 상업주의적 문화모델을 갖추고 있지만, 지방에서는 관주도형이 아니면 그나마 명맥을 갖추기 어려운 것도 문제인 것이다.

문화는 항상 국민성으로부터 싹트고 또한 국민성으로부터 쇠퇴하기도 한다. 문화의 저변에는 향유층이 깊을수록 안정되고 세련된 사회를 형성한다. 문호가 낮으면 낮을수록 국민적 소외감이나 증오심이 커지는 것은 이 때문이다. 싱싱한 윤리의식이 뿌리잡은 문화국민이 되는 것은 우리 모두의 이상인 것이다.

지금은 독창적 대가에 의하여 문화의 첨봉이 구가되던 영웅주의 시대가 아니요. 거대한 개미사회의 평등과 자유가 지배하는 민주사회다. 대중문화는 이 시대의 '새로운 빵'이 되었으며, 그 빵을 빼앗거나 주지 않을 때는 사람들은 갈증에 허덕이고, 비인간적 삶에 매몰되고 마는 것이다.

문화의 지방화는 이러한 현실을 직시하고, '새로운 빵'으로서의 대중문화 측면과 궁극적으로는 질적인 고급문화의 육성이라는 양면성을 충족시켜야 한다. 대중문화만 강조될 때는 문화의 일회성에 그치기 쉽고, 고급문화만 추구하게 되면 국민적 욕망에서 멀어지게 된다.

지금까지 지방문화는 지방 고유의 문화나 전통을 발굴 보존시키는데 역점을 두어 왔다. 낡은 것에는 그 속에 새로운 생명의 싹을 갖고 있다. 그러나 그것은 변화적 토양에 뿌려질 필요가 있으며, 새로운 매력을 창조할 수 있을 때 진실한 가치가 있을 것이다. 지방문화의 이러한 도전과 창조적 능력의 배양은 설령 그것이 예산 낭비가 있었다 하더라도 부단히 고취되어야 한다. 지방문화가 대개 폐쇄적이고 경직성에 갇혀 있는 듯한 느낌을 주고, 주민들에게조차 흥미가 외면되고 있는 것은 신선한 생명력의 창출에 소극적이었기 때문인 것이다.

매년 10월이 오면 각 지방에서는 많은 문화제 행사를 갖는다. 한밭문화제(대전), 춘향제(남원), 신라문화제(경주), 인삼제(금산) 등 일일이 열거하기 어렵다. 이것이 곧 문화의 지방화라고 생각하는 사람은 없을 것이다. 문화제는 그것대로 고유한 가치가 있는 것은 사실이지만 그것들이 좀더 승화되려면 정신문화의 창의성을 중시하여야만 할 것이다.

우리는 지금 전국토의 균형발전을 기약하고 있지만 문화의 지방화 시대의 개막은 국토개발에 이은 제2의 개발로서 정신혁명의 분출구로 과감히 대두되어야 한다고 본다. 선진 한국이 되는 1등 국민의 요체가 여기서부터 출발되어야 하기 때문이다.

— 〈서울신문〉 1989.10.26

# 향토의 영생주의와 혼魂

– 내 시의 자서전(초기시)

어쩌니 해도 거룩한 시는 곧 우리 자신이다. 너 자신을 알라는 말이 있는 것처럼 우리는 참으로 자신을 다 안다고 할 수 없을 것이다. 알아도 또한 어떻게 할 수 없는 것이 우리 자신일 것이다. 자유인으로 태어난 인간은, 영원을 사모하는 판타치와 정신을 누리는 존재이기도 하다.

위대한 작가정신이니 시신詩神의 고향이니 하는 말은 낯선 것이 아니다. 작가가 한 작품, 또는 평생의 정진에서 일구어낸 사상적 배경이나 창작 요소를 가리킨다고 할 것이다.

내가 처음 시에 관하여 본격적인 작가 되기의 눈을 뜨기 시작한 것은 아마도 문단데뷔 과정에서였을 것이다. 지금은 단 1회로 추천이 끝나지만, 내가 겪은 《현대문학》의 추천과정은 3회였다 나는 당시 40여 편의 시를 묶어 제출했는데, 신석초 선생님은 거기서 「수고리水古里」 한 편만을 초회 작품(1965년 6월호)으로 하였고 나머지 추천은 신작을 요구하셨다.

지금까지의 습작기란 생각나는 대로 시를 써온 것이라고 할 수 있다. 그러나 한 시인으로서의 시정신이란 반드시 집중적인 방향과 성취를 요구하는 것이다. 말하자면 작가정신의 성숙과 그 개성을 요청한다고 할 것이다.

나의 첫시집 『산바람 소리』(1969)에는 지명들이 더러 나온다. 「수고리」를 비롯하여 「북촌리北村里」「대사동大寺洞」「백마강」「비홍봉」 등이 그것이다. 제2시집 『풀피리』(1976)에서도 「봉명리」「유등천」「충청도」「남촌리」「황산벌」 등의 지명이 나온다. 지명은 시의 향토적인 요소도 있지만, 토착민의 인식이나 근원적인 한국인의 주체성과도 관련이 있게 된다.

다시 말하면 「수고리」는 내 고향의 지명에서 온 것이다. 「북촌리」「남촌리」「대사동」 등은 실제로 내가 산 곳이기도 하다. 그러나 내가 이런 지명을 선택할 때, 개인적인 호감 같은 것보다는 한자어 속에 숨은 지명의 이미지를 추적하고 묘사한 미적 형식의 시였다. 지명 이미지의 순진 무구한 세계, 자연과의 무아지경을 향한 한국미학의 한 형태를 놓고자 했다.

흙이었다가. 손탐없이 그대로 바위였다가
저 산 안에 호젓이 한 나무일 뿐이다.

아침에 주렴을 걷어
애기 손바닥만한 날을 받아놓고
고지식, 다시 헹구는 무성한 미동을 보라

－「북촌리 타령」에서

첫 추천작품 「수고리」에 이어 두번째의 추천작품이다. 「수고리」는 산문시였고 설화적 요소가 있었다면, 「북촌리 타령」은 식물성 이미지의 고고한 기품을 보인다고 할 것이다. 이 시의 '천후기'에서 선자는 뜻밖에도 칭찬을 아끼지 않으셨다. "고유성과 현대성이 어떻게 결합돼야 하는가 하는 문제는 우리 창작 실험의 초점이기도 하다. 시어가 훨씬 탈피되었고, 경쾌한 터치로 말쑥한 하나의 시경을 보여준 것이 크게 기대할 만하다"(1965년 9월호)고 했다.

시 쓰는 일은 하나의 도道로 일컬어져 온다. 시상을 다듬고 고급에 이르러야 하며, 표현 또한 고도의 기예를 요구한다.

시는 천기天機요, 문학은 진眞, 곧 천기를 담아야 한다.

지명이 나오는 시는 자연과 감정융합이 있게 마련이다. 미적 태도에 있어서 가장 현저하게 자연미의 체험이 중요한 성분으로 작용하기 때문이다. 삶과 인생론 또는 세계관과의 어떤 결합에 이르는가 하는 것이 제기될 것이다. 향토의 자연미에는 토지에서 오는 혼魂의 근원적 영생주의와 만나게 된다.

나는 지금까지 8권의 시집을 냈다. 땅의 마력, 곧 지령地靈에 현혹되는 듯한 야릇한 힘을 느낀 초기의 시집들은 앞에서 말한 2권의 시집에 이어 『나들이의 땅』(1983), 『짐朕의 연가』(1994)까지 이어진다.

특히 제4시집 『짐의 연가』는 "배달나라 역사기행 시집"이라는 부제를 달고 있듯이 멀리 북만주로부터 한반도에 이르기까지 광대한 대지를 역사의식으로 나아간다. 땅의 한恨은 바로 역사였다. 나는 백제 고도에서 백제의 정령精靈에 매료된다. 『짐의 연가』의 50편은 처음부터 국사의 정사正史쪽에서 취재한다는 실험적인 시각을 갖고 출발한다.

우는 듯
울리는 듯

칼 가는 들에
좁은 소매의 저고리와 홀태바지
북방계 호복을 입고
홍안령산맥을 넘어오는
기마민족 말굽소리

이제사 보이는
겨울 하늘
기러기떼의 그림자

—「선조先祖들」에서

북방계 몽고인종에서 시작된 겨레의 기원이 담긴 시이다. 역사인식은 현재에도 내 시의 주요한 모티브로 자리잡아 온다. 역사는 시의 수심을 깊게 하고 지혜의 모가 드러나지 않는다.

후반기로 볼 수 있는 4권의 시집은 『하늘에 그리는 상형문자』(1998), 『푸른 하늘』(2004), 『기다린 사람들이 온다』(2010), 『광야의 씨앗』(2012) 등이다. 소재가 하늘로 많이 바뀐다. 인격의 자기 실현이 우주로 향하며, 한국인의 주체성이라는 정신지향의 테마와 만난다.

시는 직관이 주는 선물이기도 하고 노작이 되기도 한다. 이성이나 지식보다는 몸이 먼저 감동을 받으며 때로는 경련에 이르기도 한다. 눈물을 흘리면서 시를 쓰는 것은 이 때문이다. 시의 마력이 바로 여기 있을 것이다.

많은 시인들이 그러한 것처럼 시인들에게는 각기 '시의 길'이 있었다.

나에게는 향토의 영생주의와 혼이 있었고, 그것은 이 땅의 역사와 현실로 부딪쳤다. 나는 이 땅의 아들이요 넋이었고, 조촐한 바람이요 풀이었다. 나는 그것을 내가 태어난 고향과 내가 사는 지역으로부터 가져왔고 내 이웃과 사회, 겨레와 세계의 인식에서 결코 물러서지 않으려는 뜻을 지키고자 했다.

"역사에 별이 뜬다/ 캄캄한 밤의 별/ 바람에 꺼질 듯 흔들리며/ 붉은 눈물의 별이다" (「겨울밤 이야기」)의 별이 있는가 하면, "내가 베어 문 돌/ 긴 인고의 불꽃/ 울부짖는 돌"(「울부짖는 돌」) 도 있었다.

시는 수필과 함께 1인칭 형태의 직접적인 장르이다. 그만큼 체험 요소와 정신적 개성 노출이 강하고, 감성의 울림에 이른다. 할 수만 있다면 천부적인 재능도 있어 무르익은 고도의 미학적 성취력을 끌어올리며, 범속성을 뛰어넘어야 할 것이다. 우리 시단은 지금 언어가 많이 학대받는 경향을 보이고 있지만, 거룩한 시는 역시 언어의 완성도에서 빛나야 하며, 결코 비상식적인 꼼수로 갈 일이 아니다.

인간은 영혼의 위대하다. 영혼이 녹아드는 촛농의 경지에 이를 때까지 시여, 나를 물고 씹어라.

# 시의 뿌리와 시그널을 찾아서

— 자작시 해설 3편(후기시)

시란 누가 무어라 해도 진선미에 대한 신선한 소양이 있어야 비로소 그 눈이 트이게 된다. 장르적 특성에서도 시는 운문의 리듬에서 첫걸음이 시작된다. 자기 세계의 독창적 스타일이라고 해서 모든 것이 시가 될 수 있다는 생각은 황당무계한 것일 수 있을 것이다.

전통시, 현대시 또는 난해시, 첨단시 등 여러 분류가 있지만, 시는 처음부터 리듬과 의미의 상관성이 독특하며, 예술적 감각 역시 근본적 조건을 지닌다. 가령 일부의 시가 소통되지 않는다고 하는 것은 구성과 통일성을 갖추지 못한 면도 있을 것이다. 특히 인간성을 떠나 물질위주와 통속성을 찬미하는 저질화의 면도 있을 것이다.

일반적으로 좋은 의미는 시의 소통이 빠른 편이고, 그렇지 못한 의미일 때는 소통보다는 독자의 거부감 또는 기피의 난해성에 떨어지게 된다. 반인간적 또는 비인간적인 뜻을 지닌 시들이 대부분 공감대가 형성되지 못하는 것은 이 때문이다. 글은 역시 뜻을 얻어야 귀하게 대접을 받게 된다.

시는 어딘가 고급의 발상을 거느리고 그 운치를 살피고 있을 때, 그 소통도 자연스럽게 이루어지며, 시의 독창성도 여기서 숨통을 얻게 될 것이다.

나의 이 '자작시 해설'이란 그 필요성이 시에만 있는 것처럼 시의 고급성 또는 난해성 등에서 이해될 수 있을 것이다. 그러나 작품이란 시인이 썼지만, 읽고 감상하는 것은 어디까지나 독자의 몫인 것이다.

다만 경우에 따라서는 이해에 도움을 얻을 수도 있을 것이다. 말하자면 전문성의 차이라고나 할까.

## 1. 인생의 존재감에 대한 승화

있는 듯 없는 듯
파묻혀간 생활은
소리도 나지 않게 경각頃刻에 떴다.

세 끼 채식에
몸이야 가지를 늘이워서
창생의 사고四苦를 앓을지라도….
내 은혜는 이 처처로운 공간

당신네 그 좁은 골목길에서
내 하얀 얼굴이 살았기로서니
누구 손잡아 볼 흥분이 없다.

내 서른이 오기 전,
내 서른을 먼저 살고 간
시정의 물이더라도
바람이더라도

—「있는 듯 없는 듯」 전문

생명이
선회하는 잠자리에 머물었듯
미래를 한 손에 들고서
키 큰 장대같이 머리를 숙였다.

누구도 사랑해 본 적이 없었던 것처럼
아무도 울어 본 일이 없었던 것처럼.

–「타령조」 전문

「타령조」는 인간의 존재감에 대한 근원적 터치를 보인 시라고 할 것이다. 우리는 살면서 때로는 자기의 존재에 대한 끊임없는 긍정과 부정을 느끼게 된다. "나는 무엇인가?" 또는 "나의 삶은 과연 어떤 것인가?" 등 본질적 의문을 만나게 된다. 이 시의 시적 자아는 30대 초반으로 이 물음에 대한 고고한 견해를 보이며, 삶의 운치를 더하고자 한다. 그것은 시의 직관이다. 직관이란 일종의 고향찾기 또는 고향 만들기라고도 할 수 있는데, 여기에 다분히 긍정의 합리성이 따르게 된다.

"세 끼 채식"(2연)의 현실이나 "당신네 그 좁은 골목길에서/ 내 하얀 얼굴이 살았기로서니"(3연) "내 은혜는 이 처처로운 공간"(2연)이며, "누구 손잡아 볼 흥분이 없다"(3연)고 노래한다. 말하자면 담백한 인간 존재감의 표출인 것이다.

그것은 세속의 생활감정에 함몰되지 않고, 현실 탈피의 의연한 모습이다. 시의 심미적 기쁨과 상상력의 자기 구원이 이 고결의 품위인 것이다. 예술적 향취는 세속적 함몰로부터 구원되어야 하기 때문이다.

「타령조」는 30대 초기에 쓴 것으로 내 시세계의 초기가 된다. 당시 나는 문단의 데뷔 과정에서 좋은 경험을 하게 되는데, 그때 나는 자비시집 발간을 목표로 40여 편의 시를 엮은 「고행苦行」이란 원고를 가지고 상경했다. 이것이 우연하게도 신동엽 고향 선배에게 넘어가고, 다시 《현대문학》 추천위원인 신석초 선생님께 전해진다.

내가 연락을 받고, 한국일보 논설위원실로 신석초 선생님을 처음 찾아뵙게 되었을 때, 선생님은 신동엽 선배와도 이미 합의가 있었던 모양으로 "이 원고에서 「수고리」를 첫 추천작품으로 내 보낼 테니 2회 3회는 신작을 보여 주시지요"했다.

40여 편의 원고에서 겨우 「수고리」 하나가 채택되었다는 것은 나를 긴장시켰으며, 이후 나는 2, 3회의 원고도 있고 해서 문학에 대한 자각이 긴장하는 계기가 된다. 특히 평범하고 상식적인 테마에서는 성공하기 어렵다는 깨달음이 있었다.

나는 「북촌리 타령」 「산바람 소리」로 지체 없이 추천을 모두 통과하게 된다. 특히 「북촌리 타령」에 대한 신석초 선생님의 호평이 있었다. "말쑥한 하나의 시경詩境을 보여준 것이 크게 기대할 만하다"고 과분한 '천후기'의 문맥이 있었다.

「타령조」는 「북촌리 타령」의 뒤에 쓴 일종의 자매시편이라 할 수 있었다. 두 편이 모두 인생에 대한 달관을 추구한 점에서 시의 고매한 경지를 함께 했다고 할 수 있을 것이다.

「타령조」에 대해 최근에 언급하는 분이 있었다.

> "이 시에서 시인은 (중략) 양극적이거나 이질적인 것들을 통합적인 감수성으로 하나도 거부하거나 버리지 아니하고, 다 받아들여, 그 요소들을 공교롭게 융합해서 밝고 넓은 빛나는 미래를 열어가려는 형이상학을 보여 주고 있다" (「조선문학」 2016년 6월호 조신권)

## 2. 사후의 부모님에 대한 공경심과 회상

큰 산 위에
또 다시 큰 산
햇빛이 들지 않는 아버지 산.

누구도 범접할 수 없게
어딘가 선 그어진 아버지 침묵.

그런데도 평생을 덮어 주시는
아버지의 이불은
항상 중심을 잡아주고
때로는 푸른 별이 와서 박힌다.

―얘야, 불을 켜야 어둠이 사라진다.

고비 있을 때마다 정을 먼저 보내주시고
뜨악해 하시는 말씀으로 멀리서 오시는 나의 큰산
아버지 산.

—「아버지 산」 전문

효孝를 말한다면 흔히 부모님이 살아계신 때의 공양이었다. 「효경孝經」에서도 언제나 어버이를 공경하고, 의식衣食의 봉양을 충분히 하며, 그의 병을 근심하고, 사망, 제사 등에 이르기까지의 구체적인 내용을 가리키고 있다.

그러나 내가 실제로 겪고 쓴 시는 부모님의 사후에 온 그 간절한 그리움을 형상화한 것이다. 예전에 미처 몰랐던 부모님의 사랑, 아마도 이신일체二身一体의 유전질에서 비롯된 듯한 간절한 사랑의 마력에 나는 이끌렸다. 그것은 시간과 공간을 초월한 것이었다.

나는 지금도 새벽녘의 잠자리에서 곧잘 부모님의 아늑한 사랑을 떠올리며 잠을 청하곤 한다. 멀고 아늑한 산 그림자가 나를 품으며 다독거린다. 그러나 아버지 산은 "햇빛이 들지 않는 산"(1연)이고, "어딘가 선 그어진 아버지 침묵"(2연) 등 이른바 저승의 산이었다. 아버지와 나는 이미 건널 수 없는 이승과 저승의 사이에 있었다. 아버지 산은 그야말로 "큰 산 위에/ 또 다시 큰 산"(1연)이었던 것이다.

하지만 이승을 달리한 아버지였지만, 아버지의 사랑은 지금도 계속되고 있었다.

그런데도 평생을 덮어 주시는
아버지의 이불은

항상 중심을 잡아주고
때로는 푸른 별이 와서 박힌다.

아버지의 가르침, 그것은 지금도 나에게 살아있음이다. 나의 성장기나 사회생활에서도 항상 격려해 주시고, 걱정하시던 아버지, 그 영원한 아버지가 지금도 "얘야, 불을 켜야 어둠이 사라진다"고 가르침을 주신다.

나는 '아버지 산'을 쓰고, 이어 어머니를 '섬'으로 비유해서 두 편을 발표했다. 아버지를 산으로 어머니는 섬으로 했다.

"궂은 일 많았던 나를 낳아 키워 주시고/ 지금 하늘나라에 떠있는 어머니 섬"(「어머니 섬·1」 3연)이었던 것이다. 아버지가 삶의 지침과 용기를 주신 산이었다면, 어머니는 "춘추도 없어지고 지기地氣의 한자락 끝에/ 물방울 떨어지는 어머니 섬"(「어머니 섬·1」 1연)이었다.

「아버지 산」은 제9시집 『걸어다니는 백두대간』에 수록이 되었는데, 의외로 서평 같은 데서 반응이 있었다. 급기야 전혀 예기치 못한 《문학과 창작》(2017년 가을호)에서 '시인들이 뽑은 시인상'이란 수상 영광이 왔다. 나는 그 시상식에 참석해서 시를 직접 낭독하기도 했다.

시가 선정된 심사평의 일부를 보이면 다음과 같다.

"수상작 「아버지 산」은 시인의 시 세계의 특질을 잘 보여주는 작품이다." 진중하면서도 웅혼한 목소리로 "누구도 범접할 수 없게/ 어딘가 선 그어진 아버지의 침묵"을 찾아내고, (중략) "그러한 역정에서 피어난 남성적 생명력이라 할 것이다(박제천)"라고 했다.

## 3. 배달겨레의 시원에 떠오른 초승달

옛 도읍지 아사달의 빈터에 가면
산신이 된 단군은 간 곳 없고
머언 거울에 비치는 초승달 그림자
때로는 둘이 되고 셋으로 갈라서기도 했지만
본래 아사달의 속눈썹 씨 받아 태어나고
지금도 뛰노는 내 심장 속의 초승달
땅을 뚫고 솟는 죽순의 힘이 거기 있었다.
씨암탉 한 마리 아기작아기작 걸어 나온다.
누가 무어라 해도 배달겨레는 한 씨들이라고.

— 「아사달의 초승달」 전문

내 시에는 역사의식에 관한 작품이 적지 않은 편이다. 우리가 사는 현실인식은 결국 역사의식의 뿌리에서 오기 때문이다. 내게는 초기 「충청도」 연작시에서 백제정신의 노을이 비치기 시작한다. 그리고 「계백의 아내」 등이 발표된다. 특히 제4시집 『짐朕의 연가』(1994)는 역사 기행 시집이기도 했다. 역사의식을 드러내는 투명한 시 쓰기는 곧 역사의 향기를 발견하는 일이다. 그 향기에는 민족 생명의 뿌리인 바탕이 있고 맑고 투명한 빛과 환희를 만나는 일일 것이다.

좋은 시에는 그 뜻이 동이지는 부분이 있게 된다. 역사의식은 많은 세월에서 이미 그 비의秘意가 영글은 바가 있기도 하고, 시의 진실성이 공감대가 적을 수가 없을 것이다.

시 「아사달의 초승달」은 국조國祖로 일컬어지는 단군신화를 배경으로 "머언 거울에 비치는 초승달 그림자"(3행)가 곧 "지금도 뛰노는 내

심장속의 초승달"(6행)로 이어진다. 불과 9행의 소품인 이 시는 우리 나라의 개국신화를 바탕으로 분열할 수 없는 '한 씨' 임을 주제로 하고 있다. 역사적으로 고구려 백제 신라 등의 삼국시대가 있었고, 현재도 남북으로 분할되어 있지만, "누가 무어라 해도 배달겨레는 한 씨들이라고"(중연) 강조하는 내용이다. 결국 우리의 DNA는 하나이며 한 민족이라는 것이다. 현재 남북간의 날카로운 시국에 대한 촉감이 묻어있는 작품이라고 하겠다.

이 시에 대한 일반의 평가를 보기로 한다.

> 수만 년 전의 초승달을 바라보며 호모 사피엔스의 기적적인 번성의 뜻을 생각해 본다. "지금도 뛰노는 내 심장속의 초승달"에서 "땅을 뚫고 솟는 죽순의 힘"을 발견하고, "아기작아기작 걸어 나오는 씨암탉"으로 상징되는 생명의 영속성을 넘겨보는 시인의 눈길이 느껴진다
>
> – 「민족의 시원」 윤정구, 《문학과 창작》 2020년 봄호

한편 나는 역사의식을 바탕으로 한 시를 쓰면서 근자에는 '천손족天孫族'에 대한 관심이 높아졌다. 배달겨레의 자긍심을 신화에서 찾아내는 일이다. 단군 신화에서 볼 수 있는 천신강하설天神降下說은 민족적 통일정신에 신비적인 요소이고 또한 홍익인간이라는 사상을 천명하고 있음이다. 이것은 우리 겨레의 시원이 곧 숭고한 '천손족'의 후예임을 드러낸다.

어느 나라에서나 개국의 시조에는 신화적인 요소가 많이 포함되어 있다. 그것이 민족성에 끼치는 영향은 결코 적은 것이 아닐 것이다. 민족적 단합의 정신이 거기 작용하고 있기 때문이다.

'천속존'이 쓰인 내 시의 용례를 들어본다.

(A) 둘은 하나였고 피의 포효 또한 하나였다.
누구도 넘볼 수 없는 천손족의 후예(밑줄 필자)

—「한강의 새벽」 2연

(B) 천손족의 번개 휘어잡고 아침마다 뜨는 해
쌕쌕 들리는 애기의 깊은 숨소리(밑줄 필자)

—「동해에서」 중연

이 「아사달의 초승달」은 곧 '천손족의 후예' 다운 역사의식의 표출이라고 할 것이다. 이에 대한 딴 분의 언급을 보이기로 한다. "더 큰 안목과 더 긴 역사적 혜안으로 그것을 함께 묶어가는 노력이 필요한 것도 깨닫게 된다. 천손 사상은 우리 후손들에게 하늘의 뜻에 비추어 사람다운 삶을 실천하라는 조상의 소중한 가르침인지도 모르기 때문이다."(윤정구 상동)

시인의 언어와 초월의 정신은 시공간을 초월하며 감동을 이끄는 힘이 있다. 거기 단순한 것이 때로는 아름다움을 준다. 우리가 때로는 적멸寂滅을 노래할지라도 작품의 깊은 밑바탕에는 희망의 장치가 또한 없을 수 없는 일인 것이다.

대전문화의 뿌리와 정신을 찾아서

제2장

# 향토문학론

대전 최초의 시비 박용래 시비
대전 보문산 사정공원(1984)

# 대전의 문학지 발간 현황과 전망

1. 대전문단 73년 보기
2. 문학지 발간의 흐름
3. 앞으로의 전망과 제언
[부록] 대전의 문학지 발간연표

## 1. '대전문단 73년' 보기

본고는 최남선의 신체시 「해에게서 소년에게」(1908)를 기점으로 하는 '현대시 100년'에 즈음한 대전의 문학지(동인지·문예지)를 살펴보려 한 것이다. '현대시 100년'을 대전으로 한정시키게 되면 '대전문단 73년'이 되는 것임을 먼저 밝혀 두려고 한다. 우리 지역으로 국한시키게 되면 대략 한 세대의 차이가 나는 셈이다.

대전에서 현대시의 선구적 위치에 놓이는 것은 소정 정훈(1911~1992) 시인이다. 위에서 말한 육당 최남선(1890~1957)과는 연령적으로 21세의 차이, 한 세대라고 보아도 될 것이다.

휘문고보를 거쳐 일본 메이지대학 문과를 수학한 정훈은 휘문고보에서 정지용, 이병기 등 당대의 유명한 시인들과 사제지간의 인연을 맺게 된다. 3학년 때 《가톨릭청년》의 편집 고문을 맡고 있던 정지용의 주선으로 「六月 하늘」(1935년 1월호)이 발표된다. 정갑수란 본명이었는데, 이것이 우리 지역에서는 현대시의 효시가 되며, '대전문단 73년'이란 기점이 여기서 가능하게 된다.

이 시를 보이면 다음과 같다.

(其一)
때는 午前 열한 時
蒼空에는 흰 구름이 해오리처럼 떠단이오.
더운 가슴에는 寂寥가 조을고
六月 바람은 가-끔 그 복판을 구르오.
뱃짱이 께르르 - 울었오
그 音律만이 간간 푸른 空壁을 찌를 뿐
아- 六月 蒼空에 화살이 하나
靑제비가 그의 가슴을 뀌었오.

(其二)
六月 蒼空에 敍情畵 한 幅
푸른 畵幅에 자마리 한 쌍

— 「六月 하늘」 전문

그런데 이 시는 2년 뒤에 『자오선』 창간호(1937)에 「六月空」이란 제목과 재구성된 시로 발표된다.[1] 이 때는 소정이란 이름으로 발표되었는데, 서정주의 「입맞춤」과 나란히 실려 있다.

그런데 「六月 하늘」 또는 「六月空」은 모두 그의 시집에 실려 있지 않으며, 이로 인한 약간의 혼란이 있다고 보아야 할 것이다.

---

1) 졸고, 「정훈의 데뷔작품에 대한 소고」, 《대전문학》 29호, 2003.

8·15광복이 되자 정훈의 지도적 위치는 단연 앞서게 된다. 정훈은 학생시절 이미 문단과 관련이 있었고, 일본 유학생이었기 때문에 많은 지인들이 있었다.

그의 회고담에 "서울에서 시우 오장환이 다녀가고, 가람 이병기 선생이, 그리고 조운 등이 고장을 찾는 발길이 더욱 많아졌을 때, 우리는 《동백》 시지 1집을 엮었다" 《한국문학》(1977년 10월호)는 진술은 바로 이런 위치를 말해 준다.

이 고장 최초의 시동인지 《동백》(1946. 2~48. 9)은 그 창간호에서는 박희선, 정훈. 박용래 등 3인 뿐이었다.[2] 8호(종간호)에는 정훈의 「머들령」, 박희선의 「바람 바지」, 박용래의 「성자와 제자」, 이재복의 「매화」, 성기원의 「상여 집」, 남철우의 「노래」, 원영택의 「염원」, 하유상의 「묘비명」, 정도석의 「탑」, 민병선의 「대둔산」(시조), 김소운의 「삼학도」 등이었다.

《동백》은 정훈의 회고담에서 "진주에서 설창수가 《등불》이란 시지를, 또한 대구에서 《죽순》이란 시지가 발간되매, 《동백》은 교류하며 한국의 삼대지맥의 향수 속에서 견고한 문학의 양식을 비축하며 표현했었다"(상동)에 유의할 필요가 있을 것이다.

《동백》(정훈), 《등불》(설창수), 《죽순》(이윤수)은 모두 1946년 봄에 탄생된다. 광복을 맞아 각 지역으로 향토시단을 형성해 가는 현상을 볼 수 있다. 동인지를 주관한 정훈, 설창수, 이윤수 등은 모두 일본 유학생들이었고 연령적으로도 거의 비슷하였고 정훈이 약간 연장자에 속했다. 이 3대 시지는 후에 지역의 많은 시인들을 성장시키게 되

---

2) 문덕수 편, 『세계문예대사전』, 상권 (성문각 1975) 479쪽.

는데, 《동백》에서는 박용래를 들 수 있을 것이다.

《동백》은 프린트로서 8호에 이르기까지 정훈이 주재하는 「향토시가회」와 함께 '충청시맥'을 형성한다. 당시 좌우익의 극심한 투쟁과 혼란스런 사회적 배경에서 순수시의 새싹이 나는 의미가 있었다. 미구에 정훈의 첫시집 『머들령』(1949)은 한덕희의 『북소리』에 이은 이 고장 시집 간행을 장식하게 된다.

## 2. 문학지 발간의 흐름

### 1) 첫문예지 《호서문학》과 그 속간

동백시회는 6·25전쟁의 와중에서 '호서문학회' 창립의 중추적 역할을 하게 된다. 서울 수복으로 전선이 북상하였고, 적지 않은 피난문인들도 지역에 산재해 있었던 시기였다. 회원 50명을 자랑하는 호서문학회 창립(1951. 11. 11)은 이 고장 최초의 문인 결집체였다.

《호서문학》은 7년간 4집이 간행된다. 제1집(1952. 8. 1:30쪽), 제2집(1954. 2. 15:12쪽), 제3집(1956. 6. 25:192쪽), 제4집(1959. 2. 1:148쪽)이 그것이다. 전국적인 규모와 수준이 잡힌 것이라 할 수 있다.

《호서문학》 창간호의 작품과 필진을 들면 다음과 같다.[3] 창간사 정훈, 김영수의 「작가와 작품과 비판」, 지헌영의 「국문학잡기」, 세태꽁트에 유재륜의 「농락」, 손을조의 「소년」, 송기영의 「분노」, 시에 정훈의 「비절」(외 1편), 홍성규의 「생명」, 한성기의 「애정①」, 한영진의

3) 문덕수 편, 『세계문예대사전』하권, 2344쪽, 4집의 내용을 '창간호'로 잘못 소개된 것을 여기서는 바로 잡음.

「오월단장」, 임강빈의 「산과」, 김소정의 「초봄」, 남준우의 「제주풍경」, 강소천의 「소라」(동시), 동곡의 「시조」 등이다. 그리고 창작에는 양기철의 「길은 질퍽거리고」, 권선근의 「꿈」, 김병구의 「암초」 등이며, 기타 송영헌의 「무서록」, 박상용의 「금일의 미국 전쟁소설」(역), 원영한의 「시에 부치는 글」, 임희재의 「후조」 등을 읽을 수 있다.

정 훈

《호서문학》은 이 고장의 성가를 높이고 지역문학의 원류로서 손색이 없었다. 정훈은 이후 그의 시 「밀고 끌고」(중학교)와 「동백」(고교)이 국정 교과서에 실렸으며, 그의 「머들령」이 새겨진 시비가 금산군 추부면으로 넘어가는 길가에 세워진다.

《호서문학》은 4집을 끝으로 오랜 침묵에 빠졌다가 17년간의 정적을 깨고 속간하게 되는 것은 1976년 5집이다. 《호서문학》의 재기에는 송석홍이 간행한 『호서시선』(1972)과 『속 · 호서시선』(1974)의 촉매작용이 컸을 것이다.

《호서문학》은 현재 지령이 42집에 이르고, 전통계승의 업적이 있다. 어쩌면 기적이라고 할 수 있을지도 모른다. 정훈, 박희선, 김대현, 이교탁, 신정식 등의 시인적 능력과 집념이 있었다. 특히 김대현과 사제지간인 김용재의 등장은 재기의 위상을 아예 바꿔놓는 힘을 주었다고 본다. 문학의 아카데믹한 요소가 필요했기 때문이다.

호서문학회는 이 고장 문맥의 깊이를 풍요하게 하였으며, 문인들에게 샘터의 역할을 다하고 있다.

### 2) 충남문협 기관지 《충남문학》 창간

한국문인협회가 조직된 것은 5·16군사정부에서였고, 전국 시·도에 지부를 두게 되어 있었다. 그러나 당시 충남·대전은 아직 초창기에 잠자고 있었다. 더구나 《호서문학》 4집(1959)을 끝으로 하여 깊은 침체기에 빠져 있었다.

필자가 1968년 부여에서 《현대문학》의 추천을 완료하고 대전으로 전입했을 때, 권선근 예총지부장이 문협지부장도 겸직하고 있었다. 필자는 이재복 문협 지부장을 모시고 사무국장을 보게 되었는데, 권선근 예총지부장의 사무실에 들리곤 했다. 사무실에는 박남호 사무국장이 상근하고 있었다.

무엇보다도 문예지의 발간이 급선무였다. 지면이 너무 귀하고 이 고장 문단은 완전히 비어있는 상태였다. 서울에서는 《자유문학》이 운영난으로 종간되었고(1963), 《현대문학》이 유일한 지면이었다.

《충남문학》 창간을 위해서 고심하고 있던 중 권선근 지부장으로부터 제의가 왔다. 출판비를 전액 부담하겠다면서 세 가지 조건이 있었다.

① 발행처를 출판비 부담하는 예총으로 하여 줄 것(문협은 편집인).
② 「창간호」로 하지 말고 지금까지 우리 고장에서 나왔던 《호서문학》 4집과 《호서문단》 1집을 묶어 승계하는 「6집」으로 할 것.
③ 「시단」은 「지상 시화전」으로 편집할 것.[4]

4) 졸고, 「《충남문학》 창간의 배경」, 《충남문학》24집, 1993.

여기서 문제가 되는 것은 ①과 ②였다. ①은 지원 조건이었고 ②는 10년이나 이어온 침체기에 있었으므로 특별히 반대하는 사람이 없었다. 정훈, 김대현, 이교탁 세 분에게 직접 상의했는데 '전통을 이어주니 너무 고마운 일'이라고 했다.

《충남문학》이 당당한 공개념의 출발이었음에도 불구하고 6집을 달고 나온 배경이었다. 그러나 이 일은 불과 6년만에 맹랑한 반격에 부딪힌다. 《충남문학》도 9집이 나온 뒤였다. 《호서문학》이 속간되면서 본래의 《호서문학》 호수를 가져갔기 때문이다.

《충남문학》 6집은 1970년 벽두에 조촐하지만 오랜 가뭄 끝의 단비처럼 출간되어 환영을 받았다. 필자는 또한 전체적인 문인 결합을 목표로 고루 원고 수집을 했고, 책의 말미에는 옛 문예지의 목차를 실어 일반의 참고가 되게 했다.

《충남문학》은 이후 한성기, 박용래, 임강빈, 김대현, 최원규, 안영진, 한상수 등 역대 지부장들의 역점 사업으로 이어져 갔다.

충남문협은 추천을 받고 나오는 등단제의 확립과 더불어 개방적인 분위기가 있었다. 가령 『청와집』(1971)은 한성기, 박용래, 임강빈, 최원규, 조남익, 홍희표 등인데 모두 등단제를 거친 시인들이었다.

문협은 또한 선거에 의하여 임원이 선출되는 전통을 이때부터 세워져 오늘에 이른다. 현재도 동인지나 단체에서는 거의 찾아보기 어려운 문협의 위상이 되었다.

이 고장의 최대 문인단체인 충남문협과 《충남문학》의 발전을 표로 보이면 다음 〈표 1〉과 같다.[5)]

---

5) 졸고, 「충남시단 40년사」(『시여 바람이여』, 322쪽, 1984)의 참조 재작성.

〈표 1〉은《충남문학》 발행을 위주로 살펴본 것이다. 박용래·임강빈·김대현 지부장 때는 2년 임기중 1회만 나왔으나, 최원규 지부장 때부터는 매년 출간되는 것을 볼 수 있다.

문협의 회원은 꾸준히 증가하면서 성장했다. 《충남문학》 창간 당시에는 회원이 30명이었고, 충남과 분리될 때는 144명에서 96명이 남게 된다. 서울의 한국문협도 사정은 비슷하다. 1만명을 돌파할 것이라는 예측이고, 작가회의 쪽도 1천명을 훨씬 넘는다고 한다.

### 3) 4대 동인지와 시론 전문지

대전문단은 70년대 후반기 들어 《호서문학》 이후의 오랜 침체기를 극복하는 새로운 움직임이 일게 된다. 그 주역들은 추천을 거쳐 나온 신진들이었다. 《오늘의 문학》 전신인 《도가니》 창간호(1977), 뒤이어 그 다음 해에는 《시도詩圖》 와 《백지白紙》가 각각 선보였으며, 여성 동인지인 《동시대同時代》(1983)도 창간된다. 그리고 시론 전문 동인지도 나왔다.

**〈표 1〉《충남문학》 발행과 충남문협**

| 연도 | 호수 | 지부장 | 부지부장 | 사무국장 | 회원수 | 비고 |
|---|---|---|---|---|---|---|
| 1962 | | 권선근 | 김대현 | 정재수, 송하섭 | 20 | |
| 1970 | 6 | 이재복 | 김대현 | 조남익 | 30 | 임기1년 |
| 1971 | 7 | 한성기 | 임강빈 | 최문휘 | 30 | 〃 |
| 1972 | 8 | 한성기 | 임강빈, 강금종 | 이교탁 | 79 | 조치원문협분리 |
| 1975 | 9 | 박용래 | 임강빈, 최원규 | 이덕영 | 78 | 천안문협분리 |
| 1978 | 10 | 임강빈 | 김대현, 최원규 | 김동권 | 82 | |
| 1980 | 11 | 김대현 | 안영진, 조남익 | 김동권 | 84 | |
| 1981 | 12 | 최원규 | 안영진, 이덕영 | 신종갑 | 76 | 첫화보편집 등장 |
| 1982 | 13 | 최원규 | 안영진, 조남익 | 신종갑 | 93 | 1·2회 충남문학상 시상 |
| 1983 | 14 | 안영진 | 신정식, 한상수 | 오완영 | 100 | 동인지 특집 |

| 연도 | 호수 | 지부장 | 부지부장 | 사무국장 | 회원수 | 비고 |
|---|---|---|---|---|---|---|
| 1984 | 15 | 안영진 | 신정식, 한상수 | 오완영 | 101 | |
| 1985 | 16 | 안영진 | 한상수, 안명호, 박명용 | 김동권 | 106 | |
| 1986 | 17 | 안영진 | 한상수, 안명호, 박명용 | 김동권 | 106 | |
| 1987 | 18 | 한상수 | 박명용, 오완영, 나태주 | 최송석 | 125 | |
| 1988 | 19 | 한상수 | 박명용, 오완영 | 최송석 | 144 | |
| 1989 | 대전과 충남분리, 《충남문학》20호부터 대전문협과 결별 | | | | | |

### (1) 《도가니》·《오늘의 문학》·《문학사랑》

지령 84호에 제100회 문학사랑 축제를 가진 현재의 《문학사랑》의 원류인 《도가니》 1집은 불과 22쪽의 비매품이었다. 이건영·리헌석·한성우·김흥식·지봉성 등 동인들은 한성우만 직장 소개가 없고 모두 신진기예의 학교 선생님들이었다.

《도가니》는 처음 온양에서 인쇄되었고 연락처도 천안 동방서림이었다. 《도가니》는 6년간 8호까지 나왔다. 그리고 이를 승계하여 《오늘의 문학》(1984)이 나오게 되며, 26호(1993)부터는 계간으로 문화관광부에 등록된다. 그러나 리헌석은 오늘의문학회 내부 사정에 의하여 《문학사랑》을 별도 발간하기에 이른다.

리헌석은 시(《시와 의식》)와 평론(《월간문학》)으로 등단했다. 그는 민주화 운동과 각종 언론 붐에 편승하여 문예지를 키운 '시대의 얼굴'로 떠오른 감이 없지 않다. 한번의 결호도 없이 시원한 편집과 묵직한 볼륨으로 대중적 기호를 충분히 흡수한 셈이다. 뒤따라 나온 《시와정신》《애지》와 또다른 편집진의 마케팅 전략이라고 할 수 있을 것이다. 리헌석은 문예지뿐만 아니라 출판사 경영도 성공적인 사례가 될 것이다.

문예지는 '신인작품상' 제도를 두어 시행해 온다. 지령 84호의 《문학사랑》 (2008, 여름호)에 보이는 제66회 신인작품상에는 시·수필·희곡 등의 당선자들이 보인다. 그들을 보면 시집(류영동) 또는 수필집(김영태)이 있는 분, 동인 활동(최문숙)이나 지역문협 회원(박재연)인 분 또는 상당한 창작 뮤지컬의 경력자(김애란)들이다.

문학은 원래가 선택된 소수의 엘리트의 작품이라고 할 수 있었다. 이른바 '명품·명작'도 거기서 나왔다. 그러나 지금은 등단의 관문이 있지만, 한편으로는 누구나 시집이나 수필집을 출판할 수 있고 동호인들끼리 동인지를 낼 수 있기 때문에 창작 발표가 대중화 되었다. 엘리트와 아마추어의 공존시대라고 하겠다.

(2) 《시도》와 《백지》

이 고장에 본격적인 동인지 시대의 막을 다투어 올리며 그 능선을 길게 뻗치고 있는 것이 《시도》(1978. 11. 20)와 《백지》(1978. 11. 30)의 탄생이다. 한성기, 박용래 두 분이 《현대문학》《현대시학》《시문학》에서 심사위원으로 관계하게 되면서 신인 발굴에 가속도가 붙은 배경도 있었다.

두 동인지가 창간된 1978년을 전후한 시인의 등단을 보면 다음 〈표 2〉와 같다.

**표 2〉 시인 등단(70년대 후반기~80년대 상반기)**

| 연도 | 등 단 시 인 |
|---|---|
| 1975 | 김용재(시문학), 신정식·박정환(현대시학), 한상각(현대문학) |
| 1976 | 엄기창(시문학), 안명호(현대시학), 송한범(심상) |
| 1977 | 박명용(현대문학), 신협(심상), 이대영(월간문학) |
| 1978 | 김학응·이관묵·구재기·신봉균(현대시학) |
| 1979 | 손종호(문학사상, 중앙일보 신춘문예) 정진석(현대문학) |
| 1981 | 강신용(현대시학), 안초근(시문학) 변재열 한용구(현대문학) |

| 연도 | 등 단 시 인 |
|---|---|
| 1982 | 양애경(중앙일보), 박재서 · 리헌석(시와의식), 전영관(경향신문), 오완영(현대시학)<br>김원태 · 곽우희(현대문학) |
| 1983 | 김백겸(서울신문), 도한호(월간문학), 최송석(시와의식) |
| 1984 | 배인환 · 박상일 · 김명수(현대시학), 윤형근(문예중앙) |
| 1985 | 백남천(월간문학), 전민 · 조미나(시문학), 박휘규(시와의식) |

이때 등단한 시인들은 그들의 발표 지면을 갖기 위한 새로운 동인지가 요구되고 있었다. 이 고장에서 새 주류로서 부상하며 동인지를 촉진시키는 세력이 된다.

《시도》는 김정수, 김학응, 신봉균, 안명호, 이대영, 지광현 등 6인의 사화집으로 출발한다. '시도파詩圖派'라 자처하면서 "민족정기를 주축으로 겨레 문학 시에 기여 공헌할 것"(서문)을 다짐한다.

오늘에 이르기까지 '국내 최장수 지령'을 자랑할 수 있게 된 것은 지광현(1935~2006)의 헌신적인 일생이 배어 있다. 그는 시인으로서도 생활인으로서도 《시도》 하나만을 위해서 살다간 시인이었다. 그는 국가 유공자이기 때문에 국립묘지 현충원의 「공군 상사 지광현의 묘」에 안장되어 있다.

지광현은 《시도》를 매년 2~3호씩 27년간을 발행했다. 동인들의 합동 시집도 12권을 주재했다. 예를 들면 『새 즈믄해 시인이여』(2000) 『땅에 내린 하늘』 『하늘과 땅을 보며』(2001) 『시가 있는 마을』(2003) 등이 그것이다.

동인들은 대체로 "시가 시로서 머무르기를 바라는 시인들이 모였다"(제6제언)는 선언처럼 순수시의 강렬한 지향을 나타낸다.

시도詩圖라는 명칭도 '시의 회화성'을 연상시키며 지광현의 초기 시를 떠 올리게 하는 바가 있다.

한수 시인이 편집한 92집(2007)을 보면, 종신 동인 12명, 회원 동인 43명, 역대 작품 참여 시인 155명 등을 밝히고 있어 동인지의 규모와 연륜을 엿볼 수 있다.

《백지》는 1978년 11월 30일[6] 김용재, 박명용, 이덕영, 이장희, 조완호, 한병호 등이 창간호를 낸다. 한성기의 제자題字와 초대시, 권말에 최원규의 초대시론이 있다.

《백지》는 매년 1~3호씩을 내며 이 고장의 유수한 동인지로 발전한다. 창간호부터 10호까지는 대략 100쪽 미만으로 발간되었고, 역할도 한성기의 직접적인 독려에 힘 입은 바가 있었다. 이후 박명용(1940~2008)이 실질적인 리더로 통권 44호(2006)까지 이끌었다.

박명용은 동인지를 서울에서 출판하였고 무크지 형태의 계간지《시와 상상》(푸른사상사)을 10호까지 발간하여 동인지의 위상을 높이고 판매 전략을 꾀하였다. 그러나 《시와 상상》은 별도로 독립해 나가고(주간 김석환), 《백지》는 백지시문학회(회장 변재열)로 계승되고 있다.

《백지》 46호(2007)를 보면 회원 신작시에 김남규, 김석환, 김순일, 김지은, 박종빈, 박찬현, 변재열, 송영숙, 유재봉, 이장희, 전영관, 전현숙, 정광수, 정선호, 최건, 한기욱, 한문석, 한병호 등 18명의 알만한 분들을 선보인다. 평론에는 김석환, 김택중, 최광임, 최문자 등의 글이다.

《시도》가 '기성 및 신인'(92집 편집후기)을 대상으로 하였다면, 《백

---

6) 《백지》의 '창간일자'에 대하여 박명용 편 『대전문학사』(2000)에서는 1978년 6월 15일(66쪽)이라고 하였으나 여기서는 원본(책)에 따랐다.

지》는 '기성시인들만의 참여를 고수'(박명용 《대전문학》 66쪽)한 차이를 볼 수 있다. 《백지》가 계간지 《시와 상상》까지 동인지로 구성한 것과도 관련이 있는 일이다.

《시도》에 지광현이 있었다면 《백지》에는 박명용이 있었다. 어느덧 유명을 달리 한 두 시인의 높은 열정과 문학정신을 추모하지 않을 수 없다.

(3) 여성문학 동인지 《동시대》

《동시대》 창간호(1983. 2. 21)는 김학응의 지도에 힘입어 보전출판사에서 간행된다. 권경옥, 김명숙, 김월승, 송영숙, 안유미, 안초근, 유승자, 윤월로, 정소용, 정정숙, 조선원, 김영희(12명) 등의 작품이 실린 56쪽이다. 매년 1~3호씩 발간하여 48호의 지령을 보이고 있다.

자체 행사 '달무리제'를 통하여 창작의욕과 사회적 역할을 고무하면서 25년의 연륜이 깊었다. 『아침소묘』(48호, 2008)를 보면 시에 김현배, 박연순, 백혜옥, 소세영, 신영연, 안정임, 이다현, 조명희, 조화숙, 최양순, 최용철, 최희영, 허성애 등이고, 기행문(안초근), 수필(최순호), 소설(남충우·박연순· 이상옥) 등으로 222쪽에 달한다.

이 동인지를 이끌어 온 안초근은 처음 "계간지를 꿈꾸었다"고 했고, 어떤 때는 너무 어려워 복사해서 제본했기 때문에 출판사가 들어가지 못한 경우도 있었다. 그는 이 고장 여성문학의 대모라 해도 과언이 아닐 것이다. 그의 뒤로는 최자영, 윤월로, 이형자 등이 또다른 동인지를 이끌어 오고 있다. 특히 안초근은 철학관 '녹야원'의 주인으로 유명하다.

(4) 《시·시론》·《문예시학》

뜻있는 사람들의 관심을 끌고 있는 것이 시론 전문지 《시·시론》(1988)의 출현이다. 평론이 주축이 된 무크지의 출현은 충남대학교 국문과 교수들이 중심이 된 충남시문학회에서였다.

이 동인지는 "이 지방 충청도에서 활동했거나 출생한 시인들을 대상으로 그들을 재조명하고 문학사적인 위치를 평가하려는 의도에서 이루어진 작업" (최원규)이라고 했다.

《시·시론》은 제8집(1997)에 와서 《문예시학》으로 제호가 바뀌었고 미구에 대표자도 최원규에서 손종호로 바톤이 넘어갔다. 《문예시학》 15집(2004)을 보면 「이문구론」(김정숙, 김정아, 서혜지)이 특집이다. 시부문 평론에는 이형권, 송기섭, 유희, 백승관, 김사홍 등이고, 소설비평에는 유경수, 고영진, 홍웅기 등의 필진이다. 책의 말미에는 14집까지의 '총목차'가 실려있어 일반의 참고를 돕는다.

4) 기관지 《대전문학》과 《작가마당》

(1) 대전문협의 《대전문학》 창간

대전문협은 1989년 1월 1일부로 대전시가 직할시로 승격됨에 따라 4월 23일 충남문협으로부터 분리 창립되고 초대지부장에 조남익이 피선된다. 아무런 인계인수가 없었다. 종이 한 장 쥔 것이 없었다. 그러나 해변시인학교를 춘장대해수욕장에서 열었고, 제1회 대전문학상이 시행되었으며, 한국문화예술진흥원에 가서 근로청소년문예강좌를 유치해 왔다. 대전문학의 힘찬 출범이 있었다.

〈표 3〉 대전문협 역대임원 명단

| 대수 | 기간 | 지회장 | 부 지 회 장 | 사무국장 | 비고 |
|---|---|---|---|---|---|
| 1대 | 1989~1990 | 조남익 | 김정수 이도현 홍희표 | 이관묵, 리헌석 | 임기 2년 |
| 2대 | 1991~1992 | 김용재 | 김수남 김원태 최송석 | 전 민 | |
| 3대 | 1993~1993 | 김용재 | 김수남 김원태 최송석 | 전 민 | |
| 4대 | 1994~1995 | 박명용 | 김원태 리헌석 오완영 | 전영관 | |
| 5대 | 1996~1997 | 최송석 | 김수남 신 협 이도현 | 전 민 | |
| 6대 | 1998~1999 | 신 협 | 강나루 손종호 정만영 | 박상일 | |
| 7대 | 2000~2001 | 리헌석 | 박상일 이규식 조일남 | 박봉주 | |
| 8대 | 2002~2004 | 리헌석 | 조일남 박상일 이규식 | 박봉주 | |
| 9대 | 2005~2006 | 리헌석 | 최자영 문희봉 이규식 연용흠 | 박봉주 | |
| 10대 | 2007~2007 | 이규식 | 최자영 문희봉 연용흠 | 박봉주 | |
| 11대 | 2008~2010 | 류인석 | 김명녕 최자영 문희봉 안일상 | 이영옥 | 임기 3년 |

가장 중요한 것은 《대전문학》의 창간이었다. '문화가 없는 대전'에 시민문화론이 대두되면서 대전문학후원회장 김주팔(대훈서적)과 의기투합된 것은 큰 행운이랄 수 있었다. 그리고 1구좌(5만원)를 내면 평생동안 《대전문학》의 독자가 되는 후원회원을 모집하기 시작했다.

후원회에 의해서 창간호가 화려한 화보와 352쪽의 비중있는 부피로 5000부가 발행되었고 제2호도 나왔다. 《대전시단》 창간호도 함께 선보였다. 김주팔 후원회장은 제1회 대전문학상 상금(1백만원)도 쾌척하였는데 그 상금은 계속 시상해 주고 있다. 참으로 세상에 흔하지 않는 일일 것이다.

《대전문학》은 이 지역을 대표하는 문예지이며, 또한 역대 임원들의 노고가 배어 있다. 2008년부터 《대전문학》은 계간으로 된다.

(2) 작가회의의 《작가마당》 창간

대전·충남작가회의의 《작가마당》 제1호(1999)가 나온 것은 아직 10년이 채 안 된다. 그러나 작가회의가 지니고 있는 문학운동의 사회

미학은 여러 면에서 뚜렷한 것이 있다.

1980년대만 해도 논쟁 또는 문학권력이라면 순수와 참여, 진보와 보수의 대립구조였다. 자유실천문인협회(1974)가 1987년 6월 항쟁 이후 민족문화작가회의가 된다. 저항의 상징이었던 '민족'이란 접두어를 빼고 지금은 한국작가회의(2008)로 된다. 한국민족예술인총연합(민예총)은 1998년에 출범했고 대전·충남은 2004년에 조직된다.

대전·충남작가회의의 회장은 김흥수·강병철에 이어 지금은 김백겸 시인이다. 현재 고문에 조재훈, 안수환, 조동길, 김흥수, 장춘득, 부회장에 권덕하, 이정록이며 사무국장은 이정섭이다.

대전·충남작가회의는 80년대 초 창벽동인들의 《삶의 문학》을 근간으로 한다. 5공화국의 신군부의 등장과 함께 《창작과 비평》《문학과 지성》 등이 폐간 되는 시기에 지역의 젊은 이들이 불씨를 모은 것이다.

그 후 1985년 《민중교육》 사건 등의 수난이 있게 되며, 1987년 6월 항쟁의 운동에 기여하면서 지역에서는 대전 YMCA에서 조재훈 회장과 이은식 사무국장 등 100여 명의 회원과 함께 첫 출범을 한다.

다시 1997년 이완된 조직을 점검하여 공주 갑사에서 재출범 대회를 열고 김흥수 회장과 한창훈, 최길묵 사무국장 등 120여 명의 성원으로 재창립을 선언하고 현재까지 기관지 《작가마당》 발간, 대전충남 시선집 발간, 시낭송회 개최, 청소년 문예마당 개최 등 다양한 행사를 시도하고 있다.

《작가마당》 9집(2006)에는 김현정의 「대전진보문학의 뿌리를 찾아서」에서 1947년 8월에 발간된 종합지 《현대》(9월호)가 소개되고 있다. 박용래의 「夢陽先生 靈前에」와 박희선의 「불근산맥」에 깊이있는 분석을 보인다.

작가회의는 166명의 회원으로 구성되어 있다. 김백겸 회장은 동인지 《화요 문학》《허리와 어깨》《시와 인식》의 주간도 맡고 있으며 비중있는 작품 평가를 받고 있다.

### 5) 계간지 시대의 개막

동인지 문예지 등의 판도가 급속도로 상승작용의 호기로 가고 있다. 현재 계간 문예지는 《문학사랑》《애지》《시와 정신》《문학마당》 등이다. 이 밖에 《대전문학》·《미래문학》도 계간을 표방하거나 진입중이다. 월간 《대전예술》(대전예총)은 2000년 2월호로 창간되어 현재 통권 160호에 이른다.

이런 현상은 우리 지역만이 아니고 전국적인 상황이다. 문화의 대중화, 문화의 향유가 삶의 질로 조화되고 있다. 고급 문화와 저급 대중문화와 품위 등 문학지들도 경영 전략의 패러다임이 새롭게 요구된다.

#### (1) 종합계간지 《신인문학》《문학마당》

계간의 선두 《문학사랑》(오늘의 문학)은 4대 동인지의 첨병으로 앞에서 소개한 바 있다. 여기서는 《신인문학》에서 나온 《문학마당》을 먼저 살펴보기로 한다.

신인문학회는 처음 손종호, 강돈묵, 박재화, 조동길, 김백겸 등이 모인 「문文과 율律」(1979)이 모태가 된다. 윤성희, 임승빈, 박광천, 김기홍, 강태근 등이 합류, 10명의 무크지로 《신인문학》 1집(1985)이 경기도 부천에서 탄생한다. 1집에에는 '文과 律의 二重奏' 라는 부제가 붙어있다.

'첫번째 작품집'이라고 했을 뿐 편집후기 같은 것이 아예 없는 작품 위주의 도전의욕을 보인다. 평론(윤성희), 시(손종호, 박재화, 임승빈, 김백겸, 박광천), 소설(김기흥, 강태근, 조동길, 강돈묵) 등이 수록된 무크지는 단단한 지적 요소를 함께 지니고 출범한다.

《신인문학》은 10호를 끝으로 계간 《문학마당》 11호(1998)로 바뀐다. 현재 24호에 이른 《문학마당》은 주간 손종호, 편집 이태관·윤은경·남기택·복도훈 등으로 지역적 뿌리가 있고, 소설 평론 등에도 인재들을 보유한 그룹이다. 《창작과 비평》이 그러하듯 새 원고를 찾고 독자의 참여를 기다리는 문호 개방을 견지한다.

《문학마당》의 '기획특집'은 인문·사회과학분야로 확대되어 있다. 최근의 것을 보면 '21세기 생태환경'(22호), '21세기 신의 존재'(21호), '문학과 노동'(20호), '문학과 디아스포라'(19호) '문학과 정치'(18호) 등인데, 만만찮은 품질을 느끼게 한다.

손종호 주간은 화려한 문단 데뷔의 경력 소유자이다. 최근 시집 『새들의 현관』을 냈다.

(2) 지역성 벗은 《애지》와 《시와 정신》

계간 시전문지 《애지愛知》(2000)와 《시와 정신》(2002)의 창간은 지역에 신선한 충격을 주었다고 할 수 있다. 새 영역의 힘찬 도약이었기 때문이다. 같은 계간인 《오늘의 문학》(문학사랑)과 《문학마당》이 있지만 이들은 종합문예지였고, 지역문화의 깊은 뿌리에서 생성된 것이었다.

그러나 《애지》와 《시와 정신》은 철저한 상품미학에서 출발했다. 전국 수준의 시인과 작품을 위주로 한 편집을 고수한다. 《애지》가 문화예술위원회에서 우수문예지로 선정(2005~2006)되기도 한 것은 그

고품질과 가치 추구의 결과일 것이다.

《애지》는 '기획특집'과 '집중조명' 등을 통해 창작과 시론의 비중을 함께 다루며 지면의 충실을 도모한다. 또한 신인문학상을 두어 시인과 비평가를 발굴해서 현재 35명에 이른다.

'애지문학상'은 6회를 맞는다. 시와 비평분야에 한 명씩 주어지는 이상은 그동안 이대흠, 장석주(1회), 함민복, 유성호(2회), 손택수, 권혁웅(3회), 이은채, 홍용희(4회), 김선태, 하상일(5회) 등이 수상했다. 상금도 부분별로 300만원이었는데 500만원으로 인상된다.

주간에 반경환, 편집위원에 장석주, 이형권, 신철하이다. 34호(2008 여름호)를 보면 《애지》의 발행처는 충북 청주이고, 인쇄처는 대전이다. 《시와 정신》은 처음 발행인 김추성, 편집인 겸 주간 김완하, 편집장 주용일, 편집위원에는 김태현, 이재무, 강연호, 송기한 등이 창간호를 선보였다. 대학에 있는 분들을 위주로 젊고 패기있는 편집 진용이다.

《시와 정신》은 《애지》와 마찬가지로 상품미학을 추구한다. 창간호에 나온 이 고장 시인은 이면우(시), 임강빈(산문) 등 몇 사람이 되지 않는다. 정진규, 오세영을 비롯한 유명시인들이 망라되었다. 화보 '젊은 날의 초상'에는 김남조, '이 계절의 시인'에는 고은이 등장한다.

창간사에는 "이 땅의 시적 가치와 전통에 대한 새로운 탐구를 시도하려 한다"(김완하)고 하였다. 시적 침체의 늪이 없지않은 지역 문단에 끼치는 바람을 느끼게 한다. 그러나 지역성에 대한 외면 또는 애정의 결핍은 긴 안목에서 극복해야 할 것이다.

김완하 주간은 《문학사상》에서 등단했다. 일찍이 동인지 《큰시》

(1990)를 창간하였고 윤형근, 이종진, 임영봉, 주용일, 양선규, 윤종영, 김희정, 조완수 동인들과의 교류가 이루어진다. 또한 한남대가 주축인 《오정문학》도 그의 지도로 간행된다.

### 6) 순수 동인지들의 값진 의욕들

80년대부터 많은 동인지들이 값진 의욕들을 갖고 출범한다. 90년대에는 더 많은 동인지가 선보인다.

8·90년대의 왕성한 출범의 이면에는 문예지의 대중화 시대가 열리고 많은 문인들이 탄생된 '등단의 계절'이 한 몫을 하며, 또한 문예진흥기금의 지원은 그야말로 동인지 시대의 막을 올리기에 충분했다.

8·90년대에 출범한 동인들은 문예진흥기금에 힘입어 2000년대에 와서도 계속적인 발전을 보인다. 8·90년대에 창간된 동인지들을 표로 보이면 다음과 같다.

〈표 4〉 80년대에 창간된 주요 동인지

| 연도 | 제호·호수 | 발 행 처 | 대표 | 현재지령 | 비고 |
|---|---|---|---|---|---|
| 1981 | 「무천」 창간호 | 무천문학동인회 | 조완수 | 26집 | |
| 1982 | 「시심詩心」 창간호 | 시심동인회 | 김대현 | 26집 | |
| 1983 | 「동시대同時代」 창간호 | 동시대동인회 | 안초근 | 48호 | |
| 1985 | 「신인문학」 창간호 | 신인문학회 | 손종호 | 24호 | |
| 1988 | 「시·시론」 1집 | 충남시문학회 | 최원규 | 18집 | |
| 1989 | 《대전문학》 창간호 | 대전문인협회 | 조남익 | 41호 | |
| | 「대전시단」 1집 | 대전문인협회 | 조남익 | 5호(종간) | |

〈표 5〉 90년대에 창간된 주요 동인지

| 연도 | 제호·호수 | 발 행 처 | 대표 | 현재지령 | 비고 |
|---|---|---|---|---|---|
| 1990 | 「문학시대」 창간호 | 대전문인총연합회 | 송백헌 | 19호 | |
| | 「큰시」 창간호 | 큰시문학동인회 | 김완하 | 18집 | |
| 1991 | 「해정문학」 창간호 | 해정문학회 | 서정대 | 15집 (종간) | |
| 1992 | 「등대문학」 창간호 | 등대문학동인회 | 이돈주 | 15집 | (현 풀무) |
| | 「수레바퀴」 창간호 | 수레바퀴문학동인회 | 이봉선 | 17집 | |
| 1993 | 「여성문학」 창간호 | 대전·충남여성문학회 | 최자영 | 16집 | |
| | 「시상詩想」 창간호 | 시상동인회 | 윤월로 | 15집 | |
| | 「글빛」 창간호 | 글빛문학회 | 김명동 | 9호 | |
| 1994 | 「화요문학」 1집 | 화요문학동인회 | 김백겸 | 12집 | |
| 1995 | 「올해의 시」 1집 | 대전시인협회 | 최원규 | 13집 | |
| | 「허리와 어깨」 창간호 | 허리와 어깨동인회 | 강신용 | 8호 | |
| | 「서구문학」 창간호 | 대전서구문학회 | 박동규 | 11호 | |
| 1996 | 「꿈과 두레박」 창간호 | 꿈과 두레박시동인회 | 이형자 | 12집 | |
| 1997 | 「대덕문학」 창간호 | 대전대덕문학회 | 손기섭 | 12호 | |
| 1999 | 「작가마당」 창간호 | 대전·충남작가회의 | 김흥수 | 12호 | |
| | 「미래문학」 창간호 | 미래문학사 | 장춘득 | 20호 | |

한편 여성들의 동인지도 꾸준히 발전해 왔다. 80년대의 《동시대》, 90년대의 《여성문학》《시상》《꿈과 두레박》 등이 그것인데 이들은 4대 여성동인지라 해도 좋을 것이다.

## 3. 앞으로의 전망과 제언

### 1) 대전시 문예진흥기금의 내용

대전시의 「문화예술진흥기금 운영성과분석보고서」(문화예술과)에 따르면 문예진흥기금은 지역의 문화예술 발전과 시민의 문화향수권의 제고를 위하여 1989년 문화예술진흥법에 의거 시행한다고 했다. 2010년까지 100억을 목표로 추진하는 것인데, 재원은 시비 출연금과 순세계 잉여금 등으로 대전시 통합관리기금으로 운영된다.

매년 공모사업을 통하여 장르별로 심의위원회가 있으며, 문학·미술·무용·연극·영화·연예·국악·사진 등 8개 예술장르에 지원한다. 기금은 2000년말 현재 84억 4천 4백만원이 적립(문화체육관광부의 적립 규모는 4,336억원)되어 목표액 대비 84,44%이다. 여기서 6억 3천만원(2007)이 지원될 수 있는 금액이다. 결산 후 잔액이 발생되면 통합기금으로 재적립된다.

〈표 6〉 대전시 정량적 성과지표 평가

| 연도 | 사업계획 | 사업실적 | 달성도 |
|---|---|---|---|
| 2006 | 지역문화예술지원 공모사업 (6억 3천만원) | 262건 6억 2백만원 지원 | 95.5% |
| 2007 | 지역문화예술지원 공모사업 (6억 3천만원) | 249건 6억 8백만원 지원 | 96.5% |

〈표 7〉 8개예술분야 집행현황(2007)

(단위:천원)

| 분야별 | 신청 | | 심사선정 | | 집행액 | | 잔액 | 비고 (포기건수) |
|---|---|---|---|---|---|---|---|---|
| | 건수 | 금액 | 건수 | 금액 | 건수 | 금액 | | |
| 계 | 309 | 1,318,200 | 253 | 630,000 | 249 | 608,500 | 21,500 | 11건 |
| 미술 | 111 | 389,500 | 97 | 157,000 | 94 | 153,500 | 3,500 | 3건 |
| 사진 | 19 | 56,051 | 19 | 36,000 | 18 | 35,000 | 1,000 | 1건 |
| 연극 | 15 | 98,500 | 9 | 58,000 | 9 | 58,000 | – | |
| 음악 | 45 | 199,610 | 31 | 59,500 | 27 | 55,000 | 4,500 | 4건 |
| 무용 | 14 | 87,250 | 12 | 59,000 | 11 | 55,000 | 4,000 | 1건 |
| 문학 | 56 | 221,938 | 48 | 120,500 | 48 | 120,500 | – | |
| 전통 | 42 | 222,251 | 30 | 84,000 | 28 | 79,500 | 4,500 | 2건 |
| 연예 | 7 | 43,100 | 7 | 36,000 | 7 | 36,000 | – | |
| 예비비 | | | | 20,000 | 7 | 16,000 | 4,000 | |

문학은 8개 장르 중 미술 다음으로 많은 편(1억 2천 50만원)이다. 지원 규모가 100~700만원 선이고, 동인지 발간비가 주류를 이룬다. 동인은 10인 이상이고 책은 100쪽 이상이어야 하며, 발간 실적이 3집

미만은 제외된다.

세미나·심포지엄·연구발표회 등도 사업비의 일부를 지원 받을 수 있다. 동인지는 발간이 연 1회냐 2회냐에 따라 금액에 큰 차이를 보인다. 다음은 문학에 대한 지원금액의 분포를 보인 것이다.

**〈표 8〉 문학분야 문화예술진흥기금 지원 금액 분포**

| 금 액 | 2,000 | 2,500 | 3,000 | 4,000 | 5,000 | 6,500 | 7,000 | 계 |
|---|---|---|---|---|---|---|---|---|
| 단체수 | 20 | 6 | 9 | 2 | 2 | 1 | 2 | 42 |

〈표 8〉에서 400만원 2곳은 문학사랑문인협회(제7회 한국청소년문학상)와 한밭문학회(동인지 《상상의 힘》, 발간 및 문학축제)이며, 500만원 2곳은 호서문학회(《호서문학》 41집, 42집 발간)와 국제펜클럽대전위원회(《대전펜문학》 12집, 13집 발간)이다.

그리고 650만원은 한국작가회의 대전·충남지부(《작가마당》 12호, 13호 발간)이며, 700만원은 대전문인협회(《대전문학》 41호, 42호 발간)와 대전문인총연합회(《문학시대》 20집, 21집 발간) 등 두 곳이다. 200만원을 받는 곳은 대체로 1회 발간비 또는 행사비이다.

### 2) 탈출해야 될 동인지 시대

문인과 발표 지면은 물고기와 물의 관계다. 물고기가 물이 없으면 살 수 없듯이 문인은 지면이 없으면 고사枯死되기 십상이다. 예나 이제나 문인들이 문예지를 중심으로 이합집산하는 것은 이 때문이다. 작가와 문예지의 관계는 살아있는 문학사의 실체들이다. 문인들이 작품 발표를 할 때, '좋은 지면'을 욕심내는 것은 이런 측면일 것이다.

지금은 '지면'이 넘치고 있다. 우리 지역뿐만 아니라 전국적으로 2,300개의 일반 문예지가 있고 동호인끼리의 많은 동인지가 족출하고 있다. 문예진흥기금의 혜택도 있어 그야말로 '문학의 르네상스'를 보는 느낌이다. 그러나 누구도 르네상스로 인정하는 것 같지는 않다.

문예진흥기금은 '시민문화의 창달'이라기보다는 '시민의 향유 증대'의 취지가 강한 느낌을 준다. 경제발전과 삶의 질을 높이는 복지사회의 지향이다. 또한 정신문화는 물질문화와 반드시 일치하는 것이 아니다.

가령 우리 나라에 많은 영향을 미친 러시아문학은 제정 러시아 시대에 폭정과 맞서며 문학이 꽃핀다. 푸르게네프, 곤챠로프, 톨스토이, 도스토예프스키 등 이른바 '1840년대의 별'들이 출현한다. 그러나 1917년 볼세비키 정권 이후의 소련문학은 그 생존조차 어려운 시기가 된다.

박명용의 『대전문학사』에 의하면 "해방 이후 70년까지 등단한 대전의 시인은 대략 38명에 불과했으나, 80년대에는 43명, 90년대 들어서는 50명에 달했다"(75쪽)고 한다.

오늘날 동인지의 기능과 효용은 거의 끝났다고 본다. 동인지는 본래가 '지면' 때문이었다. 그러나 지금은 신인이든 기성이든 얼마든지 '지면'이 있는 세상이다. 또 애써 동인지를 내어도 누가 읽어보는 사람이 없다. 말하자면 동인지는 '습작품 연습장' 정도로 효용이 떨어져 있는 감이 없지 않다. 동인지는 때로는 평생의 발목을 잘못 잡을 수도 있을 것이다. 환경과 경제를 넘어 문화도 간다. 우리는 문학단체나 동인회에서 문학지를 한권이라도 더 내려는 오래된 낡은 관념에서 탈출해야 한다. 신인들도 자력갱생의 정진으로 신인상 돌파 등 신상관리를 우선하는 것이 좋을 것이다.

문예진흥기금도 사업비를 이용해서 세미나·작품발표회 등 창조도시와 시민문화 육성에 이바지하는 것이 좋을 것이다.

### 3) 앞으로의 전망과 제언

대전의 독특한 문학지도를 어떻게 그릴 것인지는 여러 가지 대안이 있을 수 있다. 먼저 이규식 교수가 쓴 「대전문학이 당면한 10대 어젠다」[7)]를 들면 다음과 같다. 참고가 되었으면 한다.

① 규모의 경제를 실현할 수 있는 문학단체의 결집과 융화
② 문학의 주요 미덕인 콘텐츠 제공 즉 스토리 텔링이나 서사구조 창작 기능 강화를 통한 범위 확산
③ 문학 관심영역의 확대와 인접 타 예술장르와의 연계에 적극성 경주
④ 수용자 위주의 다양한 글쓰기 기법 연마
⑤ 문화상품으로서의 문학작품에 대한 인식
⑥ 적극적인 문화마케팅 전개
⑦ 전국을 엮는 지역문화 네트워크 형성으로 중앙집중구조 개선과 경쟁력 강화
⑧ 문예지의 질적 수준 제고와 정선된 신인배출 시스템 정착
⑨ 열린 토론, 비평문화 정착으로 애정어린 상호격려, 비판풍토 조성
⑩ 지역 대학 문예창작과, 각급 사회교육기관 문예창작 과정 교육목표 정비와 질적 향상

---

7) 《대전예술》, 2008년 7월호, 36~37쪽.

(1) 고품질·명품에 의한 승부

탄탄한 습작기를 거치지 않은 문학 지망생들이 문단 등단을 두드리면서 1990년대 이후 문인이 급증하고 있다. 특히 여성 잠재력, 실버 세대의 팽창과 맞물리면서 문단 기류가 많이 달라졌다.

그러나 동인지·문예지는 고품질과 명품에 대한 승부를 걸어야 살아 남는다. 더구나 지방에서는 서로 이웃의 친밀관계가 우선이기 때문에 작품의 질에서는 취약한 면을 가진다고 보아야 할 것이다.

여기서는 《대전문학》에 대하여 제언을 하고자 한다. 회원들의 작품은 무조건 실어야 한다는 숙명 때문에 문예지의 개성이 살아나지 못하기 때문이다. 이점은 한국문협의 《월간문학》도 비슷한 고민을 안고 있다.

《대전문학》은 이제부터라도 원고 심의위원회를 갖추고 '작품 교체' 등을 요구하는 고품질·명품에의 도전이 시급하다고 아니할 수 없다. 그리고 일정 부분은 고료 지불의 청탁원고를 시행해서 문예지의 성격을 살렸으면 한다. 계간지로 가는 것이 급한 것이 아님을 거듭 강조한다.

(2) 향토성과 지역성의 발굴

어떤 지역의 향토성이 지닌 창작적 요소는 세계로 통하는 것이 문학의 속성이다. 가장 지방적인 것이 가장 세계적인 것이라고 하는 것은 문학예술이 근원적으로 인간주의에서 생성되기 때문이다. 세계의 모든 인류는 하나라는 개념도 여기에 있을 것이다.

내가 태어난 곳, 내가 사는 곳을 사랑하는 것은 인간성의 본질이다. 이 지역의 문화예술인은 향토성과 지역성에 대한 나름의 책무가 있어야 하며, 이것이 문예진흥기금이라는 혈세 지원의 배경이다. 이 고장에서 발간되는 모든 문학지들은 스스로 이 고장에 대한 깊은 애정을 지니고 출발해야 한다.

이런 면에서 《작가마당》의 연재기획 「대전·충남 문학지도」는 수준과 내용에서 좋은 보기가 되겠다. 지역문화의 숨쉬는 개성이 있기 때문이다. 향토성은 낡은 것이 아니라 오히려 새롭게 발효된 품질로 빛날 수 있다.

우리는 '2008 광주비엔날레'의 화려한 소식을 접한다. 행정기관의 지원에 힘입어 '문학메카'를 표방하는 광주광역시의 지방화시대도 보고 있다.

'한밭문학 메카'는 이제부터라도 문학지에 의해서 선도되고 개척되어야 할 것이다.

### (3) 독자개발의 창구 운영

앞에서 말한 바와 같이 《대전문학》을 창간할 때, 필자는 대전문학후원회(회장 김주팔)를 조직하고 그에 힘입어 창간할 수 있었다. 관공서에서 지원이 전혀 없을 때였다.

창간호의 목차 이면에는 "단1회 입회로 평생회원"의 "대전문학 후원회 회원 대모집"의 광고가 나와 있다. 그대로 옮겨 본다.

> 문화가 가난한 대전의 속사정"등의 비난의 오명을 벗습니다.
> 1구좌(5만원)로 귀하의 생존시 매년 춘추로 《대전문학》 2권을 무료로 받아 보시게 됩니다.
> 문학이 있는 각종 문화행사에 부부초대장을 보내 드립니다.

현대문학의 거장들과 함께 하는 심포지움에 초대 됩니다.
10구좌(5십만원) 이상을 내시거나 모으신 분은 '이사' 또는 '대의원' 으로 모십니다.

대전문화에 대한 애정을 가지신 분은 숨어 있지만 의외로 많이 있다고 본다. 필자는 박용래시비, 김관식시비 등을 문인들과 시민모금에 의해서 건립했는데, 뜻밖의 독지가들을 만난 감명을 지금도 지니고 있다.

《대전문학》을 시민의 곁으로 한걸음 가고자 한 것이 후원 회원의 모집이다. 1구좌(5만원)를 내면 평생회원으로 모시고 계속 문예지를 보내 주겠다는 취지이다. 500명 또는 1,000명의 독자를 목표로 했다.

이 내용은 지금도 유효하다. 여기의 회원은 유료도 있고 무료도 있다. 위의 광고는 주로 유료를 염두에 둔 것이지만, 대전 시내의 도서관·관공서·공공기관·병원 등의 응접코너, 심지어 지하철의 독서코너 등에도 동인지 문예지가 찾아가야 한다고 생각한다.

독자가 찾아 오기만을 기다릴 것이 아니라 어떤 일정 부분의 부수는 지역 사회에 투자해야 할 것이다. 동인지·문예지가 문인들만 나누어 보고 끝날 것이 아니라 20부 또는 100부 등 일정 부분은 독자개발의 몫으로 투자해야 할 것이다.

한밭도서관 정기간행물실에는 수많은 기관지·잡지 등이 진열된다. 대전 지역의 것은 《문학사랑》《문학마당》이 눈에 보였을 뿐이다. 대부분 독자개발의 창구 운영이 없기 때문이다.

「문화예술 창작지원 방식 개선방안」[8]에 보면, 지원규모가 늘어도 문화향유 수준의 제고, 상응한 변화와 성과가 없다고 진단한다. 일반인들은 동인지·문예지를 전혀 알지도 못하고 생소한 대상이라는 것이다. 지역 문단이 특색을 갖추고 시민의 곁으로 가는 노력이 있어야 할 것이다.

문예진흥기금은 '소액 다건주의'의 직접 지원에서 사회적 프로젝트에 의한 간접지원 방식이 거론된다. 동인회·문학 단체 등에서도 독자개발의 운영을 권한다. 의외로 쉽게 풀릴 가능성도 없지 않다.

— 대전시 『대전문화』(제17호, 2008)

8) 《대전예술》, 2008년 7월호, 14쪽.

[부록]

# 대전의 문학지 발간 연표

(2008년 8월 31일 현재)

| 연 도 | 제호 · 호수 | 발 행 처 | 대 표 자 | 비 고 |
|---|---|---|---|---|
| 1935 | | | 정훈 「六月하늘」 | 「가톨릭청년」 1월호 |
| 1937 | | | 정훈 「六月空」 | 「자오선」 창간호 |
| 1945<br>(8 · 15광복) | 「향토(鄕土)」 창간~3호까지<br>「백상(白象)」 창간~3호까지 | 향토사<br>백의사(이재복) | 정해붕(주간)<br>박희선(주간) | 향토시가회 등장<br>불교종합지 |
| 1946 | 「동백」 창간호(2월)[1] | 동백시회 | 박희선(창간사) | |
| 1947 | | | | 한덕희 시집 「북소리」 |
| 1949 | | | | 정훈 시집 「머들령」 |
| 1952 | 「호서문학」 1집<br>(4×6배판, 30면) | 호서문학회[2] | 정 훈 | 필진 : 홍성규, 한성기, 임강빈,<br>한영진, 김소정, 남준우 |
| 1954 | 「호서문학」 2집(12면) | 호서문학회 | 전 형 | 필진 : 정훈, 설창수, 오정현,<br>이종학, 김강정, 최재문,<br>도재희 |
| 1955 | | | | 「현대문학」 창간<br>한성기(현대문학) 천료 |
| 1956 | 「호서문학」 3집(192면)<br>「호서문단」 1집(28면) | 호서문학회<br>한국문학가협회충남지부 | 전 형<br>이재복 | 박용래, 임강빈 (현대문학) 천료 |
| 1958 | | | | 정훈 시집 『피맺힌 연륜』<br>김대현 시집 『옥피리』<br>박희선 시집 『새양쥐와 우표』 |
| 1959 | 「호서문학」 4집(148면) | 호서문학회 | 5명 공동대표[3] | 머들령문학회 창립 (정훈) |
| 1960 | | | | 정상순(자유문학) 천료 |
| 1961 | | | | 최원규 시집 『금채적』 |
| 1962 | | | | 최원규(자유문학) 신인상 |
| 1963 | | | | 이덕영(한국일보시조) 당선 |
| 1965 | 「돌샘」 1집 | 돌샘문학동인회 | 김성수 | |
| 1966 | | | | 조남익(현대문학) 천료<br>「현대시학」 · 「창작과 비평」 창간 |
| 1967 | 「중도문학」 창간호 | 중도문학사 | 윤채한 | 홍희표(현대문학) 천료 |
| 1968 | | | | 홍희표 시집 「어군의 지름길」 |
| 1969 | | | | 이용호(서울신문, 시조) 당선 |
| 1970 | 「충남문학」 6집 (창간호) | 한국예총충청남도지부 | 문협(이재복) | |

1) 창간호에 박희선, 정훈, 박용래 등 3인의 시 수록.
2) 호서문학회는 1951년 11월 11일 정훈 등이 중심이 되어 창립, 당시 회원은 50여명이었다.
3) 당시 호서문학회 공동대표 5명은 김대현, 홍성규, 성열균, 정주상, 원영한 등이었다.

| 연도 | 제호 · 호수 | 발행처 | 대표자 | 비고 |
|---|---|---|---|---|
| 1971 | 「충남문학」 7집<br>「새여울」 1집 | 한국예총충청남도지부<br>새여울동인회 | 문협(한성기)<br>윤석산 | "시문학" 창간 |
| 1972 | 「충남문학」 8집<br>「호서시선」 1집 | 한국예총충청남도지부 | 문협(한성기)<br>송석홍(주관) | 지광현(현대시학) 천료<br>「문학사상」 창간 |
| 1973 | | | | 이대영(풀과별)<br>이장희(현대문학) 천료<br>「심상」 창간 |
| 1974 | 「속 · 호서시선」 (2집) | | 송석홍(주관) | 손기섭(한국문학) 최문희(시문학)천료<br>김홍수(동아일보) 당선 |
| 1975 | 「충남문학」 9집 | 한국예총충남지부 | 문협(박용래) | 김용재 · 엄기창(시문학) 천료 |
| 1976 | 「호서문학」 5~6집[4] | 호서문학동인회 | 김학응(주간) | 안명호(현대시학)<br>송한범(심상) 천료 |
| 1977 | 「도가니」 창간호 (천안) | 돌뫼문학동인회 | 지봉성, 이건영 | 박명용(현대문학)<br>신협(심상) 천료 |
| 1978 | 「시도(詩圖)」 1호<br>「백지(白紙)」 1집<br>「도가니」 2호<br>「충남문학」 10집 | 시도파<br>백지동인회<br>돌뫼문학동인회<br>한국예총충남지부 | 지광현<br>한성기<br>리헌석<br>문협(임강빈) | 이관묵 · 김학응 · 신봉균<br>(현대시학) 천료 |
| 1979 | 「호서시선」 3집<br>「시도」 2~5호<br>「백지」 2~3호 | 호서문학동인회<br>시도동인회<br>백지동인회 | 구상회(주관)<br>지광현<br>한성기 | 손종호(문학사상, 중앙일보) 데뷔<br>정진석(현대문학) 천료 |
| 1980 | 「도가니」 3호<br>「호서시선」 4집<br>「백지」 4~6집<br>「시도」 6~9호<br>「충남문학」 11집 | 돌뫼문학동인회<br>호서문학동인회<br>백지동인회<br>시도동인회<br>한국문협충남지부 | 리헌석<br>송석홍(주관)<br>한성기<br>지광현<br>김대현 | 박용래 시인 별세(11월 21일)<br>「가람문학」 창간(주간 이금준) |
| 1981 | 「무천(舞天)」 창간호<br>「도가니」 4호<br>「호서문학」 7집<br>「백지」 7~8집<br>「시도」 10~13호<br>「충남문학」 12집 | 무천문학동인회<br>돌뫼문학동인회<br>호서문학회<br>백지동인회<br>시도동인회<br>한국문협 충남지부 | 조완수<br>김홍식<br>정 훈<br>한성기<br>지광현<br>최원규 | 이교탁 시인 별세(2월 26일)<br>강신용(현대시학)<br>변재열 · 한용구(현대문학) 천료<br>안초근(시문학) 천료 |
| 1982 | 「시심(詩心)」 창간호<br>「무천」 2집<br>「도가니」 5호<br>「호서문학」 8집 | 시심동인회<br>무천문학동인회<br>돌뫼문학동인회<br>호서문학회 | 김대현<br>조완수<br>김홍식<br>정 훈 | 양애경(중앙일보)<br>전영관(경향신문) 당선<br>오완영(현대시학) 천료 |

4) 「호서문학」은 1952년에 창간되어 4집을 발행한 1959년에 종간된 후 17년만인 1976년에 속간되었다.

| 연 도 | 제호 · 호수 | 발 행 처 | 대 표 자 | 비 고 |
|---|---|---|---|---|
| | 「백지」 9~11집 | 백지동인회 | 박명용 | 김원태 · 곽우희(현대문학) |
| | 「시도」 14~19호 | 시도동인회 | 지광현 | 리헌석 · 박재서(시와 의식) |
| | 「충남문학」 13집 | 한국문협 충남지부 | 최원규 | 김가린(시문학) 천료 |
| 1983 | 「동시대(同時代)」 1~3호 | 동시대동인회 | 안초근 | 이덕영 시인 별세(11월 10일) |
| | 「청림문학」 창간호 | 한남문인회 | 정진석 | |
| | 「무천」 3집 | 무천문학동인회 | 조완수 | 김백겸(서울신문) 당선 |
| | 「도가니」 6~8집 | 도가니문학회 | 김홍식 | 구법조(시문학) |
| | 「호서시선」 5집 | 호서문학회 | | 도한호(월간문학) |
| | 「호서문학」 9집 | 호서문학회 | 정 훈 | 최송석(시와 의식) 신인상 |
| | 「충남문학」 14집 | 한국문협 충남지부 | 안영진 | |
| | 「백지」 12~14집 | 백지동인회 | 박명용 | |
| | 「시도」 20~22호 | 시도동인회 | 지광현 | |
| 1984 | 「전통시」 창간호 | 전통시동인회 | 정진석 | 박용래 시비 제막(보문산) |
| | 「시심」 2호 | 시심동인회 | 김대현 | |
| | 「동시대」 4호 | 동시대동인회 | 안초근 | 충남시인 대표작 선집 |
| | 「무천」 4집 | 무천문학동인회 | 조완수 | 「시여 바람이여」 출간 |
| | 「오늘의 문학」 9~10호[5] | 오늘의 문학회 | 리헌석 | (한성기외 72인) |
| | 「호서문학」 10집 | 호서문학회 | 김대현 | |
| | 「충남문학」 15집 | 한국문협 충남지부 | 안영진 | 배인환 · 박상일 · 김명수 |
| | 「백지」 15집 | 백지동인회 | 박명용 | (현대시학) 천료 |
| | 「시도」 23~24호 | 시도동인회 | 지광현 | 윤형근(문예중앙) 신인상 |
| 1985 | 「신인문학」 창간호 | 신인문학회 | 손종호 | 전민 · 조미나(시문학) 천료 |
| | 「시심」 3호 | 시심문학동인회 | 김대현 | 백남천(월간문학) |
| | 「동시대」 5~7호 | 동시대동인회 | 안초근 | 박휘규(시와 의식) |
| | 「오늘의 문학」 11호 | 오늘의문학회 | 김홍식 | 박세윤(대전일보) 당선 |
| | 「호서문학」 11집 | 호서문학회 | 김대현 | |
| | 「충남문학」 16집 | 한국문협 충남지부 | 안영진 | |
| | 「백지」 16~17집 | 백지동인회 | 박명용 | |
| | 「시도」 25~26호 | 시도동인회 | 지광현 | |
| 1986 | 「시심」 4호 | 시심문학동인회 | 김대현 | 충남시단 · 1 「흘러라 금강이여」 |
| | 「무천」 5집 | 무천문학동인회 | 조완수 | (김대현 외 25명) : 시문학사(서울) |
| | 「동시대」 8~9호 | 동시대동인회 | 안초근 | |
| | 「호서문학」 12집 | 호서문학회 | 김대현 | 최자영(월간문학) 신인상 |
| | 「오늘의 문학」 12~13호 | 오늘의 문학회 | 김홍식, 리헌석 | 김홍식(시문학) 천료 |
| | 「충남문학」 17집 | 한국문협 충남지부 | 안영진 | |
| | 「백지」 18집 | 백지동인회 | 박명용 | |

5) 「오늘의 문학」은 1983년에 8집까지 발간된 「도가니」를 승계하여 발간되었다.

| 연도 | 제호 · 호수 | 발행처 | 대표자 | 비고 |
|---|---|---|---|---|
| | 「시도」 27~29호 | 시도동인회 | 지광현 | |
| 1987 | 「신인문학」 2호 | 신인문학회 | 손종호 | |
| | 「시심」 5호 | 시심문학동인회 | 김대현 | 한성기시비건립(연정국악원 광장) |
| | 「무천」 6집 | 무천문학동인회 | 조완수 | |
| | 「동시대」 10~11호 | 동시대동인회 | 안초근 | 김완하(문학사상) 신인상 |
| | 「호서문학」 13집 | 호서문학회 | 김대현 | 주근옥, 박순길(시문학) 천료 |
| | 「오늘의 문학」 14호 | 오늘의 문학회 | 차승열 | |
| | 「충남문학」 18집 | 한국문협 충남지부 | 한상수 | |
| | 「백지」 19~20집 | 백지동인회 | 박명용 | |
| | 「시도」 30~32호 | 시도동인회 | 지광현 | |
| 1988 | 「시 · 시론」 창간호 | 충남시문학회(충남대) | 최원규 | |
| | 「신인문학」 3호 | 신인문학회 | 손종호 | 한수(시문학) |
| | 「시심」 6호 | 시심문학동인회 | 김대현 | 이종진(현대문학) 천료 |
| | 「무천」 7집 | 무천문학동인회 | 조완수 | 임기원(시와 시론) |
| | 「동시대」 12~13호 | 동시대동인회 | 안초근 | 정혜순(시와 의식) 신인상 |
| | 「호서문학」 14집 | 호서문학회 | 김용재 | |
| | 「오늘의 문학」 15~17호 | 오늘의 문학회 | 리헌석 | |
| | 「충남문학」 19집 | 한국문협 충남지부 | 한상수 | |
| | 「백지」 21~22집 | 백지동인회 | 박명용 | |
| | 「시도」 33~35호 | 시도동인회 | 지광현 | |
| 1989 | 「대전문학」 창간호 | 한국문협대전광역시지회 | 조남익 | |
| | 「대전시단」 창간호 | 한국문협대전광역시지회 | 조남익 | 권선근 소설가 별세(7월 8일) |
| | 「시 · 시론」 2집 | 충남시문학회(충남대) | 최원규 | |
| | 「신인문학」 4호 | 신인문학회 | 손종호 | 이돈주 · 정정숙 · 박귀자(시와 의식) |
| | 「시심」 7호 | 시심문학동인회 | 김대현 | 송계현(심상) 천료 |
| | 「무천」 8집 | 무천문학동인회 | 조완수 | 김진성, 박대순(우리문학) |
| | 「동시대」 14~15호 | 동시대동인회 | 안초근 | 신정순(문학세계) |
| | 「호서문학」 15집 | 호서문학회 | 김용재 | 남락현(동양문학) |
| | 「오늘의 문학」 18~19호 | 오늘의 문학회 | 리헌석 | 이강산(실천문학) |
| | 「백지」 23~24집 | 백지동인회 | 박명용 | 유재봉(시대문학) 신인상 |
| | 「시도」36~38호 | 시도동인회 | 지광현 | |
| 1990 | 「문학시대」 창간호 | 대전문인총연합회 | 송백헌 | |
| | 「큰시」 창간호 | 큰시문학동인회 | 김완하 | 송영숙 · 한찬동(한국시) |
| | 「대전문학」 2~3집 | 한국문협 대전광역시지회 | 조남익 | 임영봉(중앙일보) |
| | 「대전시단」 2호 | 한국문협 대전광역시지회 | 조남익 | 박미용 · 박현영(동양문학) |
| | 「신인문학」 5호 | 신인문학회 | 강돈묵 | 안현심(장르) |
| | 「시심」 8호 | 시심문학동인회 | 김대현 | 설현송(시와 의식) 신인상 |
| | 「무천」 9집 | 무천문학동인회 | 조완수 | |

| 연도 | 제호 · 호수 | 발행처 | 대표자 | 비고 |
|---|---|---|---|---|
| | 「호서문학」 16집 | 호서문학회 | 신정식 | |
| | 「동시대」 16~17호 | 동시대동인회 | 윤월로 | |
| | 「오늘의 문학」 20~21호 | 오늘의 문학회 | 리헌석 | |
| | 「백지」 25집 | 백지동인회 | 박명용 | |
| | 「시도」 39~41호 | 시도동인회 | 지광현 | |
| 1991 | 「해정문학」 창간호 | 해정문학회 | 서정대 | 윤종영(문학과 비평) |
| | 「문학시대」 2호 | 대전문인총연합회 | 송백헌 | 이향숙 · 김선희 · 안유미(문학세계) |
| | 「큰시」 2집 | 큰시문학동인회 | 김완하 | 육종관(창조문학) |
| | 「시 · 시론」 3집 | 충남시문학회 | 최원규 | 김용현 · 유병우 · 이한식, |
| | 「대전시단」 3호 | 한국문협 대전광역시지회 | 김용재 | 조혜식(문학공간) |
| | 「대전문학」 4~5호 | 한국문협 대전광역시지회 | 김용재 | 류인보(한국시) |
| | 「시심」 9호 | 시심문학동인회 | 권인주 | 안기혁(교단문학) |
| | 「무천」 10집 | 무천문학동인회 | 조완수 | 유용주(창작과 비평) |
| | 「호서문학」 17집 | 호서문학회 | 신정식 | 강연호(문예중앙) |
| | 「동시대」 18~19호 | 동시대동인회 | 윤월로 | 이경화(시와 시인) 신인상 |
| | 「오늘의 문학」 22호 | 오늘의 문학회 | 엄기창 | |
| | 「백지」 26~27집 | 백지동인회 | 박명용 | |
| | 「시도」 42~45호 | 시도동인회 | 지광현 | |
| 1992 | 「등대문학」 창간호 | 등대문학동인회 | 이돈주 | 정훈 시인 별세(8월 2일) |
| | 「수레바퀴」 창간호 | 수레바퀴문학동인회 | 이봉선 | |
| | 「해정문학」 2집 | 해정문학회 | 서정대 | 김관식 시비 제막(보문산) |
| | 「큰시」 3집 | 큰시문학동인회 | 윤형근 | |
| | 「문학시대」 3호 | 대전문인총연합회 | 송백헌 | |
| | 「시 · 시론」 4집 | 충남시문학회 | 최원규 | 현명철(시와 시인) |
| | 「대전시단」 4호 | 한국문협 대전광역시지회 | 김용재 | 김상현(시와 시학) |
| | 「대전문학」 6~7호 | 한국문협 대전광역시지회 | 김용재 | 전우각(문예한국) |
| | 「무천」 12집 | 무천문학동인회 | 조완수 | 김덕관 · 김명동 · 김원배 · 안치호 |
| | 「호서문학」 18집 | 호서문학회 | 신정식 | (농민문학) |
| | 「동시대」 20~21호 | 동시대동인회 | 안초근 | 김남규(포스트모던) |
| | 「오늘의 문학」 22~23호 | 오늘의 문학회 | 엄기창 | 김기중(문학공간) |
| | 「백지」 28집 | 백지동인회 | 박명용 | 유병철, 김원진(오늘의 문학) 신인상 |
| | 「시도」 47~49호 | 시도동인회 | 지광현 | |
| 1993 | 「여성문학」 창간호 | 대전 · 충남여성문학회 | 최자영 | 윤월로 · 전현숙(시와 시론) |
| | 「시상(詩想)」 창간호 | 시상동인회 | 윤월로 | 이영옥 · 김용철 · 양정자(해동문학) |
| | 「글빛」 창간호 | 글빛문학회 | 김명동 | 송영숙(시문학) |
| | 「오정문학」 창간호 | 오정문학회 | 최규옥 | 옥빈 · 유진택(문학세계) |
| | 「등대문학」 2집 | 등대문학동인회 | 이돈주 | 빈명숙(문예한국) |
| | 「수레바퀴」 2집 | 수레바퀴문학동인회 | 권선민 | 강전영(문예사조) |

| 연도 | 제호 · 호수 | 발행처 | 대표자 | 비고 |
|---|---|---|---|---|
| | 「해정문학」 3집 | 해정문학회 | 서정대 | 정덕재(경향신문) |
| | 「문학시대」 4호 | 대전문인총연합회 | 송백헌 | 김문희(농민문학) |
| | 「큰시」 4집 | 큰시문학동인회 | 윤형근 | 박선옥(시와 비평) |
| | 「대전시단」 5호 | 한국문협 대전광역시지회 | 김용재 | 김재숙(포스트모던) |
| | 「시 · 시론」 5집 | 충남시문학회 | 최원규 | 정바름(한국시) |
| | 「신인문학」 6호 | 신인문학회 | 강돈묵 | 함순례(시와 사회) |
| | 「대전문학」 8~9호 | 한국문협 대전광역시지회 | 김용재 | 박종빈(대전일보) 신인상 |
| | 「시심」 10~11호 | 시심문학동인회 | 권인주 | |
| | 「무천」 12집 | 무천문학동인회 | 조완수 | |
| | 「호서문학」 19집 | 호서문학회 | 신정식 | |
| | 「동시대」 22~23호 | 동시대동인회 | 안초근 | |
| | 「오늘의 문학」 25~26호 | 오늘의 문학회 | 리헌석 | |
| | 「백지」 29집 | 백지동인회 | 박명용 | |
| | 「시도」 50~52호 | 시도동인회 | 지광현 | |
| 1994 | 「화요문학」 1집 | 화요문학동인회 | 김백겸 | 정훈 시비 건립(만인산) |
| | 「시상」 2집 | 시상동인회 | 윤월로 | |
| | 「여성문학」 2집 | 대전 · 충남여성문학회 | 최자영 | 『대전문학선집』 4권 발행(대전문협) |
| | 「오정문학」 2호 | 오정문학회 | 최귀옥 | |
| | 「등대문학」 3집 | 등대문학동인회 | 이돈주 | 주용일 · 박현옥(현대문학) |
| | 「수레바퀴」 3집 | 수레바퀴문학동인회 | 이영미 | 김화영(시와 시인) |
| | 「해정문학」 4집 | 해정문학회 | 서정대 | 박승범 · 김지은(오늘의문학) |
| | 「문학시대」 5호 | 대전문인총연합회 | 송백헌 | 김명선 · 김경립(창조문학) |
| | 「큰시」 5집 | 큰시문학동인회 | 이종진 | 이태관(문학사상) |
| | 「시 · 시론」 6집 | 충남시문학회 | 최원규 | 오덕균(문예한국) |
| | 「신인문학」 7호 | 신인문학회 | 김기홍 | 채수황(문예사조) 신인상 |
| | 「대전문학」 10~11호 | 한국문협 대전광역시지회 | 박명용 | |
| | 「시심」 12~13호 | 시심문학동인회 | 권인주 | |
| | 「무천」 13집 | 무천문학동인회 | 조완수 | |
| | 「호서문학」 20집 | 호서문학회 | 신정식 | |
| | 「동시대」 24~25호 | 동시대동인회 | 안초근 | |
| | 「백지」 30집 | 백지동인회 | 박명용 | |
| | 「시도」 53~55호 | 시도동인회 | 지광현 | |
| | 계간 「오늘의문학」 27~30호 | 오늘의 문학사 | 리헌석 | |
| 1995 | 「올해의 시」 창간호 | 대전시인협회 | 최원규 | 이덕영 시비 건립(신탄진) |
| | 「허리와 어깨」 1집 | 허리와 어깨동인회 | 강신용 | |
| | 「서구문학」 창간호 | 대전서구문학회 | 박동규 | 김용성(순수문학) |
| | 「여성문학」 3집 | 대전 · 충남여성문학회 | 최자영 | 한문석(문학21) |
| | 「오정문학」 3호 | 오정문학회 | 진태숙 | 안희주 · 류환(한맥문학) |

| 연도 | 제호·호수 | 발행처 | 대표자 | 비고 |
|---|---|---|---|---|
| | 「시상」 3~4집 | 시상문학회 | 윤월로 | 김원진(오늘의 문학) |
| | 「등대문학」 4집 | 등대문학동인회 | 이돈주 | 정영신(포스트모던) |
| | 「수레바퀴」 4집 | 수레바퀴문학동인회 | 김경인 | 이은심(대전일보) |
| | 「해정문학」 5집 | 해정문학회 | 서정대 | 양윤옥(앞선문학) 신인상 |
| | 「문학시대」 6호 | 대전문인총연합회 | 송백헌 | |
| | 「큰시」 6집 | 큰시문학동인회 | 이종진 | |
| | 「신인문학」 8호 | 신인문학회 | 김기홍 | |
| | 「무천」 14집 | 무천문학동인회 | 조완수 | |
| | 「시심」 14호 | 시심문학동인회 | 권인주 | |
| | 「대전문학」 12~13호 | 한국문협 대전광역시지회 | 박명용 | |
| | 「호서문학」 21집 | 호서문학회 | 김용재 | |
| | 「동시대」 26~27호 | 동시대동인회 | 정순진 | |
| | 「시도」 56~57호 | 시도동인회 | 지광현 | |
| | 계간 「오늘의문학」 31~34호 | 오늘의 문학사 | 리헌석 | |
| 1996 | 「대일문학」 창간호 | 대전일보 문학동우회 | 강복환 | |
| | 「꿈과 두레박」 창간호 | 꿈과 두레박시동인회 | 이형자 | 김명원(시문학) |
| | 「올해의 시」 2호 | 대전시인협회 | 최원규 | 장덕천·김영일(문예한국) |
| | 「화요문학」 2집 | 화요문학동인회 | 김백겸 | 조완수(창조문학) |
| | 「허리와 어깨」 2집 | 허리와 어깨동인회 | 강신용 | 오소림(문학세계) |
| | 「서구문학」 2호 | 대전서구문학회 | 박동규 | 박성범·임익문(문학21) |
| | 「여성문학」 4집 | 대전·충남여성문학회 | 윤월로 | 김균태(오늘의문학) |
| | 「오정문학」 4호 | 오정문학회 | 진태숙 | 노태웅(우리문학) |
| | 「등대문학」 5집 | 등대문학동인회 | 이돈주 | 김명아(교단문예) |
| | 「수레바퀴」 5집 | 수레바퀴문학동인회 | 김정희 | 윤은경(시와시학) |
| | 「시상」 5집 | 시상문학회 | 윤월로 | 전인철(문예사조) |
| | 「해정문학」 6집 | 해정문학회 | 서정대 | 송은애(순수문학) |
| | 「문학시대」 7호 | 대전문인총연합회 | 송백헌 | 박미라(대전일보) |
| | 「시·시론」 7집 | 충남시문학회 | 최원규 | 이재형(실천문학) |
| | 「큰시」 7집 | 큰시문학동인회 | 임영봉 | 채홍정(한맥문학) 신인상 |
| | 「신인문학」 9호 | 신인문학회 | 강태근 | |
| | 「무천」 15집 | 무천문학동인회 | 조완수 | |
| | 「시심」 15호 | 시심문학동인회 | 권인주 | |
| | 「대전문학」 14~15호 | 한국문협 대전광역시지회 | 최송석 | |
| | 「호서문학」 22집 | 호서문학회 | 김용재 | |
| | 「동시대」 28~29호 | 동시대동인회 | 정순진 | |
| | 「백지」 31집 | 백지동인회 | 박명용 | |
| | 「시도」 58~61호 | 시도동인회 | 지광현 | |
| | 계간 「오늘의 문학」 35~38호 | 오늘의 문학사 | 리헌석 | |

| 연도 | 제호·호수 | 발행처 | 대표자 | 비고 |
|---|---|---|---|---|
| 1997 | 「대덕문학」 창간호 | 대전대덕문학회 | 손기섭 | 이면우(창작과 비평) |
| | 「꿈과 두레박」 2집 | 꿈과 두레박시동인회 | 이형자 | 김기양 · 박종국(문예사조) |
| | 「올해의 시」 3호 | 대전시인협회 | 최원규 | 문용덕 · 안복수 · 이광석(오늘의 문학) |
| | 「화요문학」 3집 | 화요문학동인회 | 김백겸 | 이잠숙 · 최윤경(순수문학) |
| | 「허리와 어깨」 3집 | 허리와 어깨동인회 | 강신용 | 정도숙 · 김순선(문학21) 신인상 |
| | 「서구문학」 3호 | 대전서구문학회 | 신 협 | |
| | 「여성문학」 5집 | 대전 · 충남여성문학회 | 윤월로 | |
| | 「오정문학」 5호 | 오정문학회 | 고 영 | |
| | 「시상」 6집 | 시상문학회 | 윤월로 | |
| | 「등대문학」 6집 | 등대문학동인회 | 이돈주 | |
| | 「수레바퀴」 6집 | 수레바퀴문학동인회 | 고 영 | |
| | 「해정문학」 7집 | 해정문학회 | 서정대 | |
| | 「큰시」 8집 | 큰시문학동인회 | 임영봉 | |
| | 「문학시대」 8호 | 대전문인총연합회 | 송백헌 | |
| | 「문예시학」 8집 | 충남시문학회 | 최원규 | |
| | 「신인문학」 10호 | 신인문학회 | 강태근 | |
| | 「시심」 16호 | 시심문학동인회 | 권인주 | |
| | 「대전문학」 16~17호 | 한국문협 대전광역시지회 | 최송석 | |
| | 「무천」 16집 | 무천문학동인회 | 조완수 | |
| | 「호서문학」 23집 | 호서문학회 | 김용재 | |
| | 「동시대」 30~31호 | 동시대동인회 | 김영희 · 안초근 | |
| | 「백지」 32집 | 백지동인회 | 박명용 | |
| | 「시도」 62~65호 | 시도동인회 | 지광현 | |
| | 계간 「오늘의 문학」 39~42호 | 오늘의 문학사 | 리헌석 | |
| 1998 | 「대덕문학」 2호 | 대전대덕문학회 | 손기섭 | 홍순갑 · 이찬로 · 김영범<br>김기영(문예한국) · 주은희(문학21) |
| | 「꿈과 두레박」 3집 | 꿈과 두레박시동인회 | 이형자 | 이용주 · 김동준 · 최재학(오늘의 문학) |
| | 「올해의 시」 4호 | 대전시인협회 | 최원규 | 이영주(순수문학) |
| | 「화요문학」 4집 | 화요문학동인회 | 김백겸 | 이형자 · 이춘희 · 권기택 · 강홍식(창조문학) |
| | 「허리와 어깨」 4집 | 허리와 어깨동인회 | 강신용 | 김희주(한맥문학) |
| | 「서구문학」 4호 | 대전서구문학회 | 신 협 | 상동규 · 하재현(문예사조) |
| | 「여성문학」 6집 | 대전 · 충남여성문학회 | 이미숙 | 김병호(작가세계) |
| | 「오정문학」 6집 | 오정문학회 | 고 영 | 윤임수(실천문학) |
| | 「풀무」 7집 6) | 풀무문학동인회 | 이돈주 | 안국현(대전일보) |
| | 「수레바퀴」 7집 | 수레바퀴문학동인회 | 고 영 | 양인경(한국시) 신인상 |
| | 「해정문학」 8집 | 해정문학회 | 서정대 | |
| | 「문학시대」 9호 | 대전문인총연합회 | 송백헌 | |

6) 「풀무」는 1997년 6집까지 발간된 「등대문학」을 승계하여 발간되었다.

| 연도 | 제호·호수 | 발행처 | 대표자 | 비고 |
|---|---|---|---|---|
| | 「큰시」 9집 | 큰시문학동인회 | 주용일 | |
| | 「문예시학」 9집 | 충남시문학회 | 최원규 | |
| | 「문학마당」 11호[7] | 신인문학회 | 손종호 | |
| | 「무천」 17집 | 무천문학동인회 | 조완수 | |
| | 「시심」 17호 | 시심문학동인회 | 박영호 | |
| | 「대전문학」 18~19호 | 한국문협 대전광역시지회 | 신 협 | |
| | 「호서문학」 24집 | 호서문학회 | 김용재 | |
| | 「동시대」 32~33호 | 동시대동인회 | 안초근 | |
| | 「백지」 33집 | 백지동인회 | 박명용 | |
| | 「시도」 66~70호 | 시도동인회 | 지광현 | |
| | 계간 「오늘의 문학」 43~46호 | 오늘의 문학사 | 리헌석 | |
| 1999 | 「작가마당」 1호 | 대전·충남작가회의 | 김홍수 | 황희순(현대시학) |
| | 「미래문학」 창간호 | 미래문학사 | 장춘득 | 유진택(문학과 지성) |
| | 「대덕문학」 3호 | 대전대덕문학회 | 손기섭 | 이경호(작가마당) |
| | 「꿈과 두레박」 4집 | 꿈과 두레박시동인회 | 이형자 | 강선숙·장인수(창조문학) |
| | 「올해의 시」 5호 | 대전시인협회 | 최원규 | 김종윤·오순덕·손종숙(해동문학) |
| | 「화요문학」 5집 | 화요문학동인회 | 김백겸 | 이현옥(조선문학) |
| | 「허리와 어깨」 5집 | 허리와 어깨동인회 | 강신용 | 권득용·오양순(오늘의 문학) |
| | 「서구문학」 5호 | 대전서구문학회 | 정만영 | 전주호(심상) |
| | 「여성문학」 7집 | 대전·충남여성문학회 | 이미숙 | 이병휘·장근수(문학21) |
| | 「오정문학」 7호 | 오정문학회 | 임철재 | 설동원(정신과 표현) 신인상 |
| | 「시상」 7집 | 시상문학회 | 윤월로 | |
| | 「풀무」 8집 | 풀무문학동인회 | 이돈주 | |
| | 「수레바퀴」 8집 | 수레바퀴문학동인회 | 고 영 | |
| | 「해정문학」 9집 | 해정문학회 | 서정대 | |
| | 「문예시학」 10집 | 충남시문학회 | 최원규 | |
| | 「문학시대」 10호 | 대전문인총연합회 | 송백헌 | |
| | 「큰시」 10집 | 큰시문학동인회 | 주용일 | |
| | 「문학마당」 12호 | 신인문학회 | 손종호 | |
| | 「무천」 18집 | 무천문학동인회 | 조완수 | |
| | 「시심」 18호 | 시심문학회 | 김학응 | |
| | 「대전문학」 20~21호 | 한국문협 대전광역시지회 | 신 협 | |
| | 「호서문학」 25집 | 호서문학회 | 김용재 | |
| | 「백지」 34집 | 백지동인회 | 이장희 | |
| | 「동시대」 34~35호 | 동시대동인회 | 안초근 | |
| | 「시도」 71~74호 | 시도동인회 | 지광현 | |

7) 「문학마당」은 1997년 10호까지 발간된 「신인문학」을 승계하여 발간되었다.

| 연도 | 제호 · 호수 | 발행처 | 대표자 | 비고 |
|---|---|---|---|---|
| | 계간 「오늘의 문학」 47~50호 | 오늘의 문학사 | 리헌석 | |
| 2000 | 「동구문학」 창간호 | 대전동구문학회 | 김명동 | 박희선 시비 건립(갑사) |
| | 「작가마당」 2호 | 대전 · 충남작가회의 | 김홍수 | |
| | 「미래문학」 2~3호 | 미래문학사 | 장춘득 | 박명용 편 『대전문학사』(대전예총) |
| | 「대덕문학」 4호 | 대전대덕문학회 | 손기섭 | |
| | 「꿈과 두레박」 5집 | 꿈과 두레박시동인회 | 이형자 | 민병자(한맥문학) |
| | 「올해의 시」 6호 | 대전시인협회 | 최원규 | 노금선 · 김종익 · 이순조 · 이강철 · |
| | 「허리와 어깨」 6집 | 허리와 어깨동인회 | 강신용 | 지귀인(오늘의문학) |
| | 「서구문학」 6호 | 대전서구문학회 | 정만영 | 윤충원(문예운동) |
| | 「여성문학」 8집 | 대전 · 충남여성문학회 | 박귀자 | 지윤경(문예한국) |
| | 「시상」 8집 | 시상문학회 | 윤월로 | 박현숙(애지) |
| | 「오정문학」 8호 | 오정문학회 | 임철재 | 이장곤(정신과 표현) 신인상 |
| | 「풀무」 9집 | 풀무문학동인회 | 이돈주 | |
| | 「수레바퀴」 9집 | 수레바퀴문학동인회 | 조현숙 | |
| | 「해정문학」 10집 | 해정문학회 | 김기복 | |
| | 「문학시대」 11호 | 대전문인총연합회 | 송백헌 | |
| | 「문예시학」 11집 | 충남시문학회 | 손종호 | |
| | 「큰시」 11집 | 큰시문학동인회 | 양선규 | |
| | 「문학마당」 13호 | 신인문학회 | 조동길 | |
| | 「무천」 19집 | 무천문학동인회 | 조완수 | |
| | 「시심」 19호 | 시심문학회 | 김학응 | |
| | 「대전문학」 22~23호 | 한국문협 대전광역시지회 | 리헌석 | |
| | 「호서문학」 26집 | 호서문학회 | 김용재 | |
| | 「백지」 35집 | 백지동인회 | 이장희 | |
| | 「동시대」 36~37호 | 동시대동인회 | 안초근 | |
| | 「시도」 75~78호 | 시도동인회 | 지광현 | |
| | 계간 「애지」 1~4호 | 애지 | 반경환 | |
| | 계간 「오늘의 문학」 51~54호 | 오늘의 문학사 | 리헌석 | |
| | 월간 「대전예술」창간 | 한국예총 대전광역시연합회 | 조종국 | |
| 2001 | 「대전펜문학」 창간호 | 펜클럽 대전광역시위원회 | 안영진 | 윤성택(문학사상) |
| | 「시와상상」 1호 | 백지동인회(백지36집) | 박명용 | 정용기(심상) |
| | 「동구문학」 2호 | 대전동구문학회 | 김명동 | 박진성(현대시) |
| | 「글빛」 2호 | 글빛문학회 | 김명동 | 박경희(시안) |
| | 「작가마당」 3호 | 대전 · 충남작가회의 | 김홍수 | 최은지(순수문학) |
| | 「미래문학」 4~5호 | 미래문학사 | 장춘득 | 이영대, 정진국(문예한국) |
| | 「대덕문학」 5호 | 대전대덕문학회 | 손기섭 | 김태완 · 김영숙 · 김해룡 · 이경신 · |
| | 「꿈과 두레박」 6집 | 꿈과 두레박시동인회 | 이형자 | 박민혁 · 이애경(오늘의 문학) |
| | 「서구문학」 7호 | 대전서구문학회 | 임기원 | 백경화 · 이영순(문학세계) |

| 연도 | 제호·호수 | 발행처 | 대표자 | 비고 |
|---|---|---|---|---|
| | 「허리와 어깨」 7집 | 허리와 어깨동인회 | 강신용 | 윤석희(교단문학) |
| | 「올해의 시」 7호 | 대전시인협회 | 최원규 | 최정숙(한국문인) |
| | 「시상」 9집 | 시상문학회 | 윤월로 | 송윤영(문예사조) |
| | 「오정문학」 9호 | 오정문학회 | 김모원 | 우종숙(애지) 신인상 |
| | 「여성문학」 9집 | 대전·충남여성문학회 | 박귀자 | |
| | 「풀무」 10집 | 풀무문학동인회 | 이돈주 | |
| | 「수레바퀴」 10집 | 수레바퀴문학동인회 | 박인정 | |
| | 「해정문학」 11집 | 해정문학회 | 김기복 | |
| | 「문학시대」 12호 | 대전문인총연합회 | 송백헌 | |
| | 「문예시학」 12집 | 문예시학회(충남대) | 손종호 | |
| | 「큰시」 12집 | 큰시문학동인회 | 양선규 | |
| | 「문학마당」 14호 | 신인문학회 | 조동길 | |
| | 「무천」 20집 | 무천문학동인회 | 장인수 | |
| | 「시심」 20호 | 시심문학회 | 김학응 | |
| | 「대전문학」 24~25호 | 한국문협 대전광역시지회 | 리헌석 | |
| | 「호서문학」 27~28집 | 호서문학회 | 김용재 | |
| | 「동시대」 38~39호 | 동시대동인회 | 안초근 | |
| | 「시도」 79~80호 | 시도동인회 | 지광현 | |
| | 계간 「애지」 5~8호 | 애지 | 반경환 | |
| | 계간 「오늘의 문학」 55~58호 | 오늘의 문학사 | 리헌석 | |
| 2002 | 「시와 상상」 2호 | 백지동인회(백지37집) | 박명용 | 정대중·박노언(문학사랑) |
| | 「대전펜문학」 2호 | 펜클럽 대전광역시위원회 | 안영진 | 김길중(문학21) |
| | 「글빛」 2호 | 글빛문학회 | 김명동 | 김순자(크리스찬문학) |
| | 「동구문학」 3호 | 대전동구문학회 | 김명동 | 김진섭(문예사조) 신인상 |
| | 「작가마당」 4호 | 대전·충남작가회의 | 김홍수 | |
| | 「화요문학」 6집 | 화요문학동인회 | 김백겸 | |
| | 「대덕문학」 6호 | 대전대덕문학회 | 손기섭 | |
| | 「미래문학」 6~7호 | 미래문학사 | 장춘득 | |
| | 「꿈과 두레박」 7집 | 꿈과 두레박시동인회 | 이형자 | |
| | 「서구문학」 8호 | 대전서구문학회 | 임기원 | |
| | 「올해의 시」 8집 | 대전시인협회 | 최원규 | |
| | 「허리와 어깨」 8호 | 허리와 어깨동인회 | 강신용 | |
| | 「여성문학」 10집 | 대전·충남여성문학회 | 안현심 | |
| | 「오정문학」 10호 | 오정문학회 | 김모원 | |
| | 「시상」 10집 | 시상문학회 | 윤월로 | |
| | 「풀무」 11집 | 풀무문학동인회 | 이돈주 | |
| | 「수레바퀴」 11집 | 수레바퀴문학동인회 | 조상운 | |
| | 「해정문학」 12집 | 해정문학회 | 김기복 | |

| 연도 | 제호·호수 | 발행처 | 대표자 | 비고 |
|---|---|---|---|---|
| | 「문학시대」 13호 | 대전문인총연합회 | 송백헌 | |
| | 「문예시학」 13집 | 문예시학회(충남대) | 손종호 | |
| | 「큰시」 13집 | 큰시문학동인회 | 윤종영 | |
| | 「시심」 21호 | 시심문학회 | 김학응 | |
| | 「무천」 21집 | 무천문학동인회 | 장인수 | |
| | 「대전문학」 26~27호 | 한국문협 대전광역시지회 | 리헌석 | |
| | 「호서문학」 29~30집 | 호서문학회 | 김용재 | |
| | 「동시대」 40~41호 | 동시대동인회 | 안초근 | |
| | 「시도」 81~82호 | 시도동인회 | 지광현 | |
| | 계간 「시와 정신」 1~2호 | 시와 정신사 | 김완하 | |
| | 계간 「문학마당」 창간호(겨울호) | 문학마당 | 손종호 | |
| | 계간 「애지」 9~12호 | 애지 | 반경환 | |
| | 계간 「문학사랑」 59~62호 | 오늘의 문학사 | 리헌석 | |
| 2003 | 「중부문학」 창간호 | 대전중구문학회 | 이용호 | 김대현 시인 별세(6월 19일) |
| | 「뜨락」 창간호 | 뜨락문학회 | 박영애 | |
| | 「시와 인식」 1호 | 허리와 어깨동인회(9집) | 강신용 | 강병순 · 유우현 · 양영학(문학사랑) |
| | 「대전펜문학」 3호 | 펜클럽 대전광역시위원회 | 안명호 | 김경자(문예한국) |
| | 「시와 상상」 3~4호 | 백지동인회(백지 38~39집) | 박명용 | 이하순 · 김춘경(문학21) |
| | 「글빛」 4호 | 글빛문학회 | 김명동 | 백경민(문학마을) |
| | 「동구문학」 4호 | 대전동구문학회 | 김명동 | 안정임(한국문인) |
| | 「작가마당」 5호 | 대전 · 충남작가회의 | 강병철 | 하선당(좋은사람) |
| | 「화요문학」 7집 | 화요문학동인회 | 김백겸 | 홍건표(해동문학) |
| | 「대덕문학」 7호 | 대전대덕문학회 | 손기섭 | |
| | 「꿈과 두레박」 8집 | 꿈과 두레박시동인회 | 이형자 | 우진용,서정민(시를 사랑하는 사람들) |
| | 「미래문학」 8~9호 | 미래문학사 | 장춘득 | 김광선(창작과 비평) |
| | 「올해의 시」 9호 | 대전시인협회 | 최원규 | 김 열(애지) |
| | 「시상」 11집 | 시상문학회 | 윤월로 | 김희정(시와 정신) |
| | 「여성문학」 11집 | 대전 · 충남여성문학회 | 안현심 | 정성균(정신과 표현) 신인상 |
| | 「오정문학」 11호 | 오정문학회 | 김모원 | |
| | 「풀무」 12집 | 풀무문학동인회 | 이돈주 | |
| | 「수레바퀴」 12집 | 수레바퀴문학동인회 | 이철진 | |
| | 「해정문학」 13집 | 해정문학회 | 김기복 | |
| | 「문학시대」 14호 | 대전문인총연합회 | 송백헌 | |
| | 「문예시학」 14집 | 문예시학회 | 손종호 | |
| | 「큰시」 14집 | 큰시문학동인회 | 윤종영 | |
| | 「무천」 22집 | 무천문학동인회 | 장인수 | |
| | 「시심」 22호 | 시심문학회 | 박영호 | |
| | 「대전문학」 28~29호 | 한국문협 대전광역시지회 | 리헌석 | |

| 연도 | 제호 · 호수 | 발행처 | 대표자 | 비고 |
|---|---|---|---|---|
| | 「호서문학」 31~32집 | 호서문학회 | 김용재 | |
| | 「동시대」 42~43호 | 동시대동인회 | 이영주 | |
| | 「시도」 83~84호 | 시도동인회 | 지광현 | |
| | 계간 「문학마당」 2~5호 | 문학마당 | 손종호 | |
| | 계간 「시와 정신」 3~6호 | 시와 정신사 | 김완하 | |
| | 계간 「애지」 13~16호 | 애지 | 반경환 | |
| | 계간 「문학사랑」 63~66호 | 오늘의 문학사 | 리헌석 | |
| 2004 | 「글벗」 창간호 | 글벗문학회 | 여규용 | 김대현 시비 건립(대청댐 잔디광장) |
| | 「중부문학」 2호 | 대전중구문학회 | 이용호 | |
| | 「시와 인식」 2집 | 허리와 어깨동인회 | 강신용 | 박명용 편 「대전문학과 그 현장」 |
| | 「뜨락」 2집 | 뜨락문학회 | 박영애 | (상권) 출간 |
| | 「대전펜문학」 4~5호 | 펜클럽 대전광역시위원회 | 안명호 | |
| | 「동구문학」 5호 | 대전동구문학회 | 김명동 | 김난수(문학공간) |
| | 「글빛」 5호 | 글빛문학회 | 김명동 | 서정미(생각과 느낌) |
| | 「시와 상상」 5~6호 | 백지동인회(백지 40~ 41집) | 박명용 | 오유정(시를 사랑하는 사람들) |
| | 「작가마당」 6~7호 | 대전 · 충남작가회의 | 강병철 | 박정석(현대시) |
| | 「대덕문학」 8호 | 대전대덕문학회 | 손기섭 | 송진권(창작과 비평) |
| | 「화요문학」 8집 | 화요문학동인회 | 김백겸 | 오세일(문학사랑) 신인상 |
| | 「서구문학」 9호 | 대전서구문학회 | 임기원 | |
| | 「꿈과 두레박」 9집 | 꿈과 두레박시동인회 | 이 선 | |
| | 「올해의 시」 10호 | 대전시인협회 | 최원규 | |
| | 「미래문학」 10~11호 | 미래문학사 | 장춘득 | |
| | 「시상」 12집 | 시상문학회 | 윤월로 | |
| | 「오정문학」 12호 | 오정문학회 | 김소원 | |
| | 「여성문학」 12~13집 | 대전 · 충남여성문학회 | 신정순 | |
| | 「풀무」 13집 | 풀무문학동인회 | 이돈주 | |
| | 「수레바퀴」 13집 | 수레바퀴문학동인회 | 류주은 | |
| | 「해정문학」 14집 | 해정문학회 | 김기복 | |
| | 「큰시」 15집 | 큰시문학동인회 | 김희정 | |
| | 「문예시학」 15집 | 문예시학회 | 손종호 | |
| | 「문학시대」 15호 | 대전문인총연합회 | 송백헌 | |
| | 「무천」 23집 | 무천문학동인회 | 장인수 | |
| | 「시심」 23호 | 시심문학회 | 박영호 | |
| | 「대전문학」 30~31호 | 한국문협 대전광역시지회 | 리헌석 | |
| | 「호서문학」 33~34집 | 호서문학회 | 이진우 | |
| | 「동시대」 44호 | 동시대동인회 | 이영주 | |
| | 「시도」 85~86호 | 시도동인회 | 지광현 | |
| | 계간 「문학마당」 6~9호 | 문학마당 | 손종호 | |

| 연도 | 제호·호수 | 발행처 | 대표자 | 비고 |
|---|---|---|---|---|
| | 계간 「문학사랑」 67~70호 | 오늘의 문학사 | 리헌석 | |
| 2005 | 「중부문학」 3호 | 대전중구문학회 | 전인철 | 박명용 편 「대전문학과 그 현장」 |
| | 「뜨락」 3집 | 뜨락문학회 | 박영애 | (하권) 출간 |
| | 「시와 인식」 3집 | 허리와 어깨동인회 | 강신용 | |
| | 「글벗」 2~3호 | 글벗문학회 | 여규용 | 김진호·홍성남(문학사랑) |
| | 「글빛」 6호 | 글빛문학회 | 김명동 | 정용구(문학21) |
| | 「동구문학」 6호 | 대전동구문학회 | 김명동 | 홍택주·허성애(문예와 비평) |
| | 「대전펜문학」 6~7호 | 펜클럽 대전광역시위원회 | 오완영 | 이정섭(문학마당) |
| | 「시와 상상」 7~8호 | 백자동인회(백지 42~ 43집) | 박명용 | 김사랑·김창호(문학저널) |
| | 「작가마당」 8호 | 대전·충남작가회의 | 강병철 | 전홍준(문예연구) |
| | 「화요문학」 9집 | 화요문학동인회 | 김백겸 | 정영미·김영서·김영화 (시로 |
| | 「대덕문학」 9호 | 대전대덕문학회 | 손기섭 | 여는 세상) 박현숙(시문학) 신인상 |
| | 「꿈과 두레박」 10집 | 꿈과 두레박시동인회 | 이 선 | |
| | 「서구문학」 10호 | 대전서구문학회 | 임기원 | |
| | 「대전의 시인들」(올해의시) 11집 | 대전시인협회 | 박명용 | |
| | 「미래문학」 12~13호 | 미래문학사 | 장춘득 | |
| | 「여성문학」 13집 | 대전·충남여성문학회 | 남상숙 | |
| | 「오정문학」 13호 | 오정문학회 | 황진성 | |
| | 「시상」 13집 | 시상문학회 | 윤월로 | |
| | 「풀무」 14집 | 풀무문학동인회 | 이돈주 | |
| | 「수레바퀴」 14집 | 수레바퀴문학동인회 | 류주은 | |
| | 「해정문학」 15집 | 해정문학회 | 김기복 | |
| | 「문학시대」 16호 | 대전문인총연합회 | 최송석 | |
| | 「문예시학」 16집 | 문예시학회 | 손종호 | |
| | 「큰시」 16집 | 큰시문학동인회 | 고완수 | |
| | 「무천」 24집 | 무천문학동인회 | 장인수 | |
| | 「시심」 24호 | 시심문학회 | 박영호 | |
| | 「대전문학」 32~33호 | 한국문협 대전광역시지회 | 리헌석 | |
| | 「호서문학」 35~36집 | 호서문학회 | 이진우 | |
| | 「동시대」 45호 | 동시대동인회 | 이영주 | |
| | 「시도」 87~88호 | 시도동인회 | 지광현 | |
| | 계간 「문학마당」 10~13호 | 문학마당 | 손종호 | |
| | 계간 「문학사랑」 71~74호 | 오늘의 문학사 | 리헌석 | |
| 2006 | 「시와 인식」 4집 | 허리와 어깨동인회 | 강신용 | 지광현 시인 별세(8월 14일) |
| | 「중부문학」 4호 | 대전중구문학회 | 전인철 | |
| | 「뜨락」 4집 | 뜨락문학회 | 박영애 | 김해경(한맥문학) |
| | 「글벗」 4집 | 글벗문학회 | 여규용 | 박무성(한국시) |
| | 「글빛」 7호 | 글빛문학회 | 김명동 | 최재경(문학세계) |

| 연도 | 제호·호수 | 발행처 | 대표자 | 비고 |
|---|---|---|---|---|
| | 「동구문학」 7호 | 대전동구문학회 | 김명동 | 박재홍(문학사랑) |
| | 「대전펜문학」 8~9호 | 펜클럽 대전광역시위원회 | 오완영 | 김순안·서현경(창조문학) |
| | 「작가마당」 9호 | 대전·충남작가회의 | 김백겸 | 장현우(문예연구) |
| | 「시와 상상」 9~10호 | 백지동인회(백지 42~43집) | 변재열 | 조용숙·이지혜(시로 여는 세상) |
| | 「화요문학」 10집 | 화요문학동인회 | 김백겸 | 염혜정(시를 사랑하는 사람들) |
| | 「대덕문학」 10호 | 대전대덕문학회 | 손기섭 | 신인상 |
| | 「서구문학」 11호 | 대전서구문학회 | 임기원 | |
| | 「꿈과 두레박」 11집 | 꿈과 두레박시동인회 | 이형자 | |
| | 「대전의 시인들」 12집 | 대전시인협회 | 박명용 | |
| | 「여성문학」 14집 | 대전·충남여성문학회 | 남상숙 | |
| | 「오정문학」 14호 | 오정문학회 | 황진성 | |
| | 「시상」 14집 | 시상문학회 | 윤월로 | |
| | 「미래문학」 14~15호 | 미래문학사 | 장춘득 | |
| | 「수레바퀴」 15집 | 수레바퀴문학동인회 | 박세아 | |
| | 「풀무」 15집 | 풀무문학동인회 | 이돈주 | |
| | 「문예시학」 17집 | 문예시학회 | 손종호 | |
| | 「큰시」 17집 | 큰시문학동인회 | 고완수 | |
| | 「문학시대」 17호 | 대전문인총연합회 | 최송석 | |
| | 「무천」 25집 | 무천문학동인회 | 장인수 | |
| | 「시심」 25호 | 시심문학회 | 박영호 | |
| | 「대전문학」 34~35호 | 한국문협 대전광역시지회 | 리헌석 | |
| | 「호서문학」 37~38집 | 호서문학회 | 이진우 | |
| | 「동시대」 46호 | 동시대동인회 | 이상옥 | |
| | 「시도」 89~90호 | 시도동인회 | 지광현,한수 | |
| | 계간 「문학마당」 14~17호 | 문학마당 | 손종호 | |
| | 계간 「문학사랑」 75~78호 | 오늘의 문학사 | 리헌석 | |
| 2007 | 「중부문학」 5호 | 대전중구문학회 | 전인철 | 황예순(시세계) |
| | 「글벗」 5집 | 글벗문학회 | 여규용 | 백명자(문학세계) |
| | 「뜨락」 5집 | 뜨락문학회 | 문희순 | 김혜숙(창조문학) |
| | 「시와 인식」 5~6집 | 허리와 어깨동인회 | 강신용 | 임효(리토피아) |
| | 「글빛」 8호 | 글빛문학회 | 김명동 | 황진성(시를 사랑하는 사람들) |
| | 「동구문학」 8호 | 대전동구문학회 | 김명동 | 최광순·박홍숙·학명란·김두영 |
| | 「대전펜문학」 10~11호 | 펜클럽 대전광역시위원회 | 도한호 | (문학사랑) 신인상 |
| | 「작가마당」 10~11호 | 대전·충남작가회의 | 김백겸 | |
| | 「대덕문학」 11호 | 대전대덕문학회 | 손기섭 | |
| | 「화요문학」 11~12집 | 화요문학동인회 | 김백겸 | |
| | 「꿈과 두레박」 12집 | 꿈과 두레박시동인회 | 이형자 | |
| | 「대전의 시인들」 13집 | 대전시인협회 | 박명용 | |

| 연도 | 제호·호수 | 발행처 | 대표자 | 비고 |
|---|---|---|---|---|
| | 「시상」 15집 | 시상문학회 | 윤월로 | |
| | 「오정문학」 15호 | 오정문학회 | 박하현 | |
| | 「여성문학」 15집 | 대전·충남여성문학회 | 이종숙 | |
| | 「수레바퀴」 16집 | 수레바퀴문학동인회 | 구지혜 | |
| | 「미래문학」 16~18호 | 미래문학사 | 장춘득 | |
| | 「문예시학」 18집 | 문예시학회 | 손종호 | |
| | 「큰시」 18집 | 큰시문학동인회 | 김희정 | |
| | 「문학시대」 18~19호 | 대전문인총연합회 | 최송석 | |
| | 「무천」 26집 | 무천문학동인회 | 장인수 | |
| | 「시심」 26호 | 시심문학회 | 박영호 | |
| | 「대전문학」 36~38호 | 한국문협 대전광역시지회 | 이규식 | |
| | 「호서문학」 39~40집 | 호서문학회 | 이진우 | |
| | 「백지」 46집 | 백지시문학회 | 변재열 | |
| | 「동시대」 47호 | 동시대동인회 | 이상옥 | |
| | 「시도」 91~92호 | 시도동인회 | 한 수 | |
| | 계간 「문학마당」 18~21호 | 문학마당 | 손종호 | |
| | 계간 「문학사랑」 79~82호 | 오늘의 문학사 | 리헌석 | |
| 2008 | 「시와 인식」 7~8집 | 허리와 어깨동인회 | 강신용 | 박명용 시인 별세(4월 27일) |
| | 「글벗」 6집 | 글벗문학회 | 여규용 | |
| | 「뜨락」 6집 | 뜨락문학회 | 문희순 | 이사라(창조문학) |
| | 「동구문학」 9호 | 대전동구문학회 | 김명동 | 김성옥(해동문학) |
| | 「글빛」 9호 | 글빛문학회 | 김명동 | 박소영(시로 여는 세상) |
| | 「작가마당」 12호 | 대전·충남작가회의 | 김백겸 | 길공섭·류영동·박한라, |
| | 「대덕문학」 12~13호 | 대전대덕문학회 | 손기섭 | 정인득(문학사랑) 신인상 |
| | 「대전펜문학」 12~13호 | 펜클럽대전광역시위원회 | 도한호 | |
| | 「화요문학」 13호 | 화요문학회 | 김백겸 | |
| | 「여성문학」 16집 | 대전여성문학회 | 이종숙 | |
| | 「수레바퀴」 17집 | 수레바퀴문학동인회 | 신대용 | |
| | 「풀무」 17집 | 풀무문학동인회 | 이돈주 | |
| | 「미래문학」 19~20호 | 미래문학사 | 장춘득 | |
| | 「호서문학」 41~42집 | 호서문학회 | 홍순갑 | |
| | 「동시대」 48호 | 동시대동인회 | 이상옥 | |
| | 계간 「문학마당」 22~24호 | 문학마당 | 손종호 | |
| | 계간 「대전문학」 39~41호 | 대전문협(회원363명) | 류인석 | |
| | 계간 「문학사랑」 83~85호 | 오늘의 문학사 | 리헌석 | |
| | 월간 「대전예술」 160호 | 한국예총 대전광역시연합회 | 최남인 | |

# 대전·충남 시집 출간 현황과 전망

1. 시집, 어떻게 조사했나
2. 시집 출간의 발자취
3. 앞으로의 전망과 제언

## 1. 시집, 어떻게 조사했나

### 1) 매년 100권씩 나오는 시집

만해 한용운의 『님의 침묵』(회동서관, 1926)을 기점으로 하는 대전·충남 지역의 시집 출간은 2000년대를 넘어서면서 매년 100권 안팎의 시대로 접어들었다. 『님의 침묵』으로부터 1960년까지 34년간에 겨우 40권(연평균 1.2권)을 웃돌던 시대, 또는 1961년부터 1980년까지 20년간에서도 166권에 불과(연평균 8.3권)했던 시대와 비교하면서 격세지감이 없지 않다.

우리나라의 신문학은 최남선 신체시 「해에게서 소년에게」(1908)에서 시작한다. 이후 근대 최초의 개인 창작시집으로는 김억의 『해파리의 노래』(조선도서, 1923)이며, 시조집으로는 최남선의 『백팔번뇌』(동광사, 1926)가 꼽힌다.

동요·동시집에서는 윤극영의 『반달』(다알리아회, 1926)이 될 것이다. 동요 작곡집으로 나온 『반달』은 윤석중의 『석중 동요집』(심구서림, 1932)보다 앞서 있기 때문이다.

대전·충남의 시문학에 대한 연구 또는 문헌적인 기록은 이교탁의 「향토시단 40년」(《충남문학》, 1980), 조남익의 「충남시단 40년사」(『시여 바람이여』, 1984), 손종호의 「대전시문학의 흐름과 특성(『대전문학선집1』, 1995), 「송백헌의 대전문단사」(『대전의 시-수필선』, 1996), 리헌석의 「대전시단 약사「(『충청도 시인 선집』, 1997) 등을 들 수 있을 것이다.

그리고 문학사 쪽으로는 박명용 편저의 『대전문학사』(대전예총, 2000), 정순진의 「대전문학사」(『대전문학과 그 현장』 하권, 2005) 등이 있다. 이밖에 『충청도 시인들』(금원출판사, 1986), 지광현 편 『충청도 시인 시선집』(시도출판사, 1997), 이현숙의 『충청도를 노래한 시』(한국문화사, 1997), 송기한·김현정의 『대전·충청지역의 고향시』(다운샘, 2004) 등이 있다. 이 단행본들은 충청도개념에 의해 충청북도까지 포함시키고 있다.

본고의 시집 조사와 관련이 있는 시인의 숫자에 대해서는 지금까지 잡힌 것이 없었다. 『충청도 시인들』에서는 "이 고장에서 태어났거나 활동한 시인들이 우리나라 신문학 태동이래, 만해 한용운으로부터 신진 시인에 이르기까지 200여 명이나 된다"(서문)하였고, 『충청도 시인 시선집』 에서는 "물경 600여 명"(서문)이 된다고 했다. 이것은 충북까지 포함한 추정이었다.

그러나 이번 조사에서는 처음으로 770명의 시인과 2,237권의 시집이 일단 확인되었다. 충북은 포함되지 않은 통계인 것이다.

지역과 문학의 관계는 작가의 문학적 원형이나 정신적 관습이 실은 시인의 고향인식에서부터 생성한다는 원리로부터 출발한다. 상상의 쾌락이 깃들고 체험의 정서가 작용하여 작품에 영향을 미친다. 문학은 인간주의에 바탕하고 있기 때문에 시인 연구에 있어서도 출생지는 중시된다.

시집은 시인·작품·독자의 세 주체가 원활한 대화를 마련하기 위한 형태의 산물이다. 시집은 문학적 유산이란 의미가 있으며, 한 지역의 정체성이나 생명감도 이어져 오게 된다.

### 2) 조사내용과 조사양식

가. 대상 시인 : 대전·충남과 직간접으로 관련된 시인, 대전·충남 출생의 시인들

나. 시집 범위 : 시집, 시조집, 동시집, 합동시집(사화집) 등

다. 작성 용지 : 여럿을 함께 한 장에 작성 가능

라. 접수처 : 대전문협, 충남문협, 대전·충남 작가회의, 동인지 별 또는 필자 직접 접수

마. 조사 내용 : 저자, 시집, 발행처, 발행일, 쪽수, 판형 등 6개 항목

① 저자 : 성명을 쓰되 한글과 한자 병용

② 판형 : 3×5, 4×6(7), 5×6(7) 등등 표기. 책을 가로 세로로 각각 cm로 잰 뒤 3.03 cm(1치)로 나누어 주면 된다. 책마다 약간씩 차이가 있어 꼭 일정하지는 않음 (가로 세로 cm로 재서 기록만 해도 좋음)

③ 시집을 필자에게 직접 우송해 주시면 더욱 좋음

④ 비고 : 출생지와 아호를 적을 수 있음(아호는 한자 명기)

바. 작성 양식

| 저자 | 시집 | 발행처 | 발행일 | 쪽수 | 판형 | 비고 |
|---|---|---|---|---|---|---|
| | | | | | | |
| | | | | | | |
| | | | | | | |

대전·충남의 각 문인단체, 동인지 등에게 협조를 구하는 한편, 시인들에게도 요청하는 250여 통의 사신을 발송했다. 그 반응은 만족스러운 것이 아니었다. 수십년 전에 나온 시집을 찾아내야 하고, '판형' 같은 것은 자로 재야 하기 때문에 상당히 부담스러워 했다.

작고 문인이 아직은 많지 않은 시기이고, 본인이 직접 작성해 보내준 것을 중심으로 진행되었다. 출생지와 첫시집의 표시를 통하여 판별을 돕게 했다. 사실 많은 시집이 나열되는 연표에서 변별력이 조금은 있어야 하기 때문이다.

몇 분의 장서가들의 도움이 컸다. 충남향토문화연구소 최문휘 소장의 8만권 장서와 작성해 준 『대전문단 시인 자료일람』은 331명의 시인 917권의 시집 목록으로서 한 보조원의 역할을 해 주었다고 할 수 있었다.

신진 시인 또는 시판되고 있는 시집은 도서관과 서점에서 채집되었다. 전국 규모의 한밭도서관을 비롯하여 10여개에 달하는 공공도서관이 도움을 주었다. 그러나 이들 도서관에서는 일정 기간이 지나면 책들이 열람대에서 사라져 폐기되거나 서고에 방치되는 것을 알고 놀랐다. 도서관에는 '영구적인 장서 보관'이라는 또 하나의 중요한 기능이 있기 때문이다.

시집 조사에서 또 하나의 문제는 선정시집의 기준이었다. 도서관에서는 기준을 알기 어려운 시집도 적은 것이 아니었다.

이번 조사가 처음으로 잡힌 방대한 규모이긴 해도 이는 시작에 불과 할 것이다. 착오·누락 등이 적지 않을 것으로 보이며, 앞으로 계속 증보를 거듭할 것임을 밝힌다.

## 2. 시집 출간의 발자취

앞에서 말한 바와 같이 만해 한용운의 『님의 침묵』을 기점으로 하는 대전·충남의 시집 발자취는 83년의 역사가 된다. 이 보고서는 시집 을 중심으로 하는 향토자료인 동시에 충청시맥忠淸詩脈을 이해하는데 도움을 줄 수 있을 것이다.

이 보고서는 편의상 제1기 태동기(1926~1960), 제2기 성립기(1961~1980), 제3기 확산기(1981~2000), 제4기 발전기(2001~2009)로 구분했다. 시집 출간의 추세를 중시한 시대 구분이지만, 작품의 전개 상황과도 고려했음을 밝힌다.

### 1) 한용운 『님의 침묵』의 성화 - 제1기 태동기(1926~1960)

제1기는 『님의 침묵』으로 시작해서 8·15광복과 6·25전쟁, 4월 혁명 등 격동기 기간이다. 무려 34년이나 되는 기간인데도 시집은 40권에 불과했다. 과수원시회의 『과수원』을 5집 전부 수록했는데 이 시전문 동인지가 아니면 제1기의 순수한 시집은 35권에 불과한 셈이다. 이 때의 시인은 한용운, 윤곤강, 이해문, 신응식, 한덕희, 정훈, 심훈,

구경서, 김관식, 김성휘, 송욱, 이종학, 김대현, 박희선, 정한모, 김붕한, 조구마, 김윤완, 이근배, 전여해(시집 발간 순) 등 20명이다. 시집 『풀벼개』의 시인 김성휘는 보령인으로 호를 송월松月이라 했는데, 이번에 비로소 발굴된 시인일 것이다.(소장 최문휘) 태동기의 시집을 연도에 따라 표로 보이면 다음과 같다.

〈표1〉 제1기 태동기의 시집 출간(1926~1960)

| 연도 | 1926 | 1934 | 1937~40 | 1946~49 | 1951~55 | 1956~59 | 1960 | 계 |
|---|---|---|---|---|---|---|---|---|
| 시집 | 1 | 1 | 5 | 6 | 13 | 11 | 3 | 40권 |

위 〈표 1〉을 보면 광복 전까지는 한용운, 이해문, 윤곤강(4권) 세 분뿐이었고, 광복 후에는 신응식의 『석초 시집』이 첫 출발을 보이고 있다.

주지하는 바와 같이 한용운의 『님의 침묵』은 한국시 100년사에 기념적인 시집이다. 독존의 경지를 노래한 88편은 그의 사상과 함께 한국시의 정점을 장식한다.

송기한·김현정의 편저 『대전·충남 지역의 고향시』는 작고시인 16명에 한해서 작품을 수록했다. 그런데 "충청도의 근대시인 중 대표 시인이라 할 수 있는 한용운의 시집에 고향에 관련된 작품을 찾을 수 없었다"(서문)면서 깊은 아쉬움을 언급하고 있다.

그도 그럴 것이 만해는 속연을 아주 끊어버렸기 때문에 고향조차 있을 수 없었다. 다음의 글이 참고 될 것이다.

"그는 두 번 결혼했다. 14세 때 결혼한 초취 부인 全貞淑이 産苦가 일 때, 그는 미역을 사러 간다고 집을 나와 그길로 설악산 오세암으로 들어갔다. 이후 기왕의 俗緣을 아주 끊어 버린 그는, 유복자 아닌 유복자 輔國이 장성하여 자기를 찾아왔을 때 냉담히 대하여 쫓아 버렸다. 全씨는 해방 후 별세했고 '前戶主死亡'으로 호주를 상속한 아들 輔國은 6·25 때 월북한 것으로 알려지고 있다."[1)]

만해의 시는 「알 수 없어요」「님의 침묵」 등이 많이 알려져 있고, 사상과 언어적 완성도에서도 찬탄을 받는다. 인도의 시성 타고르의 영향을 받은 것으로 알려진 산문율의 시 또한 불교적 깨달음의 경지가 삼엄한 통찰을 보인다.

내가 당신을 사랑하는 것은 까닭이 없는 것이 아닙니다.
다른 사람들은 나의 홍안만을 사랑하지마는, 당신은 나의 백발도 사랑하는 까닭입니다.
내가 당신을 기루어 하는 것은 까닭이 없는 것이 아닙니다.
다른 사람들은 나의 미소만을 사랑하지마는, 당신은 나의 눈물도 사랑하는 까닭입니다.
내가 당신을 기다리는 것은 까닭이 없는 것이 아닙니다.
다른 사람들은 나의 건강만을 사랑하지마는, 당신은 나의 죽음도 사랑하는 까닭입니다.

– 한용운 「사랑하는 까닭」 전문

치렁거리는 산문율로 한 편의 시가 된 것은 지극히 단순한 논리의 이분법이다. 어찌보면 시가 안 될 것 같은데, 산문율이 넘칠 듯 포용하며 "나의 죽음도 사랑"하는 고고한 사랑시가 되었다. 만해의 생가

1) 김벽익, 『한국문단사』(일지사, 1973), 116쪽.

가 홍성에 복원되어 있지만, 그는 이미 더 높은 충청도의 하늘로 가 있다고 하겠다.

한용운을 중심으로 한 윤곤강, 신석초, 정훈, 이해문 등 20세기 전후(1880~1919년까지의 출생 세대)에 태어난 시인들은 '1세대 시인'들로서 인원도 많지 않았고 이미 작고한 분들이다.

### 2) 대전권의 시단 형성 – 제2기 성립기(1961~1980)

제2기는 60년대와 70년대의 시기로 대전의 향토시단이 비로서 형성되고, 그 뼈대가 갖추어진 것을 들 수 있다. 60년대는 4월 시민혁명과 5·16군사혁명이라는 역사적 파고가 높았던 때였다.

〈표 2〉 제2기 성립기의 시집 출간(1961~1980)

| 구분 | 60년대 | | 소계 | 70년대 | | 소계 | 대계 |
|---|---|---|---|---|---|---|---|
| 연도 | 1961~65 | 1966~70 | 10년 | 1971~75 | 1976~80 | 10년 | 20년 |
| 시집 | 21 | 31 | 52 | 49 | 65 | 114 | 166권 |

제2기는 송욱의 첫 시집 『하여지향』으로부터 시작된다. 이 시기에 제2세대(1920~1949년까지의 출생 세대)에 해당하는 많은 시인들이 탄생하였고 시집이 나왔다. 제1기의 정한모, 김대현, 박희선, 김관식 등도 모두 제2세대들이다.

최원규, 신동엽, 한성기, 이생진, 성기조, 윤채한, 김윤완, 성찬경, 유동삼, 이탄, 홍희표, 김영만, 박용래, 조남익, 임강빈, 홍완기, 임성숙, 김정수, 이우종, 나태주, 김영진, 김명배, 임헌도, 정광수, 신협, 최휘웅, 이덕영, 김용재, 신대철, 안명호, 윤석산, 이용호, 김동원, 손기섭, 장석주, 이명수, 신미철, 이장희, 박명용, 구상회, 김환식, 이도현 시인(시집 출간순) 등 1세대와도 구별되고 3세대와도 달라지는 현재의 '기성세대'가 등장한다. 향토시단, 특히 대전권은 이들에 의하여 형성된다.

제2기는 60년대가 52권, 70년대가 114권으로 여전히 시집 출간이 어려운 고전적인 시대였다.

60년대는 시대적 배경이 날카로운 시기였다. '순수시/ 참여시'의 대립구도가 역학적으로 나타났고, 전통적 서정시가 향토시단의 주류로 떠오른다. 참여시의 전열을 비춘 신동엽의 위치와 향토시단의 지형도가 형성된다.

김대현 시비를 찾아서(2006)
(오른쪽부터 김태완, 이대영, 홍희표, 조남익 시인)

부여기행에 나선 시인들(1994)
(오른쪽부터 구상회, 김정수, 김영배, 조남익, 최원규, 박희선, 신협, 박명용 시인)

신동엽은 조선일보 신춘문예(1959)에서 등단하여 39세로 요절할 때까지 그의 작품활동은 실제로 10년에 불과했다. 그러나 민족주의적 역사의식과 민중적 감수성의 작품들은 민족정서의 원형을 흔들었다. 계간 《창착과 비평》은 신동엽의 사후에까지 지원이 각별했다. 창비에서 나온 『신동엽 전집』은 현재 23쇄에 이르며 '신동엽 창작상'을 유족과 공동으로 운영하고 있다.

껍데기는 가라
四月도 알맹이만 남고
껍데기는 가라
껍데기는 가라
東學年곰나루의, 그 아우성만 살고
껍데기는 가라

– 신동엽 「껍데기는 가라」에서

단호한 명령형의 어조로 민중·민주·민족의 이념을 뒤흔들며, 신동엽의 시는 공동체의식을 각성시키는 시의 확장을 보인다. 그것은 '알맹이/ 껍데기' '흙가슴/ 쇠붙이'라는 대립 구조가, 분단 이데올로기의 뿌리에 가하는 충격이었다. 신동엽을 '민족시인'으로 부르는 대중적 공감이 거기에 있었다.

박용래의 시가 본격적으로 다루어지게 된 것은 사후인 1991년《시와 시학》창간호의 '박용래 특집'에서부터였을 것이다. 최동호의「한국적 서정의 좁힘과 비움」, 정효구의「박용래 시의 기호론적 분석」등이 발표된다. 박용래의 시가 잃어버린 고향을 다루면서도 서정주나 청록파 등의 서정시와는 다른 개성에 주목을 하게 된다.

주정주의로 치우치지 않고, 감정이 절제된 지성주의적 태도로 새로운 입지를 보이는 것이다.

머리가 마늘쪽 같이 생긴 고향의 少女와
한 여름을 알몸으로 사는 고향의 少年과
같이 낯이 설어도 사랑스러운 들길이 있다
그 길에 아지랑이 피듯 태양이 타듯
제비가 날듯 길을 따라 물이 흐르듯 그렇게
그렇게
天然히
울타리 밖에도 花草를 심는 마을이 있다
오래 오래 殘光이 부신 마을이 있다.
밤이면 더 많이 별이 뜨는 마을이 있다.

– 박용래「울타리 밖」전문

박용래는 현대 서정시의 진수를 보인다고 할 수 있다. 전통 서정시이면서도 확실히 구별되는 호흡과 맥박이 새롭다. 서정시의 직정直情 방식이 절제된 소묘적 압축미로 나아가 한국적 모더니티의 취향이 은은한 것이다.

박몽구는 그의 「고향 상실과 회복에의 욕망」에서 "박용래는 향토적 정서를 즐겨 노래하면서도, 간결한 형식의 구현과 선명한 이미저리 기법을 활용한 것으로 독보적인 위치를 확보한 시인"[2]이라고 했다.

대전권의 시단형성에는 충남문협의 《충남문학》 창간(1970), 6인 시집 『청와집』(1971), 《호서문학》 속간(1976) 등 잇달은 문학지평의 행진이 일어난다. 특히 한성기, 박용래, 임강빈, 최원규, 조남익, 홍희표의 『청와집』은 추천을 거쳐나온 신예들의 사화집이라는데서 신선한 인정이 뒷받침된다.

정한모는 이 사화집의 발문에서 "한 지방도시 안에 쟁쟁한 현역 중견 시인들이 이만큼 많은 곳도 드물 것이다. 또한 각기 개성적인 자기 영토를 굳건히 지키며, 한 혈족처럼 오손도손 정답게 시향의 분위기를 이루면서 창작의욕을 서로 북돋아주고 있는 점에서도 대전만한 곳을 찾아보기 힘들 것이다"면서 "대전시협의 시인들이 한국의 현 시단에서 저마다의 자리를 차지하고 있는 것은 당연한 일이 아닐 수 없다"고 했다.

이 시기 간과할 수 없는 것이 시조작단의 폭넓은 발전이다. 《청자》(1965), 영역본 『한국시조선집』(1970), 《차령》(1978), 《가람문학》

2) 박몽구, 『한국 현대시와 욕망의 시학』(푸른사상사, 2006) 97쪽.

(1980) 등 수준을 유지한 시조 전문지가 이어져 왔다. 현재 제24회 전국한밭시조백일장에서 볼 수 있는 바와 같이 전국 규모의 질량을 구현한 전통을 견지한다. 소정 정훈 선생을 시발점으로 한 이 전통은 오늘날까지 유동삼, 이교탁, 임헌도, 이용호, 이금준, 김환식, 이도현, 유준호, 김재수, 김창현, 이상덕, 우제선, 서영자, 김영배, 김영환, 김영수, 김광순, 김길순, 박헌오, 신웅순, 신재후, 이방남, 조근호, 전종선, 조일남, 허인무, 임영석, 김동민, 이정남, 박봉주(무순) 등 산맥을 형성한다.

동시집으로는 김영수의 『꽃이 피네』, 김기경의 『가로수』 등이 선을 보였다.

### 3) 충청권의 시단 확립 – 제3기 확산기(1981~2000)

제3기는 80년대와 90년대의 20년 기간인데, 이 시기 시집 출간이 연평균 57.5권으로 변혁의 시기가 왔음을 보인다. 90년대만 따로 떼어보면 연평균 86.7권을 기록, 시집이 100권대에 이르고 있음을 예고한다.

충남에서의 대전 분리(1989)는, 문단 쪽에서는 사실은 '충남문단의 독립성격'이었다. 인적 구성면에서 대전권과 비교가 안 되었기 때문이다.

80년대는 1980년 광주민주화운동의 광주비극으로부터 막이 올랐고, 이후 민주화 운동의 불온한 불길이 가슴을 태우던 때였다. 진보적 문학을 지향한 《창작과 비평》, 《문학과 지성》 등의 폐간이 온다. 그 비좁은 공간을 뚫고 비정기 간행물인 무크지와 동인지의 창간 붐이 일어나고, 포스트모더니즘이 대두된다. 특히 여성시인들의 진출과 두드러진 작품활동은 90년대에 가속화 된다.

〈표 3〉 제3기 확산기의 시집 출간(1981~2000)

| 구분 | 80년대 | | 소계 | 90년대 | | 소계 | 대계 |
|---|---|---|---|---|---|---|---|
| 연도 | 상반기 (1981~85) | 하반기 (1986~90) | 10년 | 상반기 (1991~95) | 하반기 (1996~2000) | 10년 | 20년 |
| 시집 | 114 | 220 | 334 | 396 | 421 | 817 | 1,151권 |

제3기는 2세대와 3세대(1950~1979년까지의 출생 세대)가 겹치기 시작하고 많은 신인이 등장한다. '연표'를 보면 '첫시집'의 출간이 두드러진 현상인데, 80년대 상반기에 20여권, 하반기에는 50권을 넘어선다. 동인지도 《시도》와 《백지》가 70년대 말에 이미 출범했고 《무천》《시심》《동시대》《오늘의 문학》《신인문학》 그리고 대전문협의 《대전문학》이 창간된다.

대표적 사화집으로 한성기 외 72인의 충남시인대표작선집 『시여 바람이여』(신문학사, 1984)를 들 수 있다. 대표작 5편씩을 수록한 이 사화집은 가장 많은 시인이 참여한 모처럼의 결집이었다. 이만한 책에 종합적인 글이 없을 수 없다는 편집회의의 의견에 의하여 편집장(조남익)에게 떨어진 것이 「충남시단 40년사」의 집필과 동 연표 작성이었다. 『시여 바람이여』의 제호는 한성기, 출판은 처음부터 신문학사(한철수)에서 맡았다.

「충남시단 40년사」는 제한된 지면의 글이었는데, 이 방면의 관심을 일으키게 된 효시가 될 것이다.

충남시단1 『흘러라 금강이여』(시문학사, 1986)와 동2 『계룡 저 푸른 뜻은』(문경출판사, 1988) 등은 비교적 책임있는 기획과 편집을 거친 사화집들이다. 『시여 바람이여』의 연장선에 있는 것으로 보아도 될 것이다.

홍희표·나태주 편저의 『중부의 시인들』(문경출판사, 1988)은 매년 발간되어 10집까지 이어진다. 시도출판사(지광현)에서는 『한국시단 시집』·『금강시림』 등이 시리즈 형식으로 출간되었는데 인적 구성면에서는 약간의 파격이 있어 보인다. 그런가 하면 『젊은 동인시선…』(시민, 1990)에서는 김완하 외 8인집으로 나왔다. 시단이 눈에 띄게 젊어지고 있던 시기였다.

이번 시집조사에서 발견한 것이 조재훈 편저의 『삶의문학시선집』(실천문학사, 1985)이었다. 박용남, 유인확, 김흥수, 이은봉, 전인순, 윤중호, 조기호, 전무용, 정영상, 이재무 등 10인의 시선집이다. '삶의 문학' 의 실체에 대한 우리의 의문을 조금은 풀어 줄 수 있었다.

신석초의 시전집 『바라춤』(융성출판, 1985)이 사후 10년만에 나왔다. 신석초의 대표작으로 널리 알려진 『바라춤』(통문각, 1959)은 11연 74행의 서사를 포함해서 모두 45연 422행에 달하는 질풍노도와 같은 장시이다.

전통의 확립이라는 투철한 문학관에 의하여 고전적 형식미를 또한 갖추었다.

꽃잎이어 그대
다토아 피어
비 바람에 뒤설레며
가는 가냘픈 살갗이어
그대 눈길의

머언 旅路에
하늘과 구름
혼자 그리워
붉어져 가노니
저문 산 길가에 져
뒤뒹굴지라도
마냥 붉게 타다 가는
환한 목숨이여.

— 신척초 「꽃잎 절구絶句」 전문

충남 서천의 신석초 시인의 시비 제막식
(오른쪽부터 조남익, 김여정, 성춘복, 김후란, 임성숙 시인)

「꽃잎 절구」는 신석초의 고향 서천 한산모시관에 세워진 시비(2000)에 새겨진 작품이다. 호격감탄사가 즐겨 구사된 이 시의 투명성과 경쾌한 음율이 일품이다. 특히 삶의 찬란한 초월이 눈길을 끈다.

90년대 상반기에 나온 것이 홍희표의 한밭풍물시집이다. 『이스렝이

버드내에서 춤추며』(호서문화사, 1991), 『늙은 호박속에는 뭐시 들어 있을까유우』(호서문화사, 1992), 『보리피리 버들피리 민들레 피리를』(호서문화사, 1994), 그리고 한밭풍물시선집 『목척교의 홀씨』(문경출판사, 1994)가 그것이다. 신인문학회의 『한밭의 빛속에서』(문경출판사, 1993)도 대전풍물시집이다. 2009년은 대전시 승격 60주년으로서 '홍희표 한밭풍물시'가 새삼 상기시키는 바가 있을 것이다.

홍희표는 대전의 토박이로 시 승격 전에 태어났다. 그의 유년기에 살아있는 옛 한밭풍물은 푸른 별로 춤추며 시로 살아났다. 그는 조숙한 대전의 3대 문재文才의 한 사람이다. 21세 때 《현대문학》 3회 추천을 완료했다. 이진우는 21세에 〈한국일보〉, 김수남은 22세에 〈조선일보〉의 신춘문예 당선을 각각 안았다. 그들은 소설이었다. 그들은 나이도 아주 비슷해서 홍희표와 이진우는 동갑(1946년생)이고, 김수남은 이보다 2살 위(1944년생)이다.

현역 시인들 중에 천재형으로 분류되는 이로는 정상순(자유문학, 1960)이 있다. 3회 추천과정에서 '천재적인 소질'(이인석)로 각광을 받았다. 시집에 『막사발 주린 그리움』(2005)이 있다.

대전이 출생지인 시인을 들면 유동삼, 윤채한, 이탄, 손종호, 홍희표, 정신, 윤부현, 이덕영, 김용재, 안명호, 이장희, 김백겸, 이면우, 강연호, 강희안, 최재경, 이태관, 양정자, 윤상운, 이용주, 장덕천(무순) 등을 들 수 있을 것이다.

이스렝이
이르내에서 춤추며 내리네.

이스렝이
할배 담붓대에서 내리네.

이스렝이
과수집 마당 위에 내리네.

– 홍희표 「이스렝이」 전문

'이스렝이'는 '이슬비', '이르내'는 '은하수', '담붓대'는 '담뱃대', '과수'는 '과부'의 충청도 방언이다. 옛 고향의 풍물과 정서가 이처럼 녹아나는 것은 흔한 일이 아니다.

홍희표의 한밭풍물시는 접신의 경지가 되살려낸 바로 동화속의 신데렐라와 같은 것이다.

대전의 문단 원로인 임강빈은 대전용전중학교장에서 퇴직했고, 최원규는 충남대학에서 퇴임했다. 벌써 10여년 전이다. 임강빈은 그 이후에도 시집 『비오는 날의 향기』 『쉽게 시가 쓰여진 날은 불안하다』 『한 다리로 서 있는 새』 『집 한 채』 등을 냈고, 다시 새 시집을 출간할 예정이라고 한다. 임강빈의 간결하고 투명한 시풍은 충청도 청풍명월의 깊은 멋을 시로 이끌어온 창공의 예술과 같은 것이었다. 그의 시에는 인간의 체취가 많이 증발되어 있기 때문이다. .

최원규는 『최원규시전집』을 퇴임과 함께 내놓은 후 시집 『신은 작은 것까지 버리지 않는다』를 상재했다. 끝없는 열정의 시인, 시와 더불어 그의 일생에 피어난 것은 정서의 음영을 구가하는 초월의 힘이 있었다. 오늘에 이르기까지 그는 대전문단의 대부였다.

이밖에도 김명배, 조남익, 구상회, 김용재, 김순일, 배인환, 손기섭, 김재수, 김영만, 변재열, 이도현, 조재훈, 성찬경, 성기조, 정광수, 김윤완,

안수환, 이용호, 최충식, 이장희, 이대영, 홍순갑(무순) 등 많은 분들이 직장에서 정년 퇴직들을 했지만, 건실한 작품활동을 놓지 않는다.

제3세대인 신진들이 또한 화려하다. 김백겸(대전 출생), 윤종영(대전), 이면우(대전), 강연호(대전), 강희안(대전), 진은영(대전), 김진경(당진), 김완하(경기 안성), 리헌석(공주), 이은봉(공주), 윤은경(공주), 이정록(홍성), 이윤학(홍성), 나희덕(논산), 장석주(논산), 이영옥(논산), 양애경(서울), 유수화(대구), 최승자(연기), 이재무(부여), 윤순정(부여), 홍성란(부여), 임영석(금산), 이영신(금산), 김태완(충북 청원), 고영민(서산), 한수(서산), 박주택(서산), 이진수(청양), 심언주(아산), 이봉직(충북 보은), 황희순(충북 보은), 정진석(전북 익산) 등 수많은 후진들이 뒤를 잇는다.

### 4) 시집의 대중화와 신세대들의 정진
### – 제4기 발전기(2001~2009)

오늘날을 이른바 디지털 시대라고 일컫는다. 디지털 기술과 문화가 세상을 매일같이 혁명적으로 급변할 것으로 예고된다. 현대시 또는 문단에서도 과잉과 결핍의 여러 징후가 나타나 상당히 혼란스러운 것이 사실이다.

첫째로 포스트모던 문화 또는 해체시에 관한 담론들이 낯설지 않다. 소비자본주의의 영향으로 삶의 변질이 있게 되고, 시의 소재나 가치관도 확장되고 있는 셈이다. 시적 매너리즘에서 벗어나고자 하는 열풍은 기법을 첨예화한 대신에 정신은 실종되는 결과를 만든다.

예술적 가공이 전혀 없는 신문기사나 패러디한 연속의 한 장면, 가

십성 기사, 광고 문구 등이 그대로 시가 되기도 한다. 이런 시를 '키치시'라고도 하는데 '키치(kitsch)'는 속악한 것, 사이비 등을 뜻하는 미술 용어에서 왔다. 황지우의 「벽·1」「徐伐, 셔, 셔, 서울, SEOUL」「한국생명보험회사 송일환씨의 어느날」, 박남철의 「사직서」「이 아름다운 지하자원」 등 많은 사례를 찾을 수 있다.

일찍이 김수영이 「난해의 장막」(사상계, 1964년 12월호)에서 "양심이 없는 기술만을 구사하는 시를 주지적이고 현대적인 시라고 생각하고 있는 모양이다. 사기를 세련된 현대성이라고 오해하고 있는 모양이다"고 지적한 적이 있거니와, 이로 인해 사기시詐欺詩 논쟁이 일어났던 것이다.

시를 쓰고자 하는 문단 인구도 대중화의 추세이다. "2005년 말 현재 우리 나라에서 발행되고 있는 문학지는 총 220종"[3] 이라고 한다. 그 많은 문학지들이 다투어 신인을 배출하고 있기 때문에 시인 탄생이 폭발되는 시대가 되고 있다.

**〈표 4〉 제4기 발전기의 시집 출간(2001~2009)**

| 구분 | 2000년대 | | | | | | | | | 계 |
|---|---|---|---|---|---|---|---|---|---|---|
| 연도 | 2001 | 2002 | 2003 | 2004 | 2005 | 2006 | 2007 | 2008 | 2009 | 9년 |
| 시집 | 99 | 103 | 101 | 118 | 110 | 103 | 90 | 96 | 70 | 880권 |

제4기는 연간 100권씩 출간되는 시대가 된다. 이런 기미는 90년대 하반기부터 시작된다. 제4기는 총 880권의 집계를 보인다.

3) 박몽구, 『전게서』 257쪽.

이로써 1926년부터 처음 시작된 대전·충남의 시집은 시인 770명의 시집 2,237권의 통계가 잡혔다. 1인당 평균 2.9권이 된다.

다음에 개인 시집이 10권 이상 되는 시인은 모두 29명이었다. 대표적 시인은 나태주로서 29권이다. 그러나 시선집 등 일부 흥행성을 고려한 시집까지 포함하면 38권 정도가 될 것이다.

〈표 5〉 개인 시집의 권수 순위

| 순위 | 권 | 시인 |
|---|---|---|
| 1위 | 29권 | 나태주 |
| 2위 | 24권 | 성기조, 이생진 |
| 3위 | 23권 | 홍희표 |
| 4위 | 18권 | 박종국 |
| 5위 | 17권 | 조혜식 |
| 6위 | 15권 | 최원규, 임성숙, 구재기 |
| 7위 | 14권 | 김윤완, 한정찬 |
| 8위 | 12권 | 임강빈, 김대현, 박명용, 장석주, 김재수, 김창현, 박문신 |
| 9위 | 11권 | 이 탄, 김순일, 김용재, 홍윤표, 곽문환 |
| 10위 | 10권 | 이재무, 김영배, 윤채한, 박형봉 |

또한 108권을 목표로 하여 현재 63권까지 발간한 채수황은 여러 가지 사정을 고려한 끝에 20호까지만 수록했다. 이와 비슷한 경우의 조범원도 30권 가까이 발간한 것으로 알고 있으나, 8호까지만 수록했음을 밝힌다.

시집이 이제 대중화 시대로 접어들었다. 종이가 귀하고 오래 가는 한지와는 달리 지금은 흔하게 소비되는 것이 종이이고 책이다. 시를 읽는 독자도 시가 절창의 산물이니 명작이라는 개념이 많이 달라졌다.

시인도 "출사표를 쓰는 심경으로 시를 쓴다"든가, 걸작이 아니면 아예 시집을 안 낸다든가의 좋은 뜻이 많이 퇴색했다고 보아야 할 것이다. 오히려 가벼운 일기 쓰듯이 생활화하는 면이 없지 않다.

> 담장 위에 호박고지 가을볕 좋다.
> 짜랑짜랑 소리 날 듯 가을볕 좋다.
> 주인 잠시 집 비우고 외출한 사이
> 집 지키는 호박고지 새하얀 속살
> 눈부신 그 속살에
> 축복 있으라.
>
> – 나태주 「눈부신 속살」 전문

한국시협상을 받은 나태주의 작품이다. 포스트모더니즘이니 첨예한 시의 기법이니 하지만, 이 시는 '호박고지'를 발견한 눈부신 감수성의 시이다. 단순하고 직설적이지만 그것이 서정적 온기를 머금고 사유의 결이 참신하다. 나태주는 시에 일생을 걸고 일지사 · 문학사상 등 유수의 출판사를 개척해서 많은 시집을 출간했다. 서정시의 따뜻한 노래가 그의 몫이었다.

그러나 신세대들의 시적 사고와 진술은 많이 달라졌다. 신세대의 작품을 보기로 한다.

> (A) 처음엔 흰 연꽃 열어 보이더니
> 다음에 빈 손바닥만 푸르게 흔들더니
> 그 다음엔 더운 연밥 한 그릇 들고 서 있더니
> 이제는 마른 손목마저 꺾인 채
> 거꾸로 처박히고 말았네
> 수많은 창槍을 가슴에 꽂고 연못은

거대한 폐선처럼 가라 앉고 있네
바닥에 처박혀 그는 무엇을 하나
말 건네려 해도
손 잡으려 해도 보이지 않네
발밑에 떨어진 밥알들 주워서
진흙 속에 심고 있는지 고개 들지 않네
백 년쯤 지나 다시 오면
그가 지은 연밥 한 그릇 얻어먹을 수 있으려나
그보다 일찍 오면 빈 손이라도 잡으려나
그보다 일찍 오면 흰 꽃도 볼 수 있으려나
회산에 회산에 다시 온다면

– 나희덕 「사라진 손바닥」 전문

(B) 병원에 갈 채비를 하며
어머니께서
한 소식 던지신다.
허리가 아프니까
세상이 다 의자로 보여야
꽃도 열매도, 그게 다
의자에 앉아 있는 것이여
주말에
아버지 산소 좀 다녀와라
그래도 큰애 네가
아버지한테는 좋은 의자 아녔냐
이따가 침 맞고 와서는
참외밭에 지푸라기도 깔고

호박에 똬리도 받쳐야겠다.
그것들도 식군데 의자를 내줘야지
싸우지 말고 살아라
결혼하고 애 낳고 사는 게 별거냐
그늘 좋고 풍경 좋은 데다가
의자 몇 개 내놓는 거여

– 이정록 「의자」 전문

(A)·(B)는 나희덕(조선대 문창과 교수)과 이정록(천안 중앙고 교사)의 작품이다. 많이 알려진 두 편의 시가 형식의 파괴는 보이고 있지 않지만, 고정관념의 폐기, 기존 질서의 해체로서 새로운 '공동체의 언어'를 지향한다. 말하자면 시의 문법이 조금씩 변화하고 간접적 직관이 원용되는 경우이다.

최근에 쉽게 쓴 시, 내용이 선명한 시를 이유 없이 금기하는 것은 시의 본질에서도 이해되기 어렵다. 45년 전에 김수영이 지적한 것처럼 "사기를 세련된 현대성"이라고 할 수는 없기 때문이다.

나희덕은 〈중앙일보〉신춘문예(1989) 출신이다. 시집에 『뿌리에게』 『그 말이 잎을 물들였다』 『그 곳이 멀지 않다』 『어두워진다는 것』 『사라진 손바닥』 『야생사과』 등이 있고 김수영문학상·소월시문학상 등을 수상한다. 시집의 제호부터가 지금까지 관습되어 온 것과는 많이 다르다. 지금까지는 대개 명사 위주로 어떤 이미지만의 제시였다면, 신세대들은 서술형(주어+서술어)을 즐겨 쓰기도 하고, 어떤 구체적인 진술을 나타내려고 한다. 짧지 않은 한 문장으로 된 제호도 있다.

나희덕은 기존의 서정시를 벗어나 더 자유롭게 확장한다는 예각으로부터 시작한다.

(A)는 일종의 고등 대화법이다. 마지막 시행 "회산에 회산에 다시 온다면"까지 독파하지 않고는 이 시는 이해되지 않는다. '회산'은 전남 무안의 회산 백련지로 연꽃 축제로 유명한 곳이다.

연꽃 축제도 이미 끝난 그곳의 정서를 '사라진 손바닥' '폐선' 등으로 은유한다. 그러면서 반복법을 통한 시의 리듬과 서정적 온기를 잃지 않는다. 시집 『사라진 손바닥』(문학과 지성사, 2004)은 11쇄를 기록하고 있다.

이정록은 〈동아일보〉신춘문예(1993)에서 등단했다. 시집 『벌레의 집은 아늑하다』 『풋사과의 주름살』 『버드나무 껍질에 세들고 싶다』 『제비꽃 여인숙』 등이 유수의 출판사에서 출간되었고, 이 시대의 '건강한 시인'으로 평가 받는다.

계간 《시와 경계》(2009, 여름호)에서는 '이정록론'이 기획 특집되었으며, 강희안의 『나탈리 망세의 첼로』, 윤종영의 『구두』, 고영민의 『공손한 손』 등 시집이 집중 조명되고 있다. 《유심》(2009, 9·10월호)에서는 나희덕, 이영신이 '시집 속의 시 한편'에 나온다.

이정록의 「의자」는 '의자' 개념이 시적인 새 발상법에 의하여 모친의 무심코 던진 대화 형식에서 작품의 완성도를 잡는다. 시도 좋은 스토리에 의하여 좌우된다. 평이하면서도 살가운 뜻을 살린 시라고 하겠다.

이밖에 한국문협 명예회장이며 원종린수필문학상을 받은 성기조 박사, 한국시인협회장을 역임한 성찬경, 이근배 원로시인, 계간 《창조문학》의 홍문표 대표, 《해동문학》의 정광수 주간 등 지도적 위치와 작품으로 일가를 이룬 분들이 있다.

고향 또는 내가 사는 삶의 터전은 영원하며, 시의 원천으로 알게 모르게 작용한다. 이는 단순한 경험의 대상이 아니라, "선험된 것에 대한 상상의 쾌락"이라는 것이다.

끝으로 동시를 한 편 보기로 한다.

옛 신라 사람들은
웃는 기와로 집을 짓고
웃는 집에서 살았나 봅니다.

기와 하나가
처마 밑으로 떨어져
얼굴 한 쪽이
금가고 깨졌지만
웃음은 깨지지 않고

나뭇잎 뒤에 숨은
초승달처럼 웃고 있습니다.

나도 누군가에게
한 번 웃어 주면
천년을 가는
그런 웃음을 남기고 싶어
웃는 기와 흉내를 내 봅니다.

– 이봉직 「웃는 기와」 전문

참신한 발상의 순환구조에 의하여 사람을 적이 놀라게 하는 동시다. 자연스런 물 흐름과 같은 연쇄 고리가 이어지면서도 끝까지 '정신'을 잡고 있는 힘을 보인다.

이 시는 동아일보 신춘문예(2002) 당선작품이다. 초등학교 5학년 1학기 『말하기·듣기·쓰기』의 첫머리에 수록되어 사랑을 받는다. 이봉직은 『어머니의 꽃밭』 『웃는 기와』 『내 짝꿍은 사춘기』 등 3권의 동시집을 냈다. 그의 시집에서는 시어의 창조적 가치관에 밝은 그의 자질을 만날 수 있다.

## 3. 앞으로의 전망과 제언

### 1) 앞으로의 전망

시집 출간이 증가하는 이유는 무엇보다도 시대적 추세에 있음을 부인하기 어렵다. 경제발전과 복지사회로 진입하면서 문화적 욕구와 향유가 높아졌고 시가 대중문화의 첨병으로 사랑받기도 한다.

대중문화는 자본주의적 소비문화의 영향으로 이제 예술은 소비재에 비유된다. 예술을 향유한다는 것은 영혼을 정화하고 정서순화를 한다는 값비싼 논리가 이제는 통하지 않는다. 예술을 보거나 즐긴다는 것은 복잡한 현대사회에서 질식할 듯 한 현대인의 갈증을 배설하게 한다는 소비이론이 자리 잡고 있다. 심한 경우에는 가짜 욕망에 의해 생산된 예술상품이 가짜 욕망에 중독된 소비자에게 팔려나가는 것이고, 소비자는 순간적인 환영이나 쾌락을 즐긴다는 것이다.

다음으로 시집의 출간이 큰 부담없이 자비 출판할 수 있는 여건이 좋아진 점이다. 시집은 거의가 자비 출판에 의존해온 것이 오랜 관습이다. 그만큼 경제성과는 거리가 먼 것이다.

대전은 인쇄술이 서울에 뒤지지 않는 곳으로 알려져 왔다. 60년대부터 회상사·활문사·농경출판사·보전출판사·창학사 등이 있었으나, 문학 서적의 출간은 일감이 거의 없었다. 그러나 70년대에 대전문인협회가 활성화되고 《호서문학》이 또한 속간되면서 문인도 늘어나고 사정이 달라진다. 호서문화사(신정식), 시도출판사(지광현), 문경출판사(강신용), 대교출판사(김명수), 오늘의문학사(리헌석), 분지출판사(안현심), 오름출판사(김용재), 다래헌(박영호), 종려나무(이종진) 등이 모두 시인들이 직접 운영하는 출판사이다. 비용도 서울의 절반 조금 넘고 편집 또는 작품 상담 등이 가능하며, 발행부수가 500부 또는 300부 정도로 내려가면 제작비는 더 아낄 수 있게 된다.

대전의 도서출판의 발전은 중부권의 시집 붐을 이끈 원동력의 하나이다. 「오늘의문학」은 그 자체에 계간지를 직접 운영하며 각종 문학상을 또한 활용하게 됨으로써 선두에 서게 된다. 시집 시리즈가 257호, 수필집, 시조, 평론 등으로 시리즈가 발전했다. 출판사가 "여름에는 일감이 없어 논다"는 말은 이제 없어졌다. 앞으로의 전망을 짚어보기로 한다.

첫째로 시집의 출간은 앞으로 증가할 것이다. 시단 인구가 늘고 있고, 값싼 제작비로 손쉽게 이용할 수 있기 때문이다. 일본의 경우도 시집을 500부 또는 300부의 한정판에 의존한다는 보도가 여러 해 전부터 있었다.

둘째로 지방화 시대에 '지방시단'의 규모가 커지며 중부권 시단의 기층을 확실하게 형성할 것이다. '중부권(대전)', '서안시(서해안)' 등의 시 전문지가 이미 선보인 바 있었다.

대전·충남의 시인은 500명이 훨씬 넘을 것이다. 2008년 기준 대전문협의 현대시와 시조시인이 237명, 충남문협이 123명, 대전·충남 작가회의가 118명으로 모두 478명이다. 이중에는 이중 가입한 시인도 있지만, 위 3개 단체에 가입하지 않은 이도 상당수가 있음을 알아야 한다. 그동안 서울과 지방의 분별이 거의 없었던 점을 감안하면 격세지감을 느끼게 한다.

셋째로 뜻있는 시인들의 '살아남기'에 대한 전략이나 정진도 더욱 눈부신 바가 있게 될 것이다. 문단도 하나의 경쟁사회이다. 서울과 지방의 공간적 분리만이 아니라, '인정받는 시인'과 '인정받지 못하는 시인'으로 양분되면서 시인들의 위상이 달라지게 될 것이다. 이 경우에는 시집의 다과가 문제가 아니라 작품의 질인 것이다.

이미 문학사에서는 본격문학, 곧 순수문학이 제기된 바 있고(김동리), 서구에서는 순수시 또는 절대시의 개념이 꾸준히 있었다(발레리). 우리나라에서는 카프계와 차별화된 생명파와 청록파의 순수시가 자리 잡는다. 모두 작품의 질적 평가에서 나온 개념이다.

그러나 현재 3세대의 시대적 배경은 어느 때보다도 혼탁과 혼란이 가중되고 있고, 문학의 가치관도 많이 실종된 것처럼 보인다. 파탄을 넘어서는 과도적 실험의식이 그나마 표류하고 있을 뿐이다.

아마추어 시인과 프로시인이란 용어가 나오고, 시인단체도 이에 기준해서 양분되어야 한다는 논의가 있다. 말하자면 전문가와 비전문가 의 개념이다. 대전생활문화예술협의회의 발기문(2009)을 보면, 이른바 아마추어 또는 비전문가의 권익을 찾기 위해 '생활문화예술'을 표방한다. 일종의 동호인 연합체라 해도 될 것이다.

앞으로의 전망은 새로운 대해로 항해하는 것이지만, 시집은 여전히 개인 몫이다. 시민문화의 발전과 함께 천재를 기다리는 창작풍토는 여전히 시인의 몫임을 강조하지 않을 수 없다.

2) 제언

첫째로 문예진흥기금은 대체로 동인지나 단체 위주로 지원되고, 전체적으로는 시민문화의 향유 쪽으로 운영되어 왔다고 할 수 있다. 2008년 문학에 대한 대전광역시 문예진흥기금(1억 2천 50만원)을 보아도 42개 동인지 또는 단체에 주어졌다. 앞으로는 우수한 질적 견인차(우수 전문가)에 대한 지원정책이 가미되어야 할 것을 건의하고 싶다.

서울시에서는 '시가 흐르는 서울'의 사업을 전개해 지하철 스크린 도어·버스 택시 승차장에 게시할 시를 전국적으로 시인을 선정, 작품 요청을 한다(사용료 편당 5만원), 충남도 비슷한 사정이지만 대전은 150만명의 거대 도시로 성장했고, 새로운 정체성을 가다듬어야 할 것이다.

둘째로 공공도서관이 많이 늘고 활성화 되어 있지만, '기증도서의 루트'를 타고 수준이 의심되는 불량서적이 버젓이 들어와 있는 경우가 있다. 악화가 양화를 구축하는 일이 도서관에서 있어서는 안 될 것이다.

또한 오래된 도서를 폐기하거나 서고에 방치하지 말고, 값진 우량

도서는 수백년이 가도 보관될 수 있도록 한 곳에 모아져 전문적인 연구에 소홀함이 없어야 할 것이다. 한 가지 더 덧붙인다면 도서의 구매 시에 이 지역 출신의 우량 시집에도 배려가 있었으면 한다.

셋째로 우리 지역에 대한 이 보고서는 결국 한국 시문학 풍토의 축소판과 같은 것이었다. 우리 지역의 특성은 곧 전국적인 현상의 연장에 있었기 때문이다.

고향이 없는 현대인을 가리켜 '유목민'이라고 한다. 서울시가 시민 2만 가구를 대상으로 "서울을 고향같이 느끼느냐"고 묻자 76.6%가 '그렇다'고 대답했다. 서울을 고향같이 느낀다는 사람이 해마다 늘고 있다고 한다. 대전은 대도시인 만큼 많은 분들을 감싸고 있다. 특히 대전과 충남은 오랜 역사를 통하여 '혈육의 정'인 것이 우리의 생활 감정이며 정서이기도 하다.

지방화 시대의 이런 요람을 흔들고 포용과 발전의 디딤돌로 나아가야 하겠다.

— 대전시 『대전문화』 18집 (2009)

# 《대전문학》 창간과 시민문화의 개척

– '문화가 가난한 대전의 속사정'을 보며

## 1. 대전직할시지부의 문협 출범

1989년 1월 1일을 기해서 대전시는 대덕군 전역을 편입, 인구가 100만명을 돌파하게 되자 직할시로 승격되고 충남으로부터 분리된다. 충남도청이 공주로부터 이전되어(1932) 온 지 아직 갑년이 채 안 되는 비약적인 발전이라고 하겠다.

그 해 4월 23일 한국문인협회 대전직할시지부가 충남교육회관에서 창립된다. 70여 명의 회원이 참석한 가운데 초대지부장으로 조남익이 선출되고, 부지부장에는 홍희표, 김정수, 이도현 등 시인이 선정된다. 사무국장에는 이관묵(전기), 리헌석(후기) 등으로 이어지게 된다.

당일 약간의 시차를 두고 충남지부도 같은 장소에서 정기총회를 갖고 한상각 시인을 새 지부장으로 선출한다. 지금까지 있었던 충남지부가 둘로 쪼개진 것이다.

분리되기 전의 충남지부 회원은 100명이 채 안 되었던 것으로 기억한다. 특히 충남지부에 잔류하게 된 회원은 20명도 안 되었던 것으로 알고 있다. 말하자면 양자간에는 현실적으로 엄청난 차이가 있었다. 그러나 대전지부가 '거주지'를 위주로 한다면, 충남지부는 '출생지'가 중요하게 되는 관습이 있다. 연고지가 중요시되는 것이다. 가령 한상각 지부장 때 나온 『충남문학선집·수필편』(충남지부, 1991)을 보면 강금종 외 무려 150명의 수필이 수록된다. 이런 사정은 충남지부의 깊은 잠재력이었고, 현재도 그와 같은 맥락에서 운영되는 것을 본다.

지금은 그래도 예술단체에 대한 행정지원이 상당히 진행된 상태이다. 중앙에는 한국문화예술위원회가 있고, 연간 1,100억원이 문학·시각·공연 등 예술분야를 지원한다. 대전에서도 대전문화재단이 있고, 예술단체에 대한 사무실까지 배치된 것이다.

그러나 20여 년 전 충남과 분리된 당시의 상황은 사정이 달랐다. 종이 하나 없는 빈손 그대로였다.

나는 부지부장들과 몇 곳을 인사차 다닌 일이 있었는데, 대훈서적 김주팔(1941~2009) 대표를 만나게 된 것은 그때였다. 그의 중씨 김주식金柱植과는 한 학교에서 3년 정도 함께 근무했고, 그분의 계씨들과도 만나게 되는 계기가 있었다. 한 마디로 부지런하고 건실한 형제들이었다. 주홍柱興, 주팔柱八, 주석錫 씨 등, 나는 이들 형제분들과 새로운 분위기가 싹트고 있었다. 그들은 논산이 고향이었다.

나중에 어느 편에 들은 이야기지만, 대훈서적 김주팔 대표가 자기 중씨에게 물었다.

"제가 문협 조남익 회장을 아무 조건 없이 믿고 밀어준다면 어떻겠습니까?"

"잘 생각했다. 그분이라면 모든 것을 믿어도 된다."

이렇게 해서 대전문협에 대한 전폭적인 지원이 섰다고 한다.

8월 5일, 3박 4일 일정으로 서천군 춘장대 해수욕장에서 처음으로 해변시인학교가 문을 열었다. 대전에서 차량이 출발할 때, 잘 안다고 할 수없는 동국서림 대표되시는 분이 금일봉을 주었다. 박용래 시비 건립 때 도움을 주었던 무명인사들의 인사도 있었다. 이런 체험은 어딘가 우리의 글을 보시는 독자가 있고, 시민문화의 개척이라는 내 의식을 일깨워 주었다고 할 수 있었다.

해변시인학교는 의외로 인기가 있었다. MBC의 취재팀이 오고 회원들은 물론 서울에서 윤채한 시인이 왔다. 그는 19세에 등단한 대전 출신(문화동)의 시인이었다. 강사로 섭외된 성춘복, 이성교 시인은 충남선을 타고 내려왔다. 해변시인학교의 백일장에는 성모여고 최충효의 금상 외 6명이 선발되었다.

사정이 이러하였으므로 나는 한국문화예술진흥원을 방문, 몇 가지 사업을 얻어온다. 근로청소년문예강좌는 그 중의 하나였다. 주요 사업장을 돌며 순회강좌를 실시했는데, 청소년들의 정서함양에 활력소가 되어 주었다.

그 해가 다하기 전에 12월 18일에는 대망의 《대전문학》 창간호가 나온다. 홍희표가 주간인 《대전시단》의 창간호(1989)도 나오고, 이것은 제2집(1990)으로 종간된다.

대전문학축제에는 문인 70여 명, 시민 100여 명이 참석한 가운데 정한모(전 문공부장관) 박사의 문학강연, 그리고 대전문학후원회가 정식 발족된다. 김주팔 대훈서적 대표가 회장에 취임한다. 또한 대전문협이 제정한 제1회 대전문학상이 정진석 시인에게 수여된다. 대전문학상의 상금 1백만원은 후원회장이 쾌척하였다.

이 상금은 제2회 이대영 시인은 물론 김주팔 회장이 향년 68세로 타계할 때까지 20여 년간 계속된다. 그것은 쉬운 일이 아닐 것이다. 금 10돈으로 목걸이를 만들어 후원회장이 직접 수여하였다. 만년에는 금값이 폭등하자 상금으로 대체되어 다시 1백만원으로 환원되기도 했다.

## 2. 대전문학후원회의 정신

사단법인 대전문학후원회가 신선한 시민문화 운동으로 향한 장한 뜻이있었지만, 그것은 결국 수포로 돌아갔다. 대전문학후원회의 정신은 언젠가 다시 점화되어야 할 것이다.

《대전문학》에는 사단법인 대전문학후원회의 추진내용이 상세히 나온다. 1구좌 5만원의 단 1회로써 춘추로 발간되는 《대전문학》을 받아보게 되는 평생회원제이다. "문화가 가난한 대전의 속사정" 또는 "문학의 불모지"란 오명을 씻고 "우리도 내면적인 삶을 풍요롭게 세계적인 문화도시를 건설 합시다"라는 것이 목표라고 할 수 있다.

김주팔 회장은 그의 대전문학후원회를 발족하면서[1] 에서 다음과 같이 의분을 토로한다.

> 우리 서점인의 위치는 예전이나 지금이나 선비적인 장사로서 항상 어렵게 지내오면서도 오직 묵묵한 선비정신 하나로 오늘날까지 버티

1) 《대전문학》 창간호(1989) 332쪽

> 어 오고 있는 것이 사실입니다. 그러나 대전직할시 원년을 맞이하고 1993년 '대전산업 무역박람회' 개최와 함께 장차 제2의 수도로 발돋움하려는 우리 한밭 대전은 유난히도 문화가 가난하고 황량하다고 많은 문예인들로부터 비난의 화살이 집중되는 도시입니다.
>
> 1989년 9월 월간조선 10월호에는 대전직할시장의 특별 취재기사인 "문화가 없는 대전"이라는 오명의 제목하에 장문의 기사가 실린 것을 보고 본인은 안타까움은 물론 그런 그들에게 분노심마저 느껴졌습니다. 어째서 우리 대전 지역이 그런 오명의 소리를 들어야만 합니까!

문예지는 인문학의 꽃이기도 했다. 그러나 지금은 글 쓴 문인들이 주로 나누어 보는, 다시 말하면 독자가 없는 문예지로 전락한다. 여기에는 현대사회의 여러 정황과 관련된 것이기도 하지만, 오늘날 시집의 사정을 보면 외면된 실정을 부정할 수가 없다.

우리 고장에서 나오는 《대전문학》을 좀 더 고품질로 높이고, 가령 1만 명을 평생회원으로 확보하게 된다면, 이는 엄청난 문화의 자랑이 아닐 수 없을 것이다. 또 거기까지는 이르지 못하더라도 관공서, 언론, 은행, 기업, 학교, 도서관(실) 등 모든 직장의 응접실 같은데서는 《대전문학》 한 권 정도는 꽂혀 있어도 좋은 것이다. 우린 그런 목표를 향해서 추진했던 것이 사실이다.

김주팔 회장은 창간호는 물론 2, 3호까지 사비로 출판을 도맡았다. 발행인도 그였고, 발행처도 '도서출판 大訓社'였다. 창간호 경우는 무려 5천부를 발행하면서 시민문화로 다가서고자 했다. 대학생, 주부, 일반인 등 홍보 요원을 모집하기도 했다.

편집처인 대전지부에서는 원고모집, 편집, 교정 등을 맡았는데 편집에 일가견을 가진 김정수 부회장이 2집까지를 낸다. 3집은 리헌석 사무국장이 맡았다. 이후 4집(1991. 지부장 김용재)부터는 문예예술진흥기금을 시로부터 받게 된다.

창간호는 지금 보아도 화려하면서도 기품이 있는 편집 체재를 보인다. '창간사'(조남익)에는 다음과 같은 기록이 나온다.

> 우리 한밭에 봄은 정녕 오는가. 국토의 중부에 위치한 우리 大田은 지금 어느 때보다도 막강한 現役文人들로 붐비고 있으며, 그 精進의 불꽃들이 가위 현란한 바가 있습니다. 서울에서 발간되는 어느 誌面을 아무 때나 보아도 거기엔 반드시 이 고장 文人의 作品이 흔하게 보일 뿐만아니라, 좋은 評價들을 받고 있습니다. 그야말로 양과 질의 눈부신 開花期를 맞고 있는 것입니다.
>
> 이러한 사정은 한밭文壇의 內部를 조금만 들여다보면, 그럴 수밖에 없음을 금방 수긍하게 될 것입니다. 대전에는 현재 종합문예지, 시전문지, 시조전문지, 수필전문지, 아동문학전문지, 여성전문문예지 등 많은 同人誌의 尖峰이 林立해 있는 것입니다. 그 芳香이 진동하면서 지금 한밭文壇은 새로운 분출구를 찾고 있습니다.

우리 고장에 동인지 시대의 막을 올린 것은 《시도》(1978. 11. 20)와 《백지》(1978. 11. 30)이다. 한성기, 박용래 두 분이 《현대문학》 《현대시학》 시문학의 심사위원으로 있게 되면서 신인 발굴에 가속도가 붙은 배경을 무시할 수 없을 것이다. 이때의 '시인 등단'을 10년 단위로 묶어보면 다음과 같다.[2)]

---

2) 조남익 「대전의 문학지 발간 현황과 전망」(대전문학 제17호, 2008)

### 10년간 시인 등단(70년대 후반기 80년대 상반기)

| 연도 | 등 단 시 인 |
|---|---|
| 1975 | 김용재(시문학), 신정식 · 박정환(현대시학), 한상각(현대문학) |
| 1976 | 엄기창(시문학), 안명호(현대시학), 송한범(심상) |
| 1977 | 박명용(현대문학), 신협(심상), 이대영(월간문학) |
| 1978 | 김학응 · 이관묵 · 구재기 · 신봉균(현대시학) |
| 1979 | 손종호(문학사상, 중앙일보 신춘문예), 정진석(현대문학) |
| 1981 | 강신용(현대시학), 안초근(시문학), 변재열 · 한용구(현대문학) |
| 1982 | 양애경(중앙일보), 박재서 · 리헌석(시와의식), 전영관(경향신문), 오완영(현대시학), 김원태 · 곽우희(현대문학) |
| 1983 | 김백겸(서울신문), 도한호(월간문학), 최송석(시와의식) |
| 1984 | 배인환 · 박상일 · 김명수(현대시학), 윤형근(문예중앙) |
| 1985 | 백남천(월간문학), 전민 · 조미나(시문학), 박휘규(시와의식) |

(38명)

위의 표를 보면 알 수 있듯이 현재 대전과 충남의 능력있는 문인들로 문단을 이끌고 있는 이들이 이 10년간 사이에 집중적으로 대거 배출된 것임을 금방 알 수 있다. 이들은 곧 이 고장의 맥박이요 희망이었다.

그러나 대전문학후원회는 내 2년 임기가 끝나기 전에 위기를 맞는다. 나의 직장이 충남교육청 중등교육과로 전보(1990. 3. 1)되면서 어려워진 것이다. 후원회의 회원은 정한모 박사를 필두로, 이봉학 대전시장 등 명사들을 비롯하여 《대전문학》 2호에 55명이 발표된다. 3호에서는 15명이 나온다. 내 개인으로는 적지 않은 제자들이 동참해 주었음을 확인할 수 있다.

김주팔 회장은 서적상이란 단순한 직업이 아니요, 문화사업의 고귀한 이념이라는 남다른 사명감과 자긍심으로 사신 분이었다. 그는 통이 크고 추진력이 있었다.

대전문학후원회가 수포로 돌아가자 그의 사명의식은 대전중구의회

부회장, (사)한국서점인협회장, 서울평양교류협회 이사장 등을 역임하면서 중국 연변문예지 《천지》 49권을 영인본으로 발간한다.

《통일문학》은 10호째 간행하였고, 『리조실록』 번역본, 조선대백과사전, 조선문학, 소설 「황진이」 등 북한 서적 4,300여 종 24만권을 들여와 북한서적 전문점을 개점한다. 이런 남북교류에 앞장선 공로를 인정받아 정부로부터 국민훈장 석류장(2007)을 받는다.[3)]

그의 사후 나는 고인의 중씨 안내로, 문희봉 문협회장과 송은애 사무국장 등과 함께 그의 묘소(유성구 송정동)를 찾았다. 고인의 타계 3주기에 맞춰 묘역에 추모비를 건립하기로 하고, 모금운동(대전문학, 2012년 봄호)에 들어 갔으나, 유족의 고사로 중단된다. 그의 직계 유족으로는 미망인 이정윤 여사와 김필수, 양수, 태수, 종순, 은미 씨 등 3남 2녀를 두었다. 풍수지리로 그의 묘소는 부두의 선창과 같은 곳이어서 무거운 돌(비)을 얹을 수 없다는 이유였다.

### 3. 문화가 가난한 대전의 속사정

대전의 문화가 빈곤하다는 것은 무엇보다도 신흥도시라는 이유에서 찾을 수 있다. 역사가 짧은 만큼 기층문화의 형성이 얇을 수밖에 없다. 또한 한밭은 삼남 교통의 요충지답게 전국 각처의 사람들이 모이고 흩어지는 곳이다. 향토의식이 제각기 분산되어 있고, 이는 단합보다는 분파적 파당작용이 많은 이유가 될 것이다. 우리 대전문협도

---

3) 김주팔 대훈서적 대표 「50년 도서판매 외길인생」 (청풍, 2004년 6월호) / 김주팔 대훈서적 회장 「황진이와의 사랑에 푹 빠져 삽니다」 (청풍, 2009년 2월호)

이런 요소가 없지 않다.

급속한 대도시로 성장한 이면에는 고동치는 사회적, 정치적 활기가 있었지만, 문화적, 교육적 측면에서는 실보다는 허가 그림자를 길게 늘이고 있다. 대개 타향의 객들이 많이 모인 풍토에서는 관용의 미덕보다는 정처없는 '말·말'이 판을 치게 된다고 할 수 있을 것이다.

우리나라의 문단은 8·15 광복과 6·25 한국전쟁을 통하여 정치적 또는 인위적으로 재편성된다. 거대한 양대 이데올로기의 틈바구니에서 남과 북의 대이동이 이루어진다. 남한 문단은 한국전쟁에 봉착하자 크게 요동치면서 전쟁의 참상에서 잠을 깬다.

전선이 무너지자 한강 도강파들은 대구에서 합류하여 국방부 정훈국 소속하에 문총구국대를 조직한다. 전선종군, 방송원고 작성 및 방송, 일선장병 위문, 격문삐라 제작, 군가 작사 작곡, 대민 선무공작 등에 투입된다.

전선이 교착상태에 있을 때, 남한의 시단 분포 상황을 구상은 개략적인 근황과 함께 전한다. 이를 정리해 보면 다음과 같다.

대구 : 박두진, 조지훈, 박목월, 竹筍 동인들 李孝祥, 李潤守, 金東史, 林陽均, 李雪舟, 李鎬雨, 장만영, 朴貴松, 李相魯, 金潤成, 朴熏山, 金宗文, 김요섭, 신동집, 이덕진, 최광열, 전봉건, 吳蘭斯

부산 : 오상순, 변영로, 김광섭, 이하윤, 모윤숙, 노천명, 조향, 김경린, 박인환, 김규동, 김광균, 이한직, 조병화, 조영암, 허윤정, 이정호, 홍두표, 홍 원, 박영환, 공중인, 양명문, 박남수, 이승자

마산 : 김춘수, 이원섭, 金洙敦, 金世翊

진주 : 설창수, 이경순, 崔啓洛, 李炯基, 李鍾斗

통영 : 유치환, 이영도

진해 : 김달진

광주 : 서정주, 서정태, 김현승, 朴 治, 이석봉

전주 : 신석정

목포 : 이동주

대전 : 成者元, 丁薰[4)]

이 분포도에서 대구, 부산을 제외한 나머지 지역이 우리의 관심이라고 할 수 있다. 대구와 부산은 피난 온 문인들이 모인 일종의 집결지 성격이지만, 각 지역은 연고 문인이 거주하기 때문인 것이다.

대전은 말미에 성기원(1915~ ), 정훈(1911~1992) 두 분이다. 성기원은 호를 만초蔓艸라 했다. 충남 예산 출신으로 예산농고를 졸업하고 금융조합 서기, 신문기자, 은행원 등에 종사하다가 민생상호신용금고에 있었으며 대전에도 상당기간 살았다.(증언·최문휘)

그는 1936년 월간 《신인문학》 (주간 노자영)에서 「추우秋雨」 「밤·명상暝想」이 당선된다. 불과 21세 때의 조숙함을 보인다. 시집에 『무연총無緣塚』(1938), 『동일낙서冬日落書』(1964) 등이 있다. 연령은 정훈씨보다 아래였지만, 문단 연조는 앞서고 있는 셈이다. 그는 대구에서 '죽순' 동인으로 참가했고 육군종군작가단의 일원으로 활약한다. 《호서문학》 제3집(1956)에 시 「물망초」를 발표한다.

정훈은 정갑수丁甲洙가 본명으로 「유월 하늘」이란 시를 《가톨릭청

4) 구상 「시단 분포도」 (시와시론, 1952 11, 38-39쪽)
이지엽 『한국전후시연구』 (태학사, 1997, 40쪽)

년》(1935년 4월호)에 처음 발표한다. 그리고 첫 시집 『머들령』(1949), 제2시집 『파적』(1954), 제3시집 『피맺힌 연륜』(1958) 등이 나오기 시작한다. 소정의 '비등단 경력'은 그 위치가 위치였던 만큼 이후 박희선, 김대현, 이교탁 등의 포진과 함께 호서문학회는 물론 지역문단에 끼치는 영향이 적다고 할 수 없을 것이다. 문학의 예기 때문이다. 우리는 천재의 예기를 고무해야 할 일인 것이다.

해방 이후 각 지역에서 가장 먼저 나온 시 동인지는 진주의 《등불》(1946. 봄)로 꼽힌다. 첫 동인은 백상현, 설창수, 이경순, 노영란 등인데, 그 뒤 《영남문학》과 《영문》으로 두 번 개제하여 현재 《영문》으로 발행된다. 이곳을 거친 문인으로는 최계락, 송영택, 이형기, 이창호 등이 있다.

대구에서 나온 시와 평론 동인지 《죽순竹筍》(1946. 5. 1)은 이윤수가 대표이며 11집으로 종간한다. 유치환, 이호우, 박목월 등 영남의 기성시인들의 기고로 동인지라기보다는 범시단적 성격을 지닌다.

대전에서는 호서문학회에서 발간한 《호서문학》인데 종합문예지이다. 전선이 고착상태에 있을 때, 소정 정훈의 주도로 1집이 나오기 시작한다. 4집으로 종간된 이 문예지의 개요를 정리하면 다음과 같다. 아울러 《충남문학》이 그 창간호를 6집으로 계승한 것은 여기 「호서문학」 4집하고, 또 하나 호서문단 1집까지를 합친 것이다. 여기에 호서문단도 함께 정리했다.

**대전의 제1기 문예지 개요(호서문학, 호서문단)**

| 문예지 | 발행 | 판 형 | 주요필진 |
|---|---|---|---|
| 호서문학 제1집 | 1952.8.1 | 4x6 배판 30쪽 | 정 훈(창간사) 김형수 지헌영 유재륜 손을조 송기영 홍성규 한성기 한영진 임강빈 김소정 남준우 강소천 동 곡 송영헌 박상용 원영한 임희재 양기철 권선근 김병구 |
| 호서문학 제2집 | 1954.2.15 | 4x6 배판 (팜플렛) 12쪽 | 전 형 임희재 최영자 설창수 정 훈 오정현 이종학 김강정 도재희 최재문 홍효민 김지향 송기영 |
| 호서문학 제3집 | 1956.6.25 | 국판 192쪽 | 전 형 지헌영 김형수 박상용 청 마 설창수 김용호 김관식 정 훈 이재복 성기원 김강정 김대현 박희선 오승균 원영한 이교탁 전여해 김흥규 홍 봉 황일순 최영자 최승범 김명배 안명호 윤수병 고창환 정도석 이병춘 안세영 송석홍 권용두 김영덕 양 촌 정주상 양기철 |
| 호서문학 제4집 | 1959.2.1 | 국판 148쪽 | 김현승 김관식 최승범 정 훈 윤갑병 이교탁 이계룡 홍 봉 백 초 민용환 신정식 김강정 송석홍 여 해 박희선 구상회 김대현 권용두 오승균 유만엽 심상규 박영환 설창수 지헌영 원영한 김용우 정주상 김용철 전병석 성열균 |
| 호서문단 제1집 | 1956.3.1 | 국판 28쪽 | 권선근 이재복 이희철 전 형 김승옥 김원경 육봉심 김붕한 송기영 서석규 |

한편 문덕수 편『세계문예대사전』(성문각, 1975)의 하권에는「호서문학」(234쪽)이 소개된다. 그런데 "창간호에 수록된 작품과 집필진은 다음과 같다" 해놓고서 황당하게도 4집의 작품과 집필진을 소개한다. 연유를 알 수는 없으나, '의도된 오류'가 아닌지 의아스럽다.

《호서문학》의 공과에 대해서는 여러 가지로 말할 수 있을 것이다. 우리 나라에 신문학이 들어온 이후 대전에 처음으로 본격적인 문예지를 선보였으며, 그 수준 역시 양호한 편인 것이다. 우리 고장에 문학의 요람을 형성하고 창작과 친목의 분위기를 잡은 일단의 문단이 지금도 내려온다.

그러나 이 고장을 대표하여 온 그만큼 우리는 그 책무를 안타깝게 말하지 않을 수 없다.《호서문학》의 한계가 바로 문화가 가난한 "대전의 속사정"과 적은 듯 관련이 있음을 부인하기 어려울 것이다.

## 4. 신선한 시민문화의 개척

대전의 제1세대들인 지헌영, 정훈, 한성기, 박용래, 박희선, 김대현, 이교탁, 지광현, 김정수, 박명용 등이 대전의 땅에 묻힌다. 그리고 제2세대들이 대전 본토박이의 핏줄을 달고 광야의 씨앗처럼 출생한다. 새로운 대전의 주인들이 등장하는 것이다.

《대전문학》은 현재 56호(2012, 여름호)를 기록한다. 350여 쪽의 계간이다. 충남지부에서도 《충남문학》이 꾸준히 그 명맥을 이어간다. 우연찮게도 나는 《충남문학》은 문협의 사무국장 때, 《대전문학》은 초대지부장 때 창간의 산파역을 했고, 그 흐름을 지켜보고 있는 한 사람이 되었다. 안정되고 진취적인 문예지 동맥을 통하여 문인들의 창작 열기를 승화시켜 주어야 한다.

이제 동인지가 막을 내리는 때로 가고 있다. 동인지란 본래 문예지의 지면을 얻기 어려운 시기에 문인들 또는 문학지망생들이 발표욕구의 충족을 위해서 해 온 것이 대부분이다. 말하자면 가난한 시대의 문학 풍속도인 셈이다.

지금은 지면이 넘친다. 우리나라 문예지는 2011년 말 현재 313종, 2000년도 104종에서 3배가 증가한다. 한국문화예술위원회에서는 우수 문예지 40종 내외에 대해서만 지원하고 있다.

지금 대부분의 문예지들은 원고난을 겪고 있다. 문인들이 조금만 노력을 한다면 발표의 광장은 얼마든지 있는 상황이다. 굳이 시간과 정력 그리고 회비를 내면서까지 동인지를 묶어야 할 필요성이 적어진 것이다.

시대에 뒤떨어진 시인을 가리켜 아직도 '자연을 그리고 있는 자'라고 한다. 우리는 아무리 그것이 '신자연'이라고 하지만 『청록집』으로 되돌아 갈 수 없다. 우물 안 개구리가 따로 있는 것이 아닐 것이다.

지금까지의 《대전문학》은 기관지라고 하여 회원들만의 배부로 그 소임을 다한 것으로 내려왔을 것이다. 엄격한 의미에서 문예지의 본질은 기관지가 될 수 없다. 창작의 결집인 문예지는 정신문화에 있는 것이지 단체 운영의 실무에 있지 않기 때문이다.

책임 있는 문인이나 문학단체라면 시민문화에 대한 일정 부분을 담당할 수 있어야 한다. 신선한 시민문화의 개척을 위해서 그 주요한 내용을 정리해 보기로 한다.[5)]

첫째 《대전문학》을 좀 더 고품질, 명품에 의한 수준 올리기에 제도적 장치가 마련되어야 한다. 원고 심의위원회를 갖추고 심사를 시행하며 때로는 '작품 교체'를 요구하는 채널이 있어야 한다. 그리고 매호 일정 부분의 원고는 고료지불의 청탁원고를 실리도록 해야 할 것이다. 이제 문예지도 자강불식의 노력에서만이 살아남을 것이요, 이를 게을리 했을 때는 문예지가 고사되거나 원고를 기피하는 사례도 있게 될 것이다.

둘째 향토성과 지역성에 대한 창작요소를 계발하고 가치관을 정립하여 문예지의 특성화에 기여해야 한다. 이와 같은 특성화 노력은 정부에서 혈세를 지원하는 데에 대한 응분의 답이며, 시민문화 발전의 실체이기도 한 것이다.

우리는 '광주비엔날레'의 화려한 소식을 접한 바 있다. '문학메카'를 표방하는 광주광역시의 지방화 시대도 듣는다. 한밭문학메카는

5) 조남익 「대전의 문학지 발간 현황과 전망」(대전문화 제17호 2008)

지금 어디쯤 달려오는가.

셋째 시민문화에 접근해 가기 위해서는 계간 《대전문학》은 그 독자 개발과 확보에 땀을 좀 흘려야 한다. 이 글의 앞부분에서 《대전문학》 창간 때의 사단법인 대전문학후원회를 자초지종 소개한 바 있지만, 이 내용은 대체로 지금도 유효하다.

1구좌 5만원의 1회 입회로 평생회원 또는 10년 회원제로 하고, 연 4회 계간지를 받아보게 되는 이 제도는 순전히 시민문화의 개발 몫이다. 5만원은 송료인 것이다. 문협에서는 우선 100부 또는 150부의 일정 부분을 독자개발 또는 독자 확보 몫으로 투자하는 것이다. 이것이 5년 또는 10년 지속된다고 할 때, 신선한 시민문화의 새로운 장이 열릴 것이다.

지금까지 문인협회나 문학단체 등에서는 문인의 권익옹호 같은 주제에서는 매우 민감한 반응을 보인다. 특히 필화사건이나 부당한 인권유린 같은데서 빨랐다. 그러나 사회나 국민 등 대국적인 주제에 대해서는 조금 소홀하지 않았나 하는 느낌이 있다. '어용학자' '어용문인'은 우리 현대사에서 매우 치명적인 것이었기 때문이다. '어용 콤플렉스'에서 이제는 벗어날 때가 되지 않았을까.

시민문화 또는 시민문학은 간단히 정의할 수는 없을 것이다. 대체로 18-19세기의 자본주의 발전과 더불어 일어난 근대시민계급 의식을 반영한 일종의 부르조아문화 또는 그 문학이라고 하겠다. 신선한 시민문화를 공유하기 위해서는 시민들에 대한 우리의 인식이 많이 달라져야 할 것이다.

우리가 대상으로 하는 시민들은 대체로 학력이 높고 또 독서를 좋아하는 분들임을 유의해야 한다. 문학의 민도는 동서고금을 통하여 비교적 높았다. 그들이 문인들을 보는 눈은 대체로 낮은 편이다. 문인들이 글은 잘 쓰지만, 지적 수준이나, 사회관, 세계관 등에 있어서는 자기들의 우월의식을 감추지 않는다. 이런 회원을 확보하고 있다면 은연중 문인들은 자극과 배움을 많이 받게 될 것이고, '창작 불모지' 의 오명을 벗어나는 단서가 있을 수 있을 것이다. 의외의 수확이 또 있을 것이다.

지금까지 대전직할시 지부의 출범과 초창기의 어려움 가운데, 사단법인 대전문학후원회가 결성되고 김주팔 회장의 사비에 의해서 《대전문학》 창간호는 물론, 2, 3호까지 발간되었음을 밝혔다. 특히 당시에는 흔하게 보기 어려운 화보 등 기품있는 편집으로 창간호 경우는 5천부나 발행했다. 《대전시단》이 또한 2호까지 나왔으며, 대전문학상 시행에서는 그 상금을 20여년을 지원해 주었다.

이 문단유사는 단순히 어떤 개인을 찬양하기 위하여 쓴 것이 아니다. 아직 개척되지 아니한 시민문화로 접근해 가야하는 방법론으로 표출된 의미가 적을 수 없다. 고귀한 김주팔 사장의 유지를 상기하며, 신선한 시민문화가 새 영역으로 다가온다. 특히 문화를 성숙시켜 가야할 대전의 속사정을 살피며, 뜻있는 이의 지휘를 기다리는 것이다. 고정관념을 깨고 새로운 나의 모습을 발견하려는 것, 그것이 바로 창조의 시작이다. 우리는 모두 그러한 때가 반드시 오리라고 믿고 싶다.

끝으로 《대전문학》 창간호에 대한 서지학적 도움을 위해 그 수록 작품과 필진을 정리하여 '부록' 으로 보이면 다음과 같다.

## [부록] 대전문학 창간호의 수록작품 및 필진

14.7×23㎝ / 352쪽 / 발행인 김주팔
1989. 12. 30. 발행 / 도서출판 대훈사 발행
편집 : 한국문인협회 대전직할시지부
제자 : 남계 조종국 / 표지화 : 신현국

創刊辭 …… 趙南翼

■ 詩

갑사(甲寺) 계곡 …… 鄭漢模
公州에서 …… 姜信龍
아버지의 눈물 …… 金吉順
새벽 아이들 …… 金大炫
행복 …… 김백겸
逆風 …… 金英培
아가손 …… 金佾洙
어떤 背信 …… 김원태
이제 내가 대답할 차례다 …… 金丁洙
强性 구름 …… 金鶴應
사랑꽃 …… 金興植
요즈음의 염려 4 …… 도한호
별빛 시나위 …… 리헌석
여로 …… 박대순
白木蓮 …… 朴東圭
따뜻한 芋宙 …… 朴明用
춘향가(春香歌) …… 朴商一
귀뚜라미 울음 …… 朴順吉
要 새성경 …… 朴宰緖
餘白 …… 朴憲晤
山은 山이어서 …… 朴輝圭
가슴 …… 裵仁煥
갈증 …… 邊載烈
이어도 …… 손종호
별 뜨는 하늘 …… 愼 協
모닥불(시골길 121) …… 安明鎬
시양골 안효자 정문 …… 유동삼
誘蛾燈 앞에서 …… 柳在鳳
꽃과 바람 …… 劉準浩
사슴벌레를 찾아서 …… 윤형근
幻聽 …… 李大永
솔섬에서 …… 李道鉉
으뜸가는 MAGICIAN …… 李瑞仁
逆說 · 1 …… 李璋熙
視感 …… 田 玟
廢鑛에서 …… 全榮寬
작약꽃 …… 鄭眞石
싱싱한 눈빛으로 …… 趙根鎬
장마 …… 조미나
單首二題 …… 조일남
갈대 …… 朱根玉
장마 …… 崔慈英
아버지(4) …… 韓用九
거듭나기 …… 韓 洙

■ 特輯Ⅰ 내고장 作故文人들
韓性祺詩의 自然世界
그의 詩에 나타난 自然親和에 대하여 … 鄭眞石
싸락눈과 먼바다 사이 – 朴龍來 論…… 洪禧杓
情恨과 倜性의 二重奏 – 海亭 李敎鐸論 李道鉉

■ 特輯Ⅱ 나의 創作遍歷
詩集과 작품세계 ………………………… 金大炫
역행성은 내가 갖고 사는 文學的 理念… 金英培
시조를 통해 내 인생을 …………………… 유동삼
아동문학 모티비즘의 意識的인 遍歷 … 李瑞仁
詩를 쓰는 행위 ………………………… 崔元圭

■ 隨筆
元老敎師 有感 ………………………… 강나루
사랑이라는 것은 ……………………… 이정웅
夫婦和合의 길 ………………………… 洪在憲

■ 短篇小說
姜老人의 哀話 ………………………… 洪性福

■ 大田文學·論壇

전영관 동시집 「산골에서 온 편지」 …… 朴順吉
이도현 시집 『빛과 바람 사이』 ………… 劉準浩
「朱紅글씨」에 나타난 '罪'의
개념과 基督敎的 救授觀 ……………… 申翼浩
□ 童話
복 이야기 ……………………………… 김영훈
부처님은 무슨 떡을 좋아하시나 ……… 박진용
다람쥐 마을 전설 ……………………… 정만영

■ 번역
아리스토텔레스의 詩學 리온골든 …… 崔翔圭

■ 大田文學·企劃
우리나라 직할시 문단은 지금 이렇게 활동하고
있다. – 부산직할시편 …………… 부산 강영환

---

해변시인학교 백일장 수상작
제7회 한밭백일장 수상작
제1회 大田文學賞審査經緯
수상소감 ……………………………… 鄭眞石

---

대전문학후원회를 발족하면서 ……… 김주팔

---

한국문인협회 대전직할시지부 정관
한국문인협회 대전직할시지부 회원명단
대전문학후원회 회원 대모집

□ 창간 휘호
창간갤러리 金永德 李坤淳
창간갤러리 鄭茗熙

□ 화보 7면

– 《대전문학》 58호(2012, 겨울호)

# 문화예술의 사회적 가치실현론

## Ⅰ. 복지주의 체제의 문화정책

문화예술 활동은 본래 개인의 완결성이 강하고, 개인적 취향이 거의 절대적인 것이라고 할 수 있다. 이런 사정은 춘원 이광수와 육당 최남선의 이른바 '2인 문단'까지 소급하지 않더라도 현재도 거의 일반화된 인식이라고 하겠다.

그러나 산업발전을 제일 목표로 삼았던 시절을 겪고, 경제적 안정과 번영이 성취되면서 문화예술을 향한 정책적 비전이 떠오르기 시작한다.

문화강국을 지향하는 김대중정부가 펼친 정책은 문화예산을 사상 처음으로 전체의 1%를 확보하는 것이었다(2000년). 이어 박근혜 정부에 와서 '문화예산 2% 공약'이 있었고, 국민의 행복감을 키우는 문화융성 정책을 표방했다. 현재 정부에서는 매월 마지막 주 수요일을 '문화가 있는 날'로 시행한다. 이 날은 영화관, 공연장, 박물관, 미술관 등에서 관람료를 받지 않거나 할인해 준다.

이런 변화에서 간과할 수 없는 것은 인간의 행복에 대한 근원적인 모색으로부터 사람의 '아름다움'에 대한 정책적 인식이 윤리의식과 연결되어 있는 점이다. 도덕에는 악행의 금지는 물론 선행의 촉진 기능이 함께 한다. 범죄로부터 해방된 사회, 그것은 정치의 오랜 궁극적 이상이라고 하겠다.

옛말에 형조불용刑措不用이란 말이 있다. 형벌을 아예 폐지해 버려 쓰지 않을 정도로 나라가 잘 다스려짐으로써 죄 지은 사람이 없음을 뜻한다.

문학은 삶의 가치를 승화시키고, 고양하는 에너지원으로 작용한다. 문학은 인문정신의 정수를 뜻하며, 문학의 위기는 인문학의 위기로서 독서의 위기와 맞물린다. 특히 물질주의 팽배, 비인간화의 심화, 가치관의 전도 등 오늘날의 문학의 위기는 필연적으로 인간의 정서적 고갈로 이어지며 인간성을 위축시킨다.

인문학은 비유컨대 자기 세우기의 학문이라고 할 수 있을 것이다. 자연과학이 물질차원에 확정되어 있다면 인문학은 정신차원인 것이다. 인간의 정신적 측면을 풍요롭게 함으로써 시대적 또는 세태적 위기를 극복해주리라는 기대가 합의되어 있다. 문학교육을 통해 인간성의 존중과 문화적 고양을 높이려는 열망이 여기 있다.

그러면 우리 지역에서는 문화예술에 대한 공공성 지원체제가 어떻게 진행되어 왔는지를 보기로 한다.

민선5기(주. 염홍철 시장)에 있어서 대전광역시 문화정책의 시정방향은 "문화예술로 행복을 나누는 문화특별시"라고 했다. 즉 문화예

> 술을 대중화하도록 활성화시키고 소외계층에게 문화예술 향유 기회를 확대해서 시민 모두가 행복한 고품격 문화예술의 도시를 조성하겠다는 것이다. 이 시정 목표를 두고 대전광역시와 대전문화재단에서는 각각의 추진전략을 내세우고 진행해 나갔다.
>
> 먼저 시에서는 하드웨어적 구조적 방안으로 생활밀착형 문화예술 기반시설을 대폭 확충해 나갔다. '대전문학관 설립' '무형문화재 전수시설' '테미예술창작센터 개관' '국악전용공연장' '무형문화재 전수장' '대전문화예술센터 준공' '소극장 건립지원' 등이 그것이다. [1]

이 글은 특집「전국광역자치단체 예술문화정책 평가 및 전망」에서 대전광역시를 소개한 글이지만, 비교적 정확한 진술을 보이고 있으며, '대전문학관 설립'이 된 배경을 참고할 수 있을 것이다.

사실 '대전문학관'의 개관이나 '대전문화예술센터 준공(현 대전예술회관은 임대건물)' 등이 갖는 상징성은 적은 것이 아니다. 물론 서울에 비하면 뒤늦은 것이고, 규모도 적은 편이지만, 문화예술의 사회적 양상을 바꾸어 놓은 초유의 사건이라 해도 될 것이다.

오늘날 복지주의 체제의 문화정책과 공공적 지원은 영국 케인즈(J. M. Keynes, 1882~1946)의『예술과 국가』(1936)에서부터 나온다. 그는 뛰어난 경제학자였지만 문화예술에 대해서도 체계적인 이론과 틀을 제시한다.

그는 1919년 파리 평화회의에 대장성大藏省 수석대표로 참석하여 배상안의 수정과 융화를 주장하다가 사직한다. 케인즈는 독일의 전쟁

1) 도완석,「창조형 도시 미래를 꿈꾼 민선 5기, 그 대전 시정의 문화예술 이야기」,『문화예술비평』(2014, 가을호)

배상금이 세계경제 발전에 화근이 될 것을 지적하고 국제간의 전채소각을 주장하여 세계적으로 유명하게 되었다.

그의 「예술과 국가」에서는 예술의 공공성 기여 관점에서 본 서열이 있는데, 건축예술을 첫째로 한다. 이어 음악, 극장의 공연예술, 조각 순이었는데, 문학은 매우 사적이고 개인적인 성질로 보고 낮은 편에 서열을 두었다. 케인즈의 이런 생각은 예술을 예술소비자, 향유자의 효용을 높게 본 때문이다.

'문화국가'란 '문화적인 국가'란 뜻이다. 문화예술에 관한 권한은 국가의 문화고권文化高權이고 공법학 영역에서 현대국가의 개념으로 제시된다. 1980년대에 독일에서 논의가 가장 활발했던 것으로 알려진다. 미국에서도 '국가정책으로서의 예술진흥'의 논의가 오래 지속되어 왔다.

이러한 정책의 밑바탕에는 우수한 작품이나 예술을 지향하는 '선별적 우량주의'였고, 문화예술이 문화국가의 정체성을 형성하게 된다는 배경이 있었다.

제2차 세계대전 후 선진국들은 복지국가 정책노선이 지배적이었다. '국민을 위한 문화'라는 위상을 분명히 했다. 또한 민주주의 체제에서는 문화정책이 민주주의와 한 몸을 이루게 된다. 그것은 민주주의 사회를 견인하는 동반조건이기 때문이다.

우리나라에서는 경제성장과 민주주의가 정착되면서 뒤늦게 체제에 진입한다. 문화예술에는 공공성과 도덕적·인본적 배려가 뒷받침되고, 모든 국민이 평등하게 소비문화로 향유할 수 있는 사회발전의 일환인 것이다.

다음으로는 '문화예술'이라는 용어에 대하여 정리할 필요가 있을 것이다. '문화'란 말이 워낙 널리 쓰이다 보니 '문화'와 '문화적인 것'까지를 뒤섞어 쓰는 경향이 있다. '예술'이란 용어도 근세 개념인 '교양·세련' 그리고 '정신활동' 또는 문학, 음악, 미술 등을 포괄하는 개념이 되었다.

현재 '문화예술'과 '예술문화'는 상당히 혼용되어 쓰인다고 보아야 한다. 그러나 서로 다른 뜻을 지닌 '문화'와 '예술'을 '문화예술'이라고 쓸 때 '예술문화'는 조금 좁은 범위로 본다.

'문화예술'에 대한 가장 기본적인 정의는 「문화예술진흥법」에도 나타난다. "문화예술이라 함은 문학, 미술(응용미술을 포함), 음악, 무용, 연극, 영화, 연예, 국악, 사진, 건축, 어문 및 출판"(제2조)을 포함한다고 규정하고 있다. 하위 개념인 '예술'을 모두 포함한 뜻이 이 '문화예술'로 법제화한 것이라고 하겠다.

여기에서 '문화산업'의 개념도 짚는 것이 좋을 것이다. 「문화예술진흥법」 제2조 2항에서 '문화산업'이란 "문화예술의 창작물 또는 문화예술용품을 산업의 수단에 의하여 제작, 공연, 전시, 판매를 업"으로 규정하고 있다.

또 「문화산업진흥기본법」 제2조 1항에서는 '문화산업'이란 "문화상품의 생산, 유통, 소비와 관련된 산업"으로 정의하고 있다.

문화예술의 정책범위는 어떤 것일까. 대칭적인 비유로 예술을 들고 있다. "예술보다는 문화예술을, 문화현상보다는 문화활동을, 문화창조보다는 문화소비를, 뛰어난 소수보다는 뜻있는 다수를, 현란한 문화평론보다는 실용적인 문화정책을 챙기고 싶다"[2] 고 한다.

정책적인 문화예술에서는 그 본질의 우량주의나 천재적인 소산을 요구하는 것이 아니라, 일반 대중을 위한 보조적인 문화예술 사업임을 천명한 것이라고 하겠다.

## II. 문화예술의 가치탐구 배경

문화예술이란 문화인류학적 용어로서 "특정 인간집단에서 공통으로 나타나는 행동양식 또는 생활양식"으로 본다면, 이의 가치 탐색과 논의의 중심을 살펴볼 필요가 있을 것이다.

문화예술에는 고도의 창의력에 의한 순수예술이 있지만, 한편으로는 일상 의식주 속에서 나타나는 생활문화도 있다. 양자는 뚜렷한 구별이 있는 것이 사실이지만, 이들은 서로 영향을 주고 받는다. 생활문화에 기반을 갖지 못한다면 예술은 존재할 수 없다. 또한 예술성이 없다면 생활문화의 발전도 기대할 수 없게 된다.

문학은 위대한 작가가 사상과 미적 구조를 갖춰 쓴 고도의 문학성의 소산이지만, 그렇다고 작가가 곧 권위를 지니고 독자에게 군림하던 시대는 지났다. 교육수준이나 문화의식이 높아진 오늘날의 독자는 단순한 수용자로 머물러 있는 것이 아니다. 때에 따라서는 지식이나 안목에서도 작가보다 월등한 위치에 있는 것이 현실이고 보면, 독자와 작가의 위상은 대등한 위치로 굳혀간다. 여기에 문학이 문화의

2) 이홍재, 『문화예술 정책론』, 「펼치는 말」(박영사, 2005.)

한 양상으로 등장한 현대적 위상이 있고, 문학이 또한 문화의 한 양상으로 수용된다.

한편 90년대부터 우리 나라의 현대시 체험은 시인의 양산시대로 접어 들었다. 시인은 스스로 '작은 이야기꾼'이 되어 일상적 삶의 세목으로 관심하는 풍토가 된다.

"문학은 사회역사적 조건에 필연적으로 상응한다"는 일반적 논리보다는 일상시의 연장선에서 즉물적이고, 우연적인 순간 포착을 능하게 묘사한다. 삶의 표면(표층)만을 다룬다고 해서 이를 '표층시'라고 명명한 이도 있다.

독창적 개성의 고갈, '실험'이라는 미명하에 황폐한 기만적 표현 등 시인이나 작품 수준이 모두 평준화 추세로 가고 있는 현실이다. 특히 비어속어 외설언어의 구사는 오염도가 심각한 편이다.

시란 본래가 마음을 표현하고 경험의 공유와 삶의 관조 방식에 대한 깨우침의 장르이다. 기억력보다는 상상력이 낫다고 하는 것은, 상상력이 문학의 본령이기도 하지만, 그 풍부한 정신적 요람과 만나기 때문인 것이다. 시를 읽는다는 것은 우리의 삶을 들여다 보는 것이다.

냉정하게 생각하며 이성적인 참회의 광야에 서는 것은 태생적으로 세상에 대한 관심이 가득하며, 공리적인 관계를 초월하는 작가, 시인, 사상가들인 것이다. 이들의 상상력과 미적 감수성에 의하여 "위대한 도는 험난하지 않다"는 인류의 이상을 내다 보게 된다. 문학이 종교와 근접한 관계에 있고 통일의 조화와 인간성 회복의 오랜 투영을 염두에 두어야 하겠다.

상상력이 창조적 속성을 띤다는 것은 이미 평범한 이야기인지도 모른다. 칸트는 상상력을 재생적 상상력과 생산적 상상력, 그리고 미학적 상상력으로 구분한 바 있다. "예술은 천성이다"고 한 것은 프뢰벨이었다.

> 내 마음 속 우리 임의 고운 눈썹을
> 즈믄 밤의 꿈으로 맑게 씻어서
> 하늘에다 옮기어 심어놨더니
> 동지 섣달 나는 매서운 새가
> 그걸 알고 시늉하며 비끼어 가네.
>
> — 서정주 「동천冬天」 전문

설명적 요소를 배제하고 복합적인 은유로서 고도의 상징적 수법을 압축시킨 시이다. 미학적 상상력이 차거운 겨울하늘을 전혀 이채로운 공간으로 바꿔놓는다.

이 시에서 눈썹, 꿈, 하늘, 새 등이 모두 상징성을 띤다. 상징물 사이에 변전이 형성됨으로써 일종의 신화적 골격을 갖춘다. 원형 이미지에 의한 가치의 증폭을 보인다. 인간은 '놀이'의 본능을 가지고 있고 시를 비롯한 예술의 원초적 기능으로 이어온다. 서정주의 시 역시 문화예술의 근원적 분위기에서 천진난만한 동시적 요소가 있음을 보게 된다.

그러면 문화예술에 대한 정책의 주제는 어떤 것이 있는가. 이홍재는 그의 「문화예술 정책론」에서 가치의 실현, 중심적 역할, 협동적 집행, 공진화 유도 등 4가지를 들고 있는데, 이를 중심으로 간략히 정리하면 다음과 같다.[3)]

---

3) 상게서 「펼치는 말」 참조

첫째로 가치의 실현이다. 문화예술이란 고유가치, 인본주의적 가치, 이미지 가치, 소통 가치에 두어야 함을 든다. 고유가치는 "금전적 기준이나 측정으로 계산될 수 없는, 그것이 존재하는 것 자체에 가치가 있다는 것"이라고 한 러스킨(J.Ruskin)의 말을 상기시킨다.

문화란 한 세대에서 다음 세대로 계속 이어진다. 또한 여기엔 가치의 맥이 전달되는 특성이 있게 된다. 문화예술은 이러한 지속발전으로써 문화의 공존·공생을 하게 된다. 가치의 실현에 정책의지를 갖고 지원함으로써 공진共進해 나갈 것이라 했다.

둘째로는 중심적 역할이다. 중심적 역할에서는 사회발전 이끌기, 인력자원의 개발, 산업경제 수준의 제고, 과학기술과의 정책결합을 들고 있다. 사람이 '사람답게 사는' 세상의 중심요소로서 고품격 소비사회화, 여가의 문화적 보장을 들며, 지역사회 속의 문화발전을 위해서 지역의 정체성과 지역사회 발전의 견인차가 되어야 함을 강조한다.

다시 말하면 지역사회의 물리적 환경을 조성하고, 예술이 사람을 모이게 하여야 하며, 지역사회의 다양한 소비잠재력 개발을 하면서 생활문화의 보편성을 종합정책으로 잡아야 한다.

셋째는 협동적 집행이다. 문화단체의 파트너십, 국가의 발전정책 개발, 법·제도의 밑받침, 비영리 단체의 활동 등인데 문화정책의 공공성을 높이기 위한 개념이다.

그것은 공공부문의 의무라고 볼 수 있다.

공공公共이라는 말을 일반적으로 '사람들, 주민들의 일'을 뜻한다. 이때 민간기업, 비영리단체, 시민들의 행동이 공공성을 갖는 데 대해서는 가장 적극적으로 받아들여야 한다. '문화국가'를 지향하는 파트너십의 정신이 여기 있다.

넷째 공진화 유도는 소비와 수요 늘리기, 생산과 공급의 활성화이다. 지원정책의 방향이다. 지금은 문화소비의 폭발시대라고 해도 과언이 아닐 것이다. '문화향유'와 '문화소비'는 약간 다르게 쓴다. '문화향유'가 전문적인 지식과 여유있는 조건의 경우라면, '문화소비'는 폭넓은 일반적 경향을 가리킨다.

문화시대에 들어와 국민들의 소비구조나 내용은 다르게 나타난다. 문화활동이나 여행 그리고 오락비, 교양생활비, 교통통신비의 점유율은 꾸준히 폭발적인 추세인 것이다. 문화소비를 인본주의적 관점에서 보면 문화역량의 축적이며, 생활양식의 새로운 변화인 것이다.

### Ⅲ. 지역문화의 견인 역할

대전문학관이나 대전문화예술센터(대전예술회관)는 우리 지역을 대표하는 문화예술의 전용 건물이다. 불과 10여 년 전만 해도 상상하기 어렵던 지역문화의 센터가 들어선 것이다.

뿐만 아니라 이런 전국적 방계조직으로는 자치단체에서 운영하는 각종 문학관이 설립되어 지역문화의 견인 역할을 한다. 부여의 신동엽문학관, 공주의 풀꽃문학관(나태주 시인), 경북 청송에 객주문학관(김주영 소설가). 경남 통영에는 청마문학관(유치환) 등이 그것인데. 전국적으로 없는 곳이 없을 정도이다. 문인들을 기리는 것으로는 옛날에는 시비·문학비가 있었다. 그러나 지금은 문학관으로 바뀌었고 문학관에서는 해설사까지 배치되어 여행객들의 편의를 돕는다.

다음에는 대전문학관에 대한 관계 기록을 보이면 다음과 같다.

> 2012년에 개관한 대전문학관이 빠르게 안정을 찾고 효율적인 시스템을 갖추게 된 것은 다행한 일이다. 〈대전지역 대학생 문학동아리 연합전〉과 같은 행사는 사실 대전문학관이 아니고서는 추진하기 어려운 사업이기 때문이다. 2013년 한 해 동안 이루어진 대전문학관의 실적을 보면 〈전국 문학관대회〉는 문학관 홍보와 타 문학관과의 연대 구축의 성격이 강하지만 〈출향문인 만남전〉과 〈명사시화전〉, 〈원로문인 회고전〉 등 그야말로 대전문학관만이 추진할 수 있는 규모가 큰 전시사업을 추진했으며 〈토요일은 문학과 놀자〉와 같은 교육 프로그램을 운영함으로 시민들의 많은 호응을 받았다.
>
> 사실 문학관의 가능이 문화적 유산 및 유품의 보존과 전시뿐만이 아니라 지속적인 문학교육을 실시함으로 문학 애호의식의 함양과 더불어 시민들에게 유용한 문학정보를 제공하는 지역문화의 센터 역할을 해야 한다면 대전문학관은 비교적 성실하게 본분을 다하고 있는 셈이다. 그러나 대전문학관의 사업 중에 가장 주목을 받을 부분은 〈대전문인사진·영상 아카이빙〉 사업일 것이다. 고령화 추세라지만 원로 문인 가운데 세상을 떠나는 분들이 있어 안타까워하던 중 대전문학관이 지역방송국 CMB와 협력하여 생전에 영상물을 제작하고 매월 마지막 주 일요일에 TV로 방영토록 한 것은 시의 적절한 사업 추진이라 하겠다.[4]

오늘날 문인양산시대는 대전에서도 예외가 아니어서 대전문협(303명), 호서문학(140명), 대전작가회의(110명), 대전펜본부(76명) 등 전문 문학단체에 포함된 문인은 모두 600여 명이 넘는 것으로 추산된

4) 손종호, 「대전문학의 성과와 과제」(대전문화재단), 『2013 대전문예연감』

다. 한편 권득용 시인도 그의 『일어서라, 벽을 넘어야 별이 된다』(개미, 2014)에서 대전에 근거를 두고 활동하고 있는 작가는 2012년 현재 공식적으로 약600명을 넘는 것으로 제시했다. 시 360명, 시조 33명, 소설 45명, 평론 43명, 수필 84명, 희곡 7명, 아동문학 31명, 외국문학 14명, 번역 3명 등 장르별로 인원을 밝힌다.

대전문화재단에서는 이들 단체 또는 개인에게 창작지원금을 해마다 지원한다.

윗글에서 언급된 CMB의 TV방영은 '대전문학의 향기' 였다. 원로시인 10여 명이 선정되어 인터뷰 형식으로 방영되었던 것이다. 언론에 의한 집중적인 작품세계의 소개는 지역사회에서는 처음의 일이다.

「문화예술진흥법」 제4조에 근거한 대전문화재단은 대전시장을 이사장으로 한다. 2009년 9월 설립(초대 대표이사 박강수, 현 박상언 대표이사)되었으며, 예술창작지원금을(문학의 경우 신청 55건에서 36건이 선정되어 1억 2천 9백만원(문화예술 전체 14.48%)이 지원되었다.[5)]

전문문학단체들은 일종의 비영리문화단체(NPO)인 것으로, 조직구조와 운영측면에서 보면 일반 조직과는 다른 특징을 지닌 대체로 재단 성격을 갖는다. 이들 비영리 문화단체들은 공공성을 스스로 부여하면서 대거 등장하여 활동한다. '자발적 공공 역할' 의 뜻이 있다.

'NPO의 천국' 으로 일컬어지는 미국에는 약 140만 개의 비영리단체가 NPO로 등록되어 있고, 대략 800만명이 종사하는 것으로 알려져

---

5) 『2012 · 2013 연차보고서』(대전문화재단, 2014)

있다. 일본의 경우도 비슷한 정책적 규모에 있다.

그러나 우리 지역의 경우는 법적으로 보호는 받고 있지만, 재단법인 또는 사단법인 등의 자발적 운영은 아직 미약한 실정인 것으로 보인다. 사회 구조상 NPO의 위상은 공공부문과 사적 부분 등과 나란히 '제3부문'으로서 자리매김이 되고, 비영리시민단체로 자리 잡게 된다.

NPO활동에 대한 우대의 핵심은 세제혜택이라고 본다. 아울러 개인과 민간기업, 또는 재단의 기부활동을 유도할 때도 합법적인 면이 있게 된다. 대전문화재단은 창작지원금과 함께 문학전문단체들에 대한 법적 근거의 측면을 전문적으로 검토해 주는 역할이 있었으면 한다.

독서의 인문학적 가치는 막중하다. 앞에서 언급한 바 있지만, 인간은 언어적 존재이다. 언어학은 물론 문학, 철학, 심리학, 사회학, 문화학 등의 영역에서 가치, 즉 정신을 심어 온다. 독서에서도 고전에 대한 방향은 문학교육의 산맥이라 해도 좋을 것이다. 고전 예찬에 대한 예를 보기로 한다.

> 고전은 아득해서 좋다
>
> 시간으로 아득함은 공간으로 아득함보다 오히려 이국적이요 신비적이다. 고분조신古墳照神의 그윽한 경지는 고탑古塔의 창태蒼苔와 같이 연조라는 자연이 얹어주고 가는 가치이다. 창연蒼然함! 오래 울궈야 나오는 마른 버섯과 같은 향기!
>
> 이것은 아무리 명문이라도 일석일조에 수사修辭할 수 없는, 고전만이 두를 수 있는 일종의 배광背光인 것이다.[6)]

---

6) 이태준, 「문장의 고전, 현대 언문일치」(《문장》14, 1940.3)

일찍이 시에 정지용鄭芝溶이 있었다면, 소설에는 상허想虛 이태준李泰俊이 있었다. 고전에 대한 예찬도 예찬이지만 평범할 듯한 글의 경지가 아연케 하는 바가 있어 여기 인용해 본 것이다.

고전 교육을 비롯한 문학교육은 민주정치가 당파정치, 투표정치로 변질되고 있으며, 근시안적인 이익 추구로서 인문사상의 위기가 높을수록 더욱 절실한 바가 없지않다. 시대의 위기감이 있을 때마다 큰 사고틀의 전환이 요구된다. 그럴수록 배롱나무의 백일홍처럼 근원으로 돌아가야 할 일인 것이다.

"도는 광대한 허공처럼 완전하다. 모자람도 남음도 없다"는 천인합일天人合一의 원대한 뜻을 내다볼 일이다. 우리 사회는 상류와 하류 계층의 5%가 도덕성이 취약한 계층이라고 한다. 상상력이 결핍된 인간의 삶은 원시적인 본능 차원을 벗어나기 어렵다.

대전문학관은 우리 지역의 문학전문기관으로서 새로운 희망의 빛이다. 아직은 좁은 규모이고 불완전할 것이지만, 일찍이 가져보지 못한 첫 공공지원센터로 우뚝 선다. 따라서 어떤 특정한 인기나 전시성에 너무 연연하지 말고 이 지역의 문화를 지키고 가꾸는 대부를 자임해도 좋을 것이다.

문학교육은 문학정신의 실천 차원을 중심으로 수행되는 문화양상이다. 어떤 삶이 가치있는 삶인가의 물음을 내면화하고 지속할 수 있도록 하며, 이런 물음에 대한 응답할 의무가 문학교육, 특히 고전교육에 있을 것이다.

대전문학관은 일차로 대전은 물론 충남까지를 포함한 전래적인 언어문화, 출판문화의 산물을 수집하고 보존의 큰 의무가 있을 것이다.

대전에는 규모가 큰 한밭도서관을 비롯하여 각 곳에 공공도서관이 설립 운영되어 있고, 상당한 수준을 유지한다. 문화국가의 면모가 이미 출발되어 있음을 느낀다.

대전문학관은 앞으로 일반도서 등은 그쪽에 맡기고 '한밭향토도서관'의 성격을 지닌 도서관을 발전시켜야 할 것이다. 여기의 문인들은 물론 출향인까지의 저서들을 모으고, 정기·부정기 간행물들도 수집해서 50년 100년이 가도 향토문헌의 보고로서 그 위상을 세웠으면 한다. 그것은 이 고장의 문화인 동시에 혼이요 정신의 실체가 될 것이다.

사실 지금까지의 한국문단은 중앙집권적인 것이었다. 그러나 이제는 문인의 군집도가 대전에도 수백 명에 이르고, 그 저서들도 양산시대로 접어들었다. 참으로 지방의 분권화시대, 지방화시대가 온 것이다.

대전문학관은 지역 문인과 출향인사, 그리고 공공기관이나 출판사에 이르기까지 협조를 구하고 이를 위한 예산의 확보도 있어야 할 것이다.

이는 곧 이 고장의 정체성을 키우고, 문학의 전당으로서의 지위를 확보하는 자산이 될 것이다. 그러나 기존의 출판물을 구하여야 하고, 신간의 협조를 구하는 등 양면의 기본적이고 장기적인 사업임을 감안하는 결단이 또한 있어야 할 것이다.

— 『대전문학』(2015년 봄호)

# 《충남문학》은 어떻게 창간되었는가

1968년 3월 내가 나의 본적지이며, 내 문학의 시신詩神의 고향이기도 했던 부여(홍산농고)에서 대전고등학교로 직장을 옮겼을 때, 나는 33세의 젊은이었다. 부여에서 백류문학회(1958. 3~1964. 12)를 이끌었고, 지금도 아우가 고향을 지키고 있지만, 나는 부여에서 19대를 대이어 살아온 전형적인 토박이었다.

내 시의 향토성, 토착인의 자연 정감, 백제혼, 충청도 연작시, 나아가 민족혼의 천착 등 나의 시세계는 나의 성장지와 무관하지가 않다.

나는 고향에서 이미 《현대문학》의 3회 추천을 완료한 터였다. 그리고 에세이집 『사색의 연가』(송하섭 이원복 이정웅 조남익 공저, 1967)로 인하여 대전권 문인들에게도 조금은 인사가 되어 있는 셈이었다.

당시 충남문협은 예총지부장이신 권선근 선생이 오래 겸하고 계셨다. 지금 동양백화점 자리는 시민회관으로 영화 상영을 주로 하는 극장이었다. 그 옆에 대전문화원이 바싹 붙어 있었고, 거기 아래층이 예총지부 사무실이었으며, 박남호씨가 사무국장으로 계셨다.

문협의 회원은 20명이 채 안 되었다고 기억된다. 권선근, 정훈, 이재복, 한성기, 박용래, 김대현, 임강빈, 최원규, 최문휘, 유동삼, 한상수, 송하섭, 정재수, 신관우, 이석호, 김제영, 강금종, 백용운, 전형 씨… 등이었을 것이다. 말하자면 《호서문학》 4집(1959)을 끝으로 하여 10년 간의 깊은 침체기에 빠져 있었다.

그리고 조국 근대화의 새마을운동이니 하는 경제 부흥이 아직 가시화되지 않은 전근대적인 빈곤의 너울이 덮고 있던 때였다. 내가 근무하는 대전고등학교는 서울대학 입시에 이 고장을 대표하는 명문이었지마는 한편에는 가교사가 남아 1학년이 거기서 공부하고 있었다.

1968년 겨울 문협의 연차총회가 음식점에서 열렸다. 참석인원은 10여 명 정도였다.

나는 몇 분과 상의를 하고, 문협을 활성화하기 위해서는 권선근씨가 겸직하고 있는 문협지부장은 딴 분이 하는 것이 좋겠다고 생각했다. 정훈 선생께 타진을 하게 되었는데, 만장일치로 추대해도 문협지부장을 안 하시겠다는 말씀이 있었다. 다음 이재복 선생으로부터는 내락의 말씀이 있었다. 이런 준비만 가지고 회의에 참석했다. 회원이 얼마 안 되므로 섣불리 말하기도 어려웠다.

회의는 겸직을 분리하는 쪽으로 진행되어 이재복 지부장, 김대현 부지부장, 조남익 사무국장으로 임원 개선이 이루어졌다. 당시 이재복 선생은 참석하시지도 않았다.

권선근 선생은 대범하고 관대한 분이었다. 문협의 발전을 위해서는 젊은이에게 일을 맡겨야 한다면서 여러 면으로 도와 주었다.

이재복 지부장은 보문중고등학교장으로 있으면서 자연 술값을 많이 내셨고, 사무국장의 일을 전적으로 뒷받침해 주었다. 새 임원진은 회원조직에 착수해서 회비제를 도입하였고, 30명 정도로 확대하기도 했다.

그러나 무엇보다도 문예지의 발간이 급선무였다. 작품 발표의 지면이 너무도 귀한 때였다. 이 고장 문단은 완전히 비어있는 셈이었다. 전국적으로도 《현대문학》이 거의 유일한 지면이었고, 《현대시학》《문학》《한국문학》 등이 1966년 창간되어 겨우 선보이고 있을 뿐이다.

《충남문학》 창간을 위해서 여러 면으로 고심하고 있던 중 예총 권선근 지부장으로부터 제의가 왔다. 출판비를 전액 부담하겠다면서 세 가지 조건이 있었다.

(1) 발행처를 출판비를 부담하는 예총으로 하여 줄 것(문협은 편집인)
(2) '창간호'로 하지 말고 지금까지 우리 고장에서 나왔던 《호서문학》(4집), 《호서문단》(1집)을 모두 묶어 승계하는 '6집'으로 할 것.
(3) '시단'은 '지상 시화전'으로 편집할 것

여기서 문제가 되는 것은 (1)(2)였다. (1)은 충청남도의 지원을 받으려면 '예총'이라야 한다는 것이었고, 따라서 '발행처'는 불가피하다는 것이다. (2)는 10년이나 이어온 침체기에 있으므로 별다른 이의가 없었다. 호서문학회에 관계했던 분으로는 정훈, 김대현, 이교탁 세 분이 유력한 분이었는데, 전통을 이어준다는 것은 고마운 일이라 하였다. 창간호만 내놓고 단명만 하느니 전통을 이어가는 것이 대국적 견지에서 바람직한 일이라 하였다.

내 입장에서는 '창간호'가 욕심나는 일이다. 그러나 너무 오래 침체기로 이어진 '10년의 벽'을 깨기 위해서는 이런 자잘한 일에 구애받을 수가 없었다.

결국 승계하는 문예지의 표지를 사진 찍어 화보로 담고, 목차까지 수록해서 80쪽 미만의 문예지를 내기로 했다. 사방으로 기존 문예지를 찾아 수소문했다. 《호서문학》 1집(1952), 2집(1954)은 어떻게 권선근 선생이 구해 주었고, 3집(1956)과 4집(1959)은 김대현 선생에게서 나왔다. 《호서문단》 1집(1956)은 이재복 지부장이 구해 주었던 것 같다.

이렇게 해서 《충남문학》 6집은 1970년 벽두에 명실상부한 이 고장의 대표적인 문예지로 탄생하였다. 문협 편집/ 예총 발행/ 제자 이재복/ 표지 이인영의 89쪽의 책자였다.

이 문예지는 그 동안의 분파적인 앙금을 털어버리고, 모든 문인들이 한 자리에 모인 화합의 의의를 담게 되었다. 그것은 이 고장 문단사에 새로운 지평이라 할 수 있었다. 또한 이러한 내면에는 내 자신이 외지(부여)에서 들어온 '신인'이었다는 점에서 가능하지 않았나 하는 생각도 있다.

이후 《충남문학》은 모두들 잘 알고 있는 것처럼 역대 지부장들이 명예(?)를 걸고 임기 중 꼭 내야 하는 최대 역점 사업으로 지켜졌으며, 6집이 나온 10년 후가 되는 1981년 최원규 지부장부터는 화보가 본격적으로 등장하였을 뿐 아니라, 연1회 발행의 전통이 세워지기에 이른다.

《충남문학》 6집은 '창간호'를 달지 않은 아쉬움은 지금도 있지만,

그러나 이전의 문예지에 대한 서지학적 기록(표지 및 목차)을 남김으로써 이 고장의 문학사를 연구하는 데는 매우 귀중한 문헌이 되고 있는 점은 특기할 만한 일이라고 할 것이다.

모두들 아는 것처럼 《충남문학》은 충남문협의 문예지가 되어 오늘에 이르기까지 면면히 그 전통을 이어오고 있다. 이에 사실상 창간호였던 당시의 상황을 후인들에게 전하고자 6집의 표지와 수록작품을 첨기한다.

앞으로 6집의 텍스트를 쉽게 구하지 못하는 경우가 있더라고 상당한 도움을 주리라고 믿는다.

## [부록] 《忠南文學》 제6집(창간호) 차례

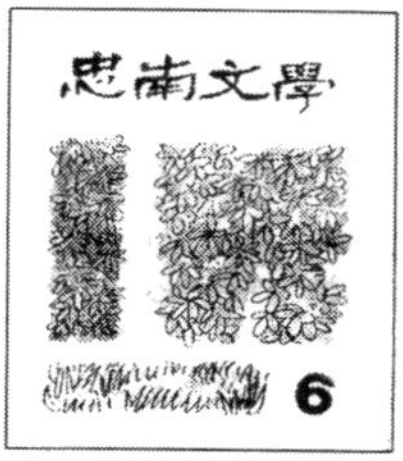

15×21㎝ / 89쪽

1970. 2. 25 / 농경출판사

발행 : 예총 충청남도지부

편집 : 한국문협 충남지부

제자 : 이재복 / 표지 : 이인영 / 컷 : 이유록

◆紙上 詩畵展

눈물 한 방울도 ………………………… 丁　薰
겨울에 …………………………………… 李在福
별돌 하나 ……………………………… 金大炫
바위 ……………………………………… 林憲道
冬日招 …………………………………… 任剛彬
손의 反復(Ⅱ) ………………………… 崔元圭
裸木 ……………………………………… 金鵬漢
뜰에 내리는 물소리 ………………… 洪禧杓
聖水터 …………………………………… 李敎鐸
婚禮 ……………………………………… 崔文輝
식장산 …………………………………… 유동삼
오늘에 …………………………………… 安明鎬
漁夫 ……………………………………… 申定植
눈오는 날에 …………………………… 李鎭奭
家族展 …………………………………… 金榮晩
밤에 ……………………………………… 李相說
가을 散策 ……………………………… 李大永
魚缸의 空間 …………………………… 張시宗
忠南文壇 沈滯의 理由 ……………… 權善根
申東曄論 ………………………………… 趙南翼
申東曄의 人間과 文學 ……………… 李夕湖
批評의 反省 …………………………… 宋夏燮
待淚瑣談 ………………………………… 池憲英

◆八人隨筆集

週期的인 關心事 ……………………… 全　馨
斷想 ……………………………………… 朴龍來
「웃긴다」 ……………………………… 金濟英
갈아타는 사람들 ……………………… 金永德
우리의 멋 ……………………………… 李儀洙
옛말 옛정이 그리워 ………………… 崔松春
顯忠祠 …………………………………… 朴貞圭
맛없는 얘기 …………………………… 李政雄

◆創作

落島通信 ………………………………… 姜金鍾
符籍 ……………………………………… 윤경희
노란 信號燈 …………………………… 金英培

◆文協規約

◆옛 文藝誌의 目次

◆編輯後記(趙南翼)

대전문화의 뿌리와 정신을 찾아서

제3장

# 창작집의 파노라마

# 진지한 시대 통찰과 미학적 접근

— 조동길 제2소설집 『달걀로 바위 깨기』

## 1. 은둔작가의 세상보기

공주대 사범대 조동길 교수가 소설집 『쥐뿔』에 이어 『달걀로 바위 깨기』(새미)를 상재했다. 11편의 단편이 수록된 이 소설집은 이 시대와 사회를 진지하게 고민하고 있다는 점에서 화제가 되고 있다.

소설이 허구로 이루어진 형상세계이면서, 재미의 즐거움 속에 인생과 사회에 대한 어떤 의의와 정신적 징후를 깨닫게 하고, 감동을 느끼에 하는 것은 오늘날 소설미학의 큰 흐름이라고 할 수 있다. 등장인물의 성격 갈등 조성이나, 그것의 복합구성에 이르기까지 현대소설은 지적인 인생 탐구의 예술적 진실성에서 그 의미를 찾는다.

조동길 소설은 우리가 살고 있는 이 시대의 온갖 부조리와 병리, 시대가 안고 있는 모순, 춤추는 인간의 추악상 등과 정면으로 맞서 있고, 치열한 작가 정신이 번득이고 있다. 이땅의 경제성장과 피를 흘린 민주화 운동, 구조조정으로 용도 폐기된 인간의 갈등과 추락, 교원노조와의 대립 양상 등이 담담한 이야기 속에 그 실체를 드러낸다. 그것은 지적인 작가정신이 시대정신의 행방을 끝까지 추적해 가는 파노라마와 같은 것이라 할 수 있었다.

이 소설은 한 은둔작가의 세상보기라고 해도 좋을 것이다. 조동길은 「신인문학」(1986), 「곰나루문학」(1990), 「소설충청」(1992) 등 동인지의 창립동인으로 참가하여 작품활동을 꾸준히 해왔고, 자기를 드러내려 하는 세속적인 일에는 거의 초연해 온 일종의 '숨어있는 작가'라 해도 과언이 아닐 것이다.

그러나 그의 '세상보기'는 의외로 신선하고 날카로운 바가 있다. 그러한 위치이기에 오히려 남들이 미쳐 보지 못하거나 깨닫지 못하는 존재와 실상의 가면들을 꿰뚫어 보며, 이 시대의 고통과 신음을 함께 하고 있는지도 모른다.

또한 그가 관계하고 있는 「신인문학」에서의 강태근, 김기홍, 심규식, 조동길, 「소설충청」에서의 이사형, 지요하, 조동길, 심규식, 김영곤, 방영주, 김우영, 이길환(충청소설, 7집에 의함) 등은 그 동안 거의 불모지나 다름없었던 충청권의 작단 텃밭에 신세대로 등장, 활발한 창작활동을 하며 그 진가를 높여 왔다. 이들은 거의가 고향을 지키며, 향토애가 가미된 문학정신의 소설미학으로서 주목을 받아왔다.

일찍이 쌩뜨 뵈브는 문학을 결정하는 세 요인으로서 충족, 환경, 시기를 든 바 있거니와, 조동길의 '세상보기'는 그가 태어난 이 땅의 선천적 또는 유전적 내적 기질을 바탕으로 그가 체험하고 있는 환경과 시대적 요소에 그의 사상과 철학이 작품속에 녹아 들어가 있음을 본다. 그의 소설은 인물 설정, 갈등관계의 구조, 원인과 결과들의 연쇄반응 속에 격동과 혁명의 세대를 살아온 작가가 인간의 소중한 영혼을 지키려는 파수꾼의 기록이라 할 수 있을 것이다.

## 2. 양심 마비의 시대풍속 고발

조동길 소설의 전략은 통일된 인상, 단일한 효과를 노리는 포우의 이른바 단편소설론의 전범을 따르면서 그 소재는 거의 작가의 주변적 신변잡기에서 취재한 것이 많고, 그 중심에는 선명한 작가정신을 독자의 몫으로 남겨 놓는다. 그것은 황금만능사상과 물신숭배로 인한 자본주의의 사회가 갖고 있는 양심마비의 시대 풍속에 대한 고발이라 할 수 있다.

「落漠」은 원칙론자인 한교수가 저녁 무렵의 연구실에서부터 저녁 모임인 편집회의, 그리고 아파트로의 귀가로 이어지는 어느 하루 일과 진행인데, 그는 거실의 소파에서 깊은 잠에 빠지듯이 의문의 죽음으로 끝난다는 내용이다. 사건은 일직선으로 진행되지만, 한교수는 지하철의 인파에서 '지옥철'을, 연구실을 나와서는 '교도소 복도' 연상을, 아파트에서는 '복제품의 시멘트 덩어리'를 느끼게 되며, 그리고 정상을 일탈한 대학사회의 풍속도, 몇 푼의 자본에 의해 풍화되는 인간의 양심 등에 대한 근원적인 회의에 빠진다.

세속에 동화되지 못하는 자신의 낙막한 심경을 '무슨 착오 때문에 불시착한 외계인' 같은 깊은 무력감에 젖는다. 그의 죽음은 1단짜리 조그만 신문 기사로 끝났을 뿐이지만, 결국 그의 죽음이란 이 시대로부터의 '질식사'였던 것이다.

대학의 지성과 권위를 굳이 들먹이지 않는다 하더라도, 작중 화자가 보이는 시대통찰의 비유적 의미는 소설의 진실성을 넘어 우리의 폐부를 찌르는 바가 적지 않다. 그것은 도덕성 회복이라는 경직된 주제가 아니다. 현대인의 고독과 소외, 인간 존재의 근원적 절망감, 전도된 이 현실 등에 대한 깊은 고뇌가 소설의 질質을 형성하고 있다. 그것은 수준 높은 지성이 형상화한 인간탐구의 한 정형이며, 가치착란이란 무엇인가를 보여주는 것이라 할 수 있다.

이에 비하면 「금이화냥」에서는 벼락부자를 위해서는 수단과 방법을 가리지 않는 도착된 현실의 일면이 박진감 있게 그려진다. 사기꾼의 허위와 위선이 순박한 농민을 기상천외한 방법으로 어떻게 짓밟고 있는가를 보여주는 이 소설은, 「落漠」의 한 교수와는 전혀 다른 면에서, 양심의 실종 현실을 극적으로 전개한다.

농민인 박철구는 어느 날 40년 전 죽은 줄 알고 있었던 굴지의 사업가이며 존경받는 사회사업가로 등장한 박칠성의 전화를 받는다. 박칠성은 양굴 영감이 새로 얻은 여자가 데리고 온 아이로, 손 재주가 있고 노래도 잘 불렀지만, 머슴처럼 일만 시켰고 학교도 보내주지 않았다. 그는 불우하게 지내다가 어느 날 동네에서 자취를 감춘 아이였다.

그가 금의환향한다며 비서가 먼저 와서 '박칠성회장 금의환향'의 연단을 만들고, 뷔페 음식 준비며, 환영 꽃다발, 환영사 등 행사 준비를 한다. 마침내 박칠성 회장이 고급 대형 승용차를 타고 나타난다.

박철구는 "서울루 가서 크게 성공얼 해 갖구서넌, 이르게 '금이화냥' 허게 되야서 너머 반갑구 감사한 일이구유"의 장문의 환영사를 한다. 이에 박칠성은 고향을 위해서 2천억 정도의 투자로 수출품을 생산하는 전자제품공장을 설립하겠다는 요지의 답사를 한다. 그리곤

사나흘이 안돼 해당구역 2만여 평의 토지에 대한 매매계약을 마친다.

그러나 미구에 박칠성은 토지 사기단의 주범이며 하수인들과 함께 잠적했다는 지방신문의 특종기사가 보도된다. 이 소설은 "박칠성이 기증하고 간 에어컨만 오늘도 외로이 노인회관 안방에서 찬바람을 씽씽 내뿜고 있었다"로 결미를 맺고 있다.

80년대의 소설이 억압되어 왔던 정치적 모순이 거세게 갈등을 분출한 시기였다면, 90년대의 소설은 자본주의에 오염된 인간성의 회복과 사회적 갈등이 표출되고 있는데, 조동길의 문학기능은 이런 면에서 고고한 개성을 돋보이고 있다 하겠다.

### 3. 구조조정, 그 갈등의 끝

IMF사태 이후 몰아닥친 각계의 구조조정은 아직도 진행되고 있는 터이지만, 이 소설집은 「달걀로 바위 깨기」 「極樂寺에는 부처님이 없다」에서 구조조정으로 인해 물러난 인물의 등장을 보인다. 또한, 사정은 다르지만 교원들의 정년 단축으로 인한 교육현장도 조명되고 있는데, 「무너지는 시간의 물결」 「늙은 병아리의 눈물」 등이 그것이다.

구조조정은 현재 우리 모두가 피부로 느낄 수 있는 국가적 과제이지만, 작가는 '비현실적인 현실'의 플롯으로 깊숙이 천착해 들어간다.

「달걀로 바위 깨기」는 구조조정으로 회사에서 밀려난 갑수가 퇴직금을 가지고, 고향으로 돌아와 자기 나름의 아이디어와 정보를 통한 이른바 '발상의 전환'에 대한 의욕을 갖고 대규모 양계장을 운영하지만, 결국은 실패로 끝난다는 이야기다.

그는 시멘트로 된 닭장 속에 닭들을 가두어 놓고, 항생제 섞인 사료를 먹이며, 밤낮 없이 불을 켜 놓아 강제로 받아낸 달걀이 어찌 제대로 된 달걀이냐는 것이다. 그의 아이디어는 토종닭 종자에 자체 개발한 특성화 사료, 그리고 넓은 방사 구역에 놓아먹여 무공해 달걀을 생산하고 이를 고가화 한다는 것이다. 이를 반대하는 동생 을수의 의견은 묵살되고, 갑수의 논리는 언제나 우세했다.

그러나, 판매 전략은 난관에 부딪치고, 그가 근무하던 회사에서도 보기 좋게 거절당한다. 양계장은 채권자에게 양도되고 갑수는 운영만을 맡는 신세가 된다.

현실의 높은 벽앞에 허물어진 갑수의 이상, 그는 울면서 길옆에 솟아있는 바위를 향하여 바구니의 달걀을 사정없이 내던진다. 피가 흘러내리는 듯한 쾌감을 느끼며 이를 악물어 본다.

그는 문득 전직 대통령 한 분이 출국하기 위해 공항에 나갔다가 누군가가 던진 페인트 달걀 세례를 받은 것을 생각해 내고는, 달걀이야말로 얼마든지 바위도 깰 수 있다는 사실을 깨닫는다. 그는 바위처럼 단단한 못된 세상에 대해 절대로 절망하지 않기로 다짐한다.

이 소설은 “힘 가진 놈들일수록 약자를 깔아뭉개며, 그 힘을 휘두를 기회만 노리는 세태” 앞에서 한없이 무력한 자신(달걀)이지만, 우리 인간정신은 패배할 수 없다는 구원을 얻는다. 서술의 초점이 치밀하고, 극적인 사건의 전개에 의한 ‘놀라운 결말’로서 문학적 공감을 자아내는 높은 수준을 지니고 있다.

이에 비하여 「極樂寺에는 부처님이 없다」의 주인공은 “참옥하게 찌그러진 체면과 자존심, 폐기처분된 내 인생에 대한 혐오감” 때문에 극

락사를 찾아가는 일종의 '현대판 현실도피'의 아담한 소품이라 할 수 있다. 구조조정이 한 인간을 어떻게 파괴시키고 방황하게 하는가를 보인 것이라 하겠다.

국회 교육위원회에서 전국교직원 노동조합을 합법화하던날 '교육공무원법 개정안'도 통과되어 교육의 정년을 3년이나 단축한 교육계의 실상은, 이 또한 구조조정의 한 측면이라 할 수 있을 것이다. 이는 교육현장에도 엄청난 결과를 몰고 왔다.

교원의 사기는 떨어지고 교육의 기반은 크게 흔들렸다. 더욱이 58세 이상 교원들의 경우, 2000년 8월까지 명퇴해야만 정년 65세 기간을 인정해 온 방침은 사실상 7년의 정년 단축을 유도하여 5만명이 퇴출하는 결과를 가져왔다.

「무너지는 시간의 물결」「늙은 병아리의 눈물」은 이러한 교육현장에 대한 박진감 넘치는 '현장 증언' 같은 감을 준다. 초임교장의 어이없는 좌절, 30세가 다 된 신출내기 교사가 겪는 눈물, 독자적으로 행동하는 교원노조, 구태의연한 교단 풍조 등은 민주적 학교운영이니 책임있는 학생지도 등 기본적인 교육문제에서 일탈한 '교육의 황폐화'에 다름 아닌 것이었다. 교육현장에 대한 신랄한 비판과 반성을 함께 제기하는 바가 적다고 할 수 없을 것이다.

작품상으로는 「늙은 병아리의 눈물」이 훨씬 성숙된 면을 보여준 것 같다. 특히, 결미에 가서 "눈물 속으로 별이 보였다"는 표현은 불과 한 문장에 지나지 않았지만, 단편소설의 효과적 표현의 한 절정이라 할 수도 있을 것이다.

조동길 교수는 말수도 적고, 술도 별로 않으며 많은 사람들과 어울리기보다는 묵묵히 창작과 학문에만 정진해 오는 조용한 분으로 알고 있다. 그러나, 그의 내면은 뜨겁고 세계관은 깊으며 그의 문체는 현대적 기풍의 톤을 유지한다. 소설가를 '타고난 이야기꾼'이라 하거니와 그는 이에 덧붙여 '타고난 주제의식'의 작가라 해도 좋을 것이다.

– 〈공주대신문〉 (2000년 10월 3회 연재)

# 원숙과 정예의 파노라마

– 엄기창의 시세계

## 1. 화려한 당선, 그후

청라淸羅 엄기창嚴基昌 시인이 화려한 당선을 하게 되는 것은 공주사범대 국어교육과에 재학중인 22세 때였다. 시전문지 《시문학》이 창간 2주년의 기념사업으로 실시한 전국대학생들의 「전국대학시집」에서 그의 「아침 序曲」이 장현숙(동국대 국문과)의 「작업 Ⅲ」과 함께 나란히 당선의 영광을 안게 된 것이다.

「전국대학시집」은 시집을 대상으로 한 것이 아니라 '전국대학생들의 시를 모음'이란 뜻으로 사용된 듯하다. 《시문학》의 발표에 의하면 응모가 542편이었다. 예심에 예심을 거듭하여 최종심은 김남조 유경환 두 분에게 의뢰하게 된다.

당선작 2편이 최고상이었고, 우수작 3편, 입선작 42편이 《시문학》(1973년 12월호)에 모두 발표된다. 이미 오래 전 일을 이렇게 상세히 적는 것은 이에 대한 기록이 잘못 전해지고 있는 것도 있기 때문이다.

엄기창은 공주사범대 수요문학회의 동인이었다. 조재훈 교수의 지도 아래 수요문학회에서는 유병환, 구중회, 최병두, 조동길, 심규식 등이 활동했다. 엄기창의 《시문학》 당선은 수요문학회에 고무적인 요소가 되었을 것이다. 또한 《시문학》의 당선작에는 추천이 1회를 거친 것으로 간주되는 특전이 있었다. 그리고 「전국대학시집」 행사는 1회로 끝난다.

엄기창이 제2회 추천을 완료한 것은 당선으로부터 2년이 되어가던 《시문학》1975년 11월호에서였다. 추천된 시는 「아침바다」 「원점에서」 2편이었고, 추천자는 이철균 시인이었다.

엄기창의 천료 소감을 보면 "시는 나의 거울이다. 내 정신의 몰골을 비춰보며, 끝없이 반성을 되풀이하는 내 양심의 꽃이다"로 시작된다. 이때의 엄기창은 ROTC로 임관한 국군 장교(중위)의 신분이었다.

그런데 엄기창과 함께 나란히 천료하게 되는 분이 있었으니 김용재였다. 그는 장시라 할 수 있는 「파도 앞에서」를 선보였고, 추천자는 역시 이철균이었다. 그는 당시 충남고등학교 교사였다. 한 지면에 같은 지역의 두 시인이 탄생하였지만, 정작 김용재, 엄기창 두 분은 서로 모르는 사이였을 것으로 추측된다.

김용재는 "있는 그대로를 살고 싶지 않아서 무슨 변혁의 꿈을 꾸다가 학창에서 즐기던 시공부를 시작했습니다"로 천료소감을 시작하고 있다.

엄기창의 당선작 「아침 序曲」을 보기로 한다.

> 태어나기 전부터 나는
> 노래를 알았다.

비스듬히 絃을 베고 누운 音들이
악보 속에서 걸어 나와
목젖을 두드렸다.
우는 새의 목 너머로
훔쳐 본
아직 어느 악보 속에서도 살지 않는
音의 沈澱,
아침의 곧은 줄기 섬세
가지를 골라
새는 노래를 뿌린다.
번득이는 音들로 構想짓는
몇 올 가락이 햇살처럼
鮮明하게
숲속으로 빠져드는 것을 본다.
〈公州師大 國語科〉

—「아침 序曲」 전문(《시문학》, 1973년 12월호)

「아침 序曲」은 20대의 발랄한 젊음과 '아침'이라는 신선한 이미지가 결합된 환상적인 작품이다. 불과 16행의 이 시가 당선의 계열에 든 것은 ①노래 ②絃(풍류줄 현, 현악기에 매어 소리를 내는 줄. 또는 현악기의 준말) ③音(소리) 등 실제의 아침보다는 음악과 숲속의 햇살을 소재로 한 생명 탄생의 신비를 배경으로 한 때문이다.

이 시에 대한 당시의 심사평을 보면 다음과 같다.

> 대체로 작품 수준이 均等하여 優劣의 큰 차이는 없다고 여겨졌다. 반면에 아쉬웠던 점은 個性의 主張이 弱하고 主題들도 그다지 淸新

하지는 못했었다. 當選을 차지한 嚴基昌의 作品은 詩語의 生硬이 좀 있었으나 想의 透徹을 인정할 수가 있어 이 점을 취했다. 말하자면 詩化하려한 作品意圖가 비교적 分明하고 迫進性을 내어 풍긴다.

金南祚

시가 기품을 내뿜으면서 엄정한 위의威儀에 있을 때 전율할 수가 있다. 삶의 고난이나 체취가 별로 묻어있지 않아도 진정성의 감동은 큰 것이다. 이는 시신詩神의 음성, 곧 신운神韻의 경지이며, 시의 절창인 것이다. 「아침 序曲」은 엄기창의 재능이 한껏 승화된 작품이라 할 수 있을 것이다.

1
하얀 돛단 배가
아침의 鍵盤을 두드리며 지나간다.
파도에 몸을 던지고
잊었던 리듬을 생각하는 갈매기.
쾌적한 바람이 햇살 층층을 彈奏한다
미역 숲에서 멸치 떼들이
五線의 층계를 올라간다.
갈매기 노란 부리가
번뜩이는 音樂을 줍고 있다.

2
밤내 뒤척이던
허전한 어둠의 꿈 밭
소라 껍질이 휘파람 불며

모래알 손뼉을 쳐 뿌리고 있다.
얼비친 하늘의 푸른 물살을 타는
갈매기 눈알에
잊었던 리듬이 내려앉는다.
하늘 속의 빛 이랑이 내려와 앉는다.

— 「아침 바다」 전문(《시문학》1975년 11월호)

「아침 바다」는 「원점에서」와 함께 《시문학》의 추천을 끝내게 되는 작품이다. 앞에서 본 「아침 序曲」에 못지않은 시의 신선도와 리듬 감각이 있으며, 무엇보다도 시적 응시가 깊은 안정감을 준다고 하겠다.

이 시에 대한 추천사는 "엄기창 씨에게서는 영원과 순간의 좌점座點을, 그리고 출발과 도착의 동시성을 보았다. 이것으로 2회 추천이 완료되어 시단에 내보내면서 앞날을 축복한다.(李轍均)"는 비교적 짧은 표현을 보인다.

## 2. 뜻을 얻어 부활하는 시편들

엄기창 시인은 지금까지 두 권의 시집을 냈다. 『서울의 천둥』(시문학사, 1993), 『가슴에 묻은 이름』(오늘의문학사, 2004)이 그것인데 오늘의 물량화시대에 비교적 과작인 것이다. 그리고 이번의 시집 『춤바위』가 제3시집에 해당한다.

훌륭한 능력도 기회가 없으면 빛이 없다고 하지만, 엄기창 시인의 경우는 화려한 당선 그 후, 인문고교의 교직생활에서 어려움이 많았을 것이다. 더구나 그는 초기의 단형에 이끌리어 시의 호소력을 등한 시한 감이 없지 않다.

그러나 이번 제3시집에 이르러 엄기창 시인의 시혼은 시의 뜻을 새롭게 얻어 부활하는 경지를 선보인다. 초기의 재능이 대기만성의 기틀을 보임이리라. 이제 그는 고독을 깨우치는 연치에 이르렀을 뿐만 아니라, 그 고독에서부터 지혜와 관조의 초자아로 확대된 눈을 뜬다. 시가 인간의 묵시록默示錄이라면, 그의 언어에 대한 입증 능력은 서정시의 진경에 기적적인 변화를 기대하게 한다. 그 구체적인 실례를 보기로 한다.

절 마당은
무량無量의 바다로 이어지고
무어라고 지껄이는 갈매기 소리
알아들을 수가 없다.
바다를 지우며 달려온 눈보라가
기와지붕을 지우고
탑을 지우고
목탁木鐸 소리마저 지운다.

지워져서 더욱 빛나는
관음상 입가의 미소처럼

나도 눈보라에 녹아서
돌로 나무로 바람으로 지워지면
갈매기 소리 알아 듣는 귀가 열릴까.

겨울 바다는 비어서 깨끗하다.
비어서 버릴 것이 없다.

—「향일암向日庵에서」 전문

「향일암에서」는 한편의 서정시로서의 직관과 품격을 갖춘 명징성明澄性이 매력이다. 엄기창 시인이 드디어 뜻을 얻어 부활하는 시편인 것이다. 그의 기세는 바야흐로 풍부한 서정과 사고력이 숙성되어 감을 느끼게 한다.

시인의 사명이 고도의 미적 쾌락을 일깨우는 것이라면, 고차원의 감정, 곧 정신의 성숙인 것이다. 좋은 시는 독자에게 해방감과 지성의 빛을 은은하게 한다. 그것은 일반적인 대중적 취향보다는 고급 독자들의 미학적 가치가 뒷받침될 때, 최고의 성취를 보게 한다.

그러나, 현대의 서정시, 시의 가치관은 어느 때보다도 혼란스럽다. 우리가 읽는 시에서 서정시는 압도적인 비율로 많은 편이고, 독자 또한 적은 편이 아니다. 문학의 독자는 국민적 지층에 민도로서 깊이 대중화되어 있다.

서정시의 오래고 낡은 운명, 변하지 않고 내려오는 전통, 한시조차 그 운문율이나 정서까지 여전히 답습되기만 한다는 것은 무언가 위기를 자초하고 있다는 반성과 비판이 있다. 세상이 변해도 서정시는 변하지 않는다는 자책인 것이다.

그렇다고 난해한 기교와 난삽한 수사를 앞세운 시들, 해독의 틈이 전혀 없는 시들, 일부에서는 "아직도 서정시를 쓰느냐?"는 질문이 있다. 그러나 고전적인 경향에서는 여전히 자연은 서정의 원형질이고,

영원한 시의 오브제라고 주장한다.

'불온한 시'로 말해지는 시의 혁신은 시인의 취향에 따라 언어와 수사에서, 그리고 시정신의 확산과 깊이에서 여러 형태로 나타난다. 이제 시는 낡은 것조차 청순한 새로운 방식으로 혁파되어야 한다는 요구에 있다. 시가 언어의 조직이고, 그 언어는 시대의 언어라야 한다는 대전제인 것이다.

엄기창 시인의 시는 시정신의 개척과 그 입증능력의 고양이다. 그의 시정신은 보다 한국적이고 동양적인 전통을 이어간다.

최근 그는 불교적인 상념에서 수준있는 부활을 보인다. 「향일암에서」「마곡사에서」「부처님의 미소」「산사」「가을 산」「동학사 가는 길」 등은 모두 이런 취향의 소산이다. 깨달음을 중요하게 작품화하고, 보이는 것과 말하려는 것의 시 본질에 대한 투철한 소명이 있다. 현대적 서정의 맥박을 느끼게 한다.

시 「향일암에서」의 '향일암'은 많이 알려진 것처럼 전남 여수시 돌산도의 금오산에 있는 절벽 암자이다. 우리 나라 4대 관음 기도처의 하나이며, 도 지정문화재 제40호로 지정되어 있다.

풍수지리상으로 금오산은 거북이 모양이고, 향일암은 경전을 등에 모신 금거북이가 바다 속으로 들어가는 모습이라고 한다.

지우고 또 지운다는 「향일암에서」는 "겨울 바다는 비어서 깨끗하다/ 비어서 버릴 것이 없다"(종연)는 표현에 이른다. 세상의 온갖 번뇌로부터 해탈해 가는 대자연이 뜻밖의 경이로운 탄성을 자아내게 한다. 겉모습만 좇는 것은 바탕을 잃을 수도 있지만, 비어있는 근원으로 돌아가면 뜻을 찾아낸다는 청순한 불심의 울림이다.

다음 시는 현상적인 현실이면서도 그 깊이가 결코 가볍지 않은 것이 있다.

불타는 단풍 산으로
노스님이 들어섰다.

산 빛 깨어지지 않고,
회색 승의가
단풍에 녹아든다.
작은 등짐에 담겨온
속세의 눈물들을
산문 앞에 부려 두고,

조금씩 산 속으로
들어갈수록
비우고 비워 산바람이 된다.

바람이 지나가는 길가에
울던 새는
울음을 그치지 않는다.

저녁 어스름으로
지워지는 산들이
스님의 등 쪽으로 빨려들고 있었다.

—「가을 산」 전문

고요와 비움의 경지는 청렴하고 결백한 염결廉潔의 고향일 것이다. 시에서는 일찍부터 '사특함이 없는 정신(思無邪)'의 가치를 추앙하였고, 불교에서는 참선, 안거 등을 비롯하여 그 종교적 정진과 수행에 밀접한 바가 있을 것이다.

「가을 산」의 배경은 노스님과 단풍, 새 울음과 저녁 어스름 등 소박하고 군소리가 거의 없는 표현이다. 그러나 이 시의 담백과 미적 취향은 적은 것이 아니다. 담담한 풍경을 하나씩 짚어주는 간결성에는 의외로 시적 경이감을 높여주기 때문이다.

본래 시는 독창성이라기보다는 미묘한 충일감에 의하여 경이감을 준다. 그것이 퍼스나(persona)의 지고한 사상의 전달로 감동을 주고, 거의 기억처럼 느끼게 한다.

일찍이 플라톤이나 아리스토텔레스는 훌륭한 서사시인이나 서정시인의 뛰어난 작품은 기술에 의한 것이 아니라, 영감을 받고 신이 들어서 지어진 것이라고 했다. 문학의 천재론의 근거가 여기 있었다.

"작은 등짐에 담겨온/ 속세의 눈물들을/ 산문 앞에 부려두고// 조금씩 산 속으로/ 들어갈수록/ 비우고 비워 산바람이 된다"는, 여기의 '산바람'은 일상적인 것이 아니다. 시의 직관에서만 가능한 신비로운 '초월'인 것이다.

서정주는 '눈썹으로 절 짓기'가 그의 '어법'이었고 구경적 생의 형식은 김동리의 '문법'이라고 한 것이 있다. 서정주가 직관적이었다면, 김동리는 논리적이었다. 시와 소설의 차이였다.

시의 직관은 잠깐 사이에 고금을 살피고, 눈 깜빡할 틈에 사해를 누른다. 천리를 틀안에 넣고, 만물을 붓끝으로 꺾는다고 했듯이 종횡

무진의 상상력인 것이다.

"비우고 비워 산바람이 된다"는 것은 이 시의 절구에 해당한다고 할 것이다.

흔히 문학은 제3의 눈이 있을 것을 강조한다. 자기 속에 있는 영원한 시력, 변함없는 파수꾼, 결코 자는 일 없는 목격자의 눈이 그것이다.

엄기창이 「가을 산」에서 보이는 것은 속세를 떠난 정신의 적멸寂滅이다. 언어에 의한 입증능력을 예술적으로 재구성한 창작의 매력이 있다. 시가 거룩한 것이라면, 바로 이런 경지 때문일 것이다.

시는 지식의 중심이면서 동시에 주변이었다. 모든 학문을 포괄하며, 또한 모든 학문이 이에 근거하는 것이라고도 했다.

### 3. 명징한 이미지, 알레고리 시학

어쩌니 해도 수사술은 문학의 본질이다. 특히 시는 말이나 글을 아름답고 정연하게 꾸미고 다듬는 기교적 재능이 큰 영향을 끼친다. 수사술은 자신의 이야기를 신용있게 드러내는 언어능력인데, 정서에 대한 환기, 표현에 대한 입증능력을 뜻한다.

많이 알려진 것처럼 훌륭한 작품은 사상성과 예술성이 서로 등가等價와 조화에 있다고 한 것은 T.S엘리어트였다. 여기의 '예술성'이란 바로 수사술을 지칭한 것이다. 수사의 세련성, 거시적 가치의 심미성, 독자적인 문채文彩 등은 대가들의 명작에서 접할 수 있다.

엄기창 시인의 언어는 비교적 명징하고 간결하다. 서두에서 말한 바와 같이 그는 단형으로 빛을 내었고, 제2시집에 이르기까지 거의 30

년 세월을 주로 단형에 몰두한 감이 있다.

현대시에서 모더니즘, 포스트모더니즘, 이미니즘, 이미저리(여러 이미지들의 집합적 명칭) 등은 낯익고 흔한 용어들이다. 그런가 하면 가장 애매성이 있는 말이기도 하다.

'이미저리'만 해도 그 적용 범위는 시의 독자들에게 경험된다는 '심상'(이미지)으로부터 시의 요소에 이르는 총체적인 데까지 달한다. 이미저리는 비유언어, 곧 은유와 상징을 가장 광채있는 부분으로 보며, 모순과 충돌하는 언어를 수용함으로써 탄력적인 현대시의 규범에 이른다.

엄기창의 단형에서 「가시」를 보자. 그 이미지가 선명한 사례가 될 것이다. 볼멘소리 아내의 노여움과 탱자나무의 가시가 대비되고 있는 것이다.

"숨기다가 숨기다가/ 무심코 튀어나온/ 아내의 볼멘소리처럼// 수줍게 고갤 내민 탱자나무 새순에/ 가시/ 하나"의 불과 42자의 단형이다.

이미지란 '말로 만들어지는 그림'이다. 한편의 시가 하나의 이미지일 수 있는데, 그것은 시를 구체화할 때 가능한 것이다. 「가시」는 구체화된 한 편의 이미지이며, 매우 예리한 바가 있다.

> 물총새의 눈동자가
> 돌의 적막寂寞을 깔고 앉아서
> 부리 끝에 한 점 핏빛 노을
> 노을 속에서 물고기의 비늘들이
> 더욱 빛나고 있다.

저마다의 의미로 피어난 꽃들,
숨을 죽이고
온 몸 털 세워 바라보는 저

바위의 응시凝視.
물총새의 부리 끝에
반짝
물비늘이 일렁인다.

퍼덕이는 물고기의 몸부림 속으로
내려앉는 어둠,
그 어둠마저도 아름다운 황혼 무렵에…….

—「황혼 무렵」 전문

황혼에 물총새가 총알처럼 날쌔게 물속의 먹이를 낚아채는, 물고기의 사냥을 소제로 한 시다. 그런데 단순히 사실성의 이미지가 아니라, 여러 '해설적' 의미장치를 배치한다. 그것은 곧 풍경적 묘사가 아니고, 시인의 의도적 철학과의 연쇄고리라고 할 수 있을 것이다.

"부리 끝에 한 점 핏빛 노을"(1연), "저마다의 의미로 피어난 꽃들"(2연), "퍼덕이는 물고기의 몸부림 속으로/ 내려앉는 어둠"(4연) 등이 그것인데, 단말마적인 상황이 중후한 시의 의미로 채색된다. 변화된 시의 기법으로 진보적인 수사술일 수도 있다.

물총새의 냉정한 살기를 '돌의 적막' '바위의 응시'라고 한 것도 그만의 비유라고 하겠다.

30년대만 해도 시는 풍경 등 외면적인 감각에 더 많이 열중했다.

관념이나 심리적 사상까지도 시의 회화성으로 바꾼 것이 김광균(1914~1993)이었는데, 결국 그의 시에는 사상이 스며들 여유가 없었던 것으로 평가되었던 것이다.

예술적 표현이란 마음 깊은 곳에 접하는 일이고, 영원한 세계로 들어가는 것이라고 한다면, 사상성은 도저히 경시할 수 없는 문제로 대두된다. 「황혼 무렵」은 약육강식의 구도이지만, 냉정한 대자연의 근원인식에서 포용된 이미지를 거느리고 있다.

알레고리(allegory)의 서양 원어의 뜻은 '다른 것을 말함'이라고 한다. 우리나라에서는 우화寓話 우의寓意 등이 이해하기 쉬운 용어라 할 수 있고, 교훈적 풍자적인 내용을 직접 말하지 않고, 다른 사물에 빗대어 넌지시 비추어 쓰는 수사법인 것이다.

우의소설寓意小說에서는 빗대어 쓴 것이 '이야기'가 되겠지마는 시에서는 원관념을 숨기고 보조관념만 드러나게 된다. 내용의 음영이 비유나 설명이 겉으로 드러난 이상의 숨은 내용이 암시되는 것이다. 가령 대부분의 속담은 이런 전형에 속하는데 '빈 수레가 더 요란하다' 등이 그러하다.

알레고리는 우화법 풍유법 우유법 등의 번역을 볼 수 있다.

엄기창 시인의 첫시집의 「서울의 천둥」이나 「끈」 등은 원관념은 드러나지 않고 보조관념으로만 된 알레고리를 본다. 「서울의 천둥」은 너무도 복잡한 서울에 대한 위기의식의 풍자가 '천둥'이고, 이의 원관념은 밝혀지지 않고 있다. 「끈」은 사랑의 원관념이 보조관념만을 거느리고 있는 작품이다.

이번 제3시집에서도 「파계破戒」 「똥을 묻으며」 「맹인盲人의 그림 보기」「바다」 등은 작품의 의도가 따로 있는 작품들이다. 알레고리의 시학은 지혜의 소산이며 '의도된 방략方略'의 작품이기 때문에 주제가 너무 선명할수록 작품성은 떨어지게 된다. 예술성을 중시할수록 세련된 표현을 취한다. 사실 주제가 정신적 도덕적 역사적 또는 정치적으로 너무 표면화될 수는 없다.

엄기창의 단형인 「바다」를 보기로 한다.

"바다가 어디/ 깊은 산골 맑은 물만 받아/ 저리 맑은가/ 끊임없이 黃河를 가슴에 품고서도/ 씻고 또 씻어// 바다는 금방 하늘을 닮는다"는 것이 전문이다.

광대한 바다의 맑은 물이란 실은 황하가 그의 누런 물을 씻고 또 씻어 맑게 되었고 하늘을 닮은 것이라는 이야기로 교훈적인 내용이다. 사회의 악을 두려워하지 마라. 그것이 오히려 나의 인격적 성장에 좋은 자양분이 된다는 것을 이 시는 가르친다.

「이솝우화」는 가장 널리 읽히는 대중적 알레고리로 되어 있다. '동물 우화'는 특히 그 교훈이 직설적이다. 가령 '포도 우화'에서 여우가 "포도는 시어서 먹을 수가 없다"고 핑계대는 것은 웃음을 자아내게 한다.

엄기창의 「맹인盲人의 그림 보기」에는 "맹인 지팡이 짚고 미술 전시회 가네"(2연)로 이 시가 진행한다. 그러나 "하나를 보면/ 하나밖에 모르는 놈들/ 맹인은 산수도에서. 우주를 보네// 앞을 못 보아서/ 더 큰 세상을 보네"(4, 5연)로 끝난다.

대부분 사람들은 두 눈을 가지고서도 "하나밖에 못 보는 놈들"이지만, 맹인은 오히려 "더 큰 세상을 보네"이다. 사물의 본질을 보는 맹인의 심안心眼을 예찬하면서 세상을 질책한다. 아이러니가 섞인 날카로운 알레고리이다.

엄기창 시인은 정연한 시작법에 골몰한다. 이 난해시가 판치는 시대에 적은 듯 뜻을 얻고 표현의 정도에서 한 걸음도 물러서지 않는 것은 얼마나 귀한 일인가.

### 4. 겸허한 선생님이자 시인의 자아가치

시인에게는 남이 알아주거나 말거나 적으나마 속내 깊은 자존심 같은 것이 숨어 있다. 시인은 일찍부터 "시인은 세계의 마음이다" 또는 "시는 인정받지 못한 세계의 입법자이다." 등을 읽으며 시를 쓴다.

시인들은 귀기鬼氣가 서려있는 보들레르의 '새로운 전율적 창조'며 27세로 요절한 중국 중당기의 이하李賀의 시편들도 조금씩은 공부한 터이다. 국내의 고전적인 시인이나 작품은 거의가 학교 교육에 들어온다.

시는 항상 속세와의 일정거리를 둔다. 속세란 우리의 삶이 사는 늪이지만, 지고한 문학의 관조를 위해서는 그 흙탕물을 다 뒤집어 쓸 수는 없다. 설령 죽음과의 슬픔이 있어도 작품에서는 고급스럽게 녹여 놓는다.

장자의 말처럼 "신발이 맞으면 신발의 존재를 잃는다"는 것은 정신적 달관과 조화가 얼마나 기초적인가를 알게 한다. 예술이란 필연적으로 소아의 세계가 아니라 대아적인 소명의식이라야 공감도를 높일 수 있기 때문이다.

엄기창 시인은 전형적인 그것도 공주가 낳은 시인이다. 온후한 그의 모습을 보면 진선지인眞善之人이란 바로 저런 사람이겠지 한다. 근본이 착한 사람, 그늘이 없어 보이는 얼굴인 것이다.

조재훈 교수는 첫시집의 '해설'에서 다음과 같이 엄기창 시인을 소개한 바 있다.

> 이번 시집의 원고를 통독하다 보니 그는 아직도 유년의 고향에 단단히 뿌리를 두고 있음을 확인하고 놀라지 않을 수 없었다. 변하지 않는 그의 느릿한 말씨와 부처님의 미소인 듯 따사로운 그의 소리 없는 웃음이 그의 사람됨과 문학의 성향을 모두 말해 주고 있는 것이다. 한마디로 말하여 겸허한 순결성이라고나 할까? 노자가 일찍이 갈파한 상선약수上善若水의 그 물처럼 낮은 데서 표없이 착하게 살아가는 사람이 바로 엄기창이란 선생님이자 시인이다.
>
> — 조재훈 「절제와 스밈의 시학」

엄기창의 이런 바탕은 첫시집에서 연번호가 없는 「고향」 연작시 5편, 「금강」 2편이 나온다. 제2시집에서는 부제 「思母十題」에 의한 모친의 장례에 이르기까지의 10편, 그리고 시의 제목에 공주, 대전, 공산성, 대청소, 계족산, 현충원, 계룡산 등의 지역 지명들이 여과없이 등장한다.

시가 공감성이 적은 소아적인 소재나, 사사로운 편견에 갇힌다는 것은, 시의 소주제에 스스로 갇힌다는 것과 같을 것이다. 이는 엄기창에게만 있는 것은 아니다. 요즈음의 시가 최소한의 공공성, 대아적인 가치관을 추구하지 않고 편견의 사사로운 유희로 쓰는 것을 흔하게 볼 수 있기 때문이다.

일찍이 미당 서정주는 「삼국유사」를 탐독하면서 시의 구상을 다듬는다는 것을 밝힌 적이 있다. 시집 『신라초』 『동천』을 비롯하여 그의 명시들이 이런 노력의 결과임을 알 수 있다.

엄기창 시인의 경우는 그의 겸허한 순결성의 자아가치에서 햇빛 같은 시의 구원을 본다. '자아가치'는 천지만물에 대한 인식이나 행동 주체인 자아가 성스러운 만족·보상·탕감 등의 태생적 경지를 소요하고 있음이다. 그는 앞에서 말한 바와 같이 '진선지인'이었고, 공리적인 세상에서 높은 초월의 인성적 감동으로 시의 질을 잡는다.

아파트 안 도로를 차로 달리다가
다리 다친 비둘기 가족을 만나면
숨을 죽이고 가만히 선다.

경적을 울리면
아기 비둘기 놀랄까봐…….

산을 오르다가
허리 구부러져 누운 들국화를 보면
발을 멈추고 튼튼한 이웃에 기대어 준다.

가벼운 바람에도
몇 번이나 뒤돌아본다.
잠시만 눈을 감고
생각해보면
내 따스한 마음 머물 자리가 얼마나 많은가.

조그마한 나의 온기가
다리가 되고, 날개가 되고
숨결이 되어줄 사람 얼마나 많은가.

단풍잎 붉은 기운이
핏줄을 타고 들어온다.
바람은 차도 가을은 따뜻하다.

—「따뜻한 가을」 전문

「따뜻한 가을」은 역시 뜻을 얻고 있는 작품으로 따뜻한 시인의 마음이 곧 깨끗한 시가 되었다. 비둘기들이 놀랄까봐 차의 경적을 울리지 않는다든가, 등산길에서 구부러진 들국화를 세워준다든가 등은 쉬운 일 같으면서도 누구나 할 수 있는 일이 아니다.

"조그마한 나의 온기가/ 다리가 되고, 날개가 되고/ 숨결이 되어 줄 사람 얼마나 많은가"(6연) 하고 시인은 '나의 온기'에 대해서 깊은 뜻을 헤아린다. 이런 마음씨를 자비심이라 할 수 있고, 불성이라고들 할 수 있겠지만, 시인은 일상의 생활감정에서 찾아낸다.

시의 표현이 순수하고 내용이 성숙된 것을 본다. 바로 완숙의 세계인 것이다. 예술을 신성시한다든가, 마술적 열광을 높이 사기도 한다. 그러나 시대가 복잡할수록 존경스럽고 성화聖化와 같은 감화의 순치 또한 얼마나 값진 일이겠는가.

본래부터 시는 진선미眞善美였다. 인간이 이상으로 삼는 '참다움·착함·아름다움'인 것이다. 셸리는 그의 「시의 옹호」에서 "시는 지복지고至福至高의 마음의 지고지복至高至福의 순간의 기록이다"라고 한다.

"지극히 높고 지극히 행복한 기쁨"의 경지에서 시는 탄생할 것이라고 했다. 정신적인 극치의 환희인 것이다.

아름다움에는 세상을 구원한다는 믿음이 있음이다.

시 한 편을 더 보기로 한다.

> 아파트 유리창을 닦는다.
> 골짜기마다 감추고 있는 보문산의 비밀이
> 가까이 다가온다.
>
> 산밑 낮으막한 등성이에서
> 불꽃을 피워 올려
> 산벚꽃 연분홍으로 슬금슬금 기어 올라가
> 온 산을 덮는 봄날의 환희와
>
> 비온 날 아침 떡시루를 찌듯
> 뭉게뭉게 일어나는 골안개로 온 몸을 가렸다가
> 한 줄기 햇살로 맨살 드러내어
> 진초록 함성 하늘 향해 이글거리는 여름날의 열정,
>
> 늦여름 초록의 밑둥에서 조금씩 배어나와
> 색색으로 물들였던 산의 간절한 이야기 떨어지고
> 나무 가지마다 침묵으로 앙상한
> 저 가을날의 고독
>
> 시루봉 이마 하얀 눈으로 덮이고
> 골짜기로 내려오면서 조금씩 옅어졌다가

어느새 수묵의 함초롬한 자세로 식어있는
겨울날의 허무

유리창을 닦는다.
집안 가득 보문산을 들여놓는다.

—「유리창을 닦으며」 전문

「유리창을 닦으며」는 같은 계열의 「엉겅퀴꽃의 노래」와 함께 활성적인 시인의 인식과 정서가 녹아든 원숙함을 보인다. 기교적으로도 함축적이다.

전 6연의 이 시는 처음과 끝에서 수미상관의 묘미를 응용한다. "아파트 유리창을 닦는다/ 골짜기마다 감추고 있는 보문산의 비밀이/ 가까이 다가온다"(첫연)와, "유리창을 닦는다/ 집안 가득 보문산을 들여놓는다"(종연)가 그것인데, 전체적 균형을 잡아준다. 대전의 명산인 '보문산의 비밀' '집안 가득 보문산을 들여놓는다'의 발상법이 이 시를 더욱 돋보이게 한다.

엄기창 시인은 역시 자질과 열정을 갖춘 시인이었다. 화려한 당선 그 후, 그는 이상하게도 '영광의 상처'처럼 너무 오래 침체되어 있었다. 그러나 초기의 단형에 얽매였던 시의 틀을 과감히 깨고, 대기만성의 원숙과 정예의 파노라마를 일으키며 기적적인 부활을 보인다.

그는 시의 뜻을 얻었을 뿐 아니라 깨끗한 서정과 함께 시를 응용하는 시력도 함께 회복한다. 그는 시의 광야에서 선지자의 넋을 마음껏 외칠 수도 있으리라.

다른 사람을 넘기도 어렵지만, 자신을 넘기는 더 어렵다고 한다. 그러나 엄기창 시인은 무한한 시의 세계를 끝없이 동경하며 그에 도달하려는 치열한 내공이 있었기에 부활될 수가 있었다. 더구나 그의 시는 평이하면서도 울림이 강한 메아리가 있다. 현대시의 리듬과 표현기교, 그리고 전반적인 예술성의 수준을 유지한다.

릴케는 "일생에 10편의 좋은 시를 쓰기 어렵다."고 했다. 겸허하고 순결한 엄기창 시인의 영혼과 열정을 축복하면서 그의 앞길을 조용히 지켜보고 싶다.

– 엄기창 제3시집 『춤바위』 수록

# 대중적 서정시의 매력

– 한정민 시집 『진도 육자배기』

## 1. 한 시인의 탄생

한정민의 시집 『진도 육자배기』를 펼치면 제일 처음 나오는 시가 「행복」이란 4행시이다. '어둠의 무게에 눌려 있을 땐/ 있어도 안 보이던 것// 마음에 햇살을 받아들이니/ 없어도 잘 보이는 것' 이 그 전문이다.

이 시집 이해의 열쇠를 쥐고 있는 '행복', 어둠의 무게에 있을 때는 안 보였는데, 마음의 햇살을 받아들이니, 뜻밖에도 없어도 행복이 잘 보이더라는 것이다. '있어도 안 보이던 것' 과 '없어도 잘 보이는 것' 의 행복, 인생에 대한 관조가 냉정하게 투시된다.

두 번째 작품도 불과 5행의 「웃음」이란 시다. '산마루에 올라/ 미친 듯이 한 번 웃으니// 백지처럼 말끔히/ 지워지는 근심들// 웃음은 지우개' 가 그것인데, 누구나 공감할 수 있는 일반적이면서 시적 깨달음이 뒷받침된 시다. 간결한 표현에 범상치 않은 미학의 자각을 보게 된다.

한정민 시인을 알게 된 것은 대전문예대학에서였다. 그는 과묵한 편이었고, 열심히 시쓰기를 하면서 합평회에도 빠지지 않는다. 맹호부대의 월남전에 참전한 상이군경유공자이다. 그러나 1남2녀를 둔 아내가 폐암으로 별세하는 불행이 닥친다.

한정민은 온 정성을 다해 뒷바라지를 한 간병일기를 엮어 시집 『먼 훗날』(오늘의문학사, 2014)을 출간한다. 이 시집은 "각종 암으로 투병중인 환자 가족을 위한 일에 조금이나마 도움을 주고 싶어 엮었습니다."의 '머리말'이 있고, 대학병원에 기증을 하기도 한다.

처절한 고통과 슬픔을 거치면서 그의 시쓰기는 이어진다. 그는 《문학사랑》(2015년 봄호)에서 「삼성동 네거리에서」 외 4편으로 추천과정을 거친다. 그의 '심사평'에는 아내의 죽음을 지켜보는 내면세계, 그러면서 세상을 밝게 보려는 지적 표현을 가리키고 "실천하는 양심 하나로도 그의 작품은 천금의 가치가 있다."고 했다.

한정민은 누구보다도 혹독한 '습작기'를 거쳐 탄생한 시인이라고 할 수 있다. 대전문예대학의 수련을 통하여 그는 한층 전문적인 성장을 도모할 수 있었다.

한정민은 생사의 충격적인 체험의 압박으로부터 강렬한 서정시의 구원을 요구한다. 자신의 절망을 녹여내리는 갈증과 위안의 심도는 시의 본산인 서정시와의 내면적 자아화, 내면화, 인간화에 있었다.

그의 서정시는 시적 자아와 일체감을 형성하면서 급속히 상승된다. 서정적 상상력은 내면의 감정과 느낌까지도 외부 세계와의 중화작용을 조정해 주며, 가장 주관적이고 자아적인 긴장을 통해 시쓰기의 현실적 세계관에 이른다. 그는 시적 인식의 안정과 깊이에 몰두하며, 새로운 자아실현의 길을 얻는다.

꽃들 아름다운 춤을 위해서
은빛 갈기 휘날리는 바람

바람은 자유롭다.
바람의 자유를 위해
하느님은 허공을 비워놓았다.

바람의 긴 꼬리가
나무마다 풀마다
수런거리게 한다.

바람의 입자들이 피워놓은
흔들림으로
적막이 깨어지고

그 작은 설렘들이 모여
더욱 빛나는 여름날 오후.

—「여름날 오후」 전문

평이하면서도 윤기있는 여름날 오후가 깔끔하게 잡혀진다. '은빛 갈기 휘날리는 바람'(1연)이라는 불온한 압박이 있지만, '하느님은 허공을 비워놓았다'(2연)는 구원의 공간을 발견한다. 생리적인 서정시인으로 유명한 박목월의 시대와 간격을 둘 만큼 현대적인 감각도 있다. '자유·입자' 등의 시어는 벌써 한 시대를 뛰어넘어 온 개념이다.

한정민의 언어도 거의 천성적인 바가 있다. 시의 신비는 언어의 신비에서 온다고 갈파한 것은 시성 정지용이었다.

> 시의 신비는 언어의 신비다. 시는 언어와 Incarnation적 일치다. 그러므로 시의 정신적 심도는 필연으로 '언어의 정령'을 잡지 않고서는 표현 제작에 오를 수 없다.
>
> — 정지용 「시와 언어」(정지용 전집, 2산문)

언어의 정령精靈이란 무엇일까. 사물의 혼령을 이끌어내는 언어이기에 그것은 신비로운 것이고, 시는 바로 '언어의 정령'이 잡힐 때 쓰여진다는 것이다. 그것은 사물의 본질에 접근된 화신化身 또는 권화權化와의 일치인 것이다. 사실 추상적인 언어나 상투어가 되어버린 언어로서는 구체적인 삶이 살아 숨쉬는 시의 가변성, 곧 감동에 이르기 어렵다.

시의 관심은 인간 생존의 외부적 조건이라기보다는 그 조건에 충돌하며 살아가는 내면적 생존 모습이며 그 예술적 체험과의 만남이다.

한정민의 시집 『먼 훗날』을 보면 단순한 간병일기의 기록이 아니다. 항암주사, 방사선 치료, 중환자실, 그리고 임종, 49일재, 영정사진, 죄 등 너무도 가혹한 현실적 상황과 직면된 시들이다. 이 시집의 '추천의 글'에서 리헌석은 "가슴을 먹먹하게 하는 순애보"라 하였고, "추억은 아름답지만, 새로운 추억을 만드는 일도 소중한 일"이라며 격려를 아끼지 않는다.

이번 시집 『진도 육자배기』는 드디어 한 시인적 성장을 보이는 순수시의 궤도에 오른 인간승리의 산물이다. 어쩌면 거룩하기도 한 시의 성숙을 기대해도 좋을 것이다.

정신적 성숙이 은은할수록 시의 예술성은 빛난다. 더구나 창조적 발상과 튀는 표현이 함께 하게 되면, 시는 한층 신선한 운치를 높인다.

## 2. 시의 신화, 가족과 고향

"무덤이 없는 자는 하늘이 덮어준다."는 말이 있다. 한정민 시인은 하늘이 덮어주는 가족과 고향에서 신화적 자아와 만난다. 현실적으로 어려운 일을 겪는 가족이요, 고향이어도 시적 자아는 신화적 상상력에서 구원을 얻는다. 그의 시의 본질이 거기 있었다.

그의 고향은 전남 진도군 군내면 월가리. 이 시집 제2부는 고향에 대한 소재가 대부분이다. 모친과 선친에 대한 안타까운 상념을 비롯하여 설날, 세뱃돈 등 생활의 추억도 있다. 그런가 하면 온국민을 경악시켰던 세월호 침몰사건을 다룬 「세월호」 「팽목항에서」의 시가 제4부에 배치되어 있다.

시인에게 연금술鍊金術은 시인의 정체성과 표현의 완성도를 높인다. 어떤 비속한 것이라도 발효시키고 금으로 재생시키는 것이 정체성이라면, 이에 상응한 표현의 도에 일가를 이루고 문화적 멋스러움과 동화적 부드러움의 극치에 이르는 것은 예술성의 길인 것이다.

한정민의 시에는 시의 결구에서 고차원적 언어 표현이 유지된다. 이는 작시상으로도 시의 태작駄作을 막고 성숙된 한 시인의 면모를 살필 수 있게 한다. 그 일부를 예시하면 다음과 같다.

(1) 빈 몸으로/ 가볍게 올라가/ 반짝이고 싶다

— 「별」 종연

(2) 시마저 없으면/ 내 삶은 정전이다

— 「시」 종연

(3) 배낭문을 열어놓고/ 기차에 오른다

—「여행」 종연

(4) 동생이 바로/ 내 고향이다

—「고향에 가면」 종연

(5) 나는 진도 앞바다가 벌떡 일어나/ 내 빰을 후려치는 꿈을 꾸었다.

—「절망」 종연

시에서 서두도 그렇지만, 종련의 비중은 더욱 막중한 바가 있을 것이다. 한 테마의 매듭이란 시의 성패를 결정한다 해도 지나치지 않을 것이다. 위의 인용에 대한 약간의 설명을 붙인다.

(1) 「별」은 불과 4연의 시인데, "가진 것/ 몽땅 내려놓고" '빈몸' 으로 가볍게 올라가 별이 되고 싶다는 것으로 구체적 발상법이고 경쾌감의 안도가 있다.

(2) 「시」는 "친구도 없고/ 고통만 가득 가진 나"에게 '시' 마저 없다면 내 삶은 '정전停電' 이라는 것.

(3) 「여행」을 갔다가 무인도의 바람소리, 초록빛 파도소리를 담아오려고 "배낭문 열어놓고/ 기차에 오른다"는 것. 발상이 뛰어난 표현.

(4) "진도에는/ 지적장애 동생이 혼자 산다"는 고향에 가면, 동생곁에만 있다가 오기 때문에 "동생이 바로/ 내 고향"이라는 것. 시의 뜻이 직핍된 효과가 있을 것이다.

(5) 절망적인 어머니가 끝내 "힘없이 무너지던 그날" 나는 악몽을

꾸었다는 것. 절망의 극적 효과를 한 표현.

흔히 시란 그냥 써지는 것이 아니고 우리의 심안心眼이 눈 떠야 한다고 한다. 이 눈이 다시 시안詩眼으로 이어진다. 그리고 그 자아실현의 욕구에 의하여 만족감과 인간상에 도달한다.

한정민은 뒤늦은 칠순의 나이에 이르러 시의 자유自遊를 찾으며, 세속의 일을 근본적으로 넘어서고자 하는 시쓰기를 멈추지 않는다. 그에게는 아직 많은 희망이 기다리고 있을 것이다. 다음의 시는 인생의 '황혼'이 오히려 꽃으로 피는 경지이다.

> 나의 황혼 무렵은
> 당신이 있어
> 외롭지 않습니다
>
> 젊음을 화려하게 불태워
> 재로 만드는
> 서녘 하늘을 보아도
> 콧노래가 절로 나옵니다
>
> 어둠의 날개들이
> 삶의 창가에 장막처럼
> 드리우는 시간
>
> 내 안의 꽃들이
> 반짝이며 피어오르는
> 시간입니다.

당신은
밤으로 가는 길목에 등불로 핀
한 떨기 아름다운 백합입니다.

—「황혼에 핀 꽃」 전문

이 시의 '당신'은 '시'로 보아도 될 것이다. 그의 구원이 시이기 때문이다. 시는 "밤으로 가는 길목에 등불로 핀/ 한 떨기 아름다운 백합"(종련)으로 다가오는 것이다. 절정을 향한 몸부림을 부르고 있으며, 시의 자발성과 자족감을 지닌 고무가 충전되어 있다.

시의 기법에는 여러 가지가 있겠지만, 자신의 이미지가 '황혼·꽃·시간·백합' 등으로 은유되어 있다. 시와 무의식, 참신한 이미지의 구현, 그리고 무위의 허를 찾아가면서 군소리, 모호성, 혼란 등을 다듬어 내는 기능을 눈여겨 볼 수 있을 것이다. 한정민은 이에 만족하지 않고 더욱 고급의 기법, 그러면서 심금을 울리는 고도의 절창성을 목표로 추구할 수 있을 것이다.

## 3. 서정시는 담수호淡水湖 인가

우리가 접할 수 있는 시 가운데서 서정시의 비율은 압도적으로 많은 편이다. 현대시라는 개념이 끊임없이 작용을 하고 있지만, 누구나 시라고 하면 서정시를 떠 올린다고 해도 과언이 아닐 것이다.

소설은 시와 달리 근대문학의 산물이다. 그러나 서정시는 인류 문화와 함께 온 유구한 역사를 자랑해 온 장르이다. 우리나라의 경우, 대부분 내용이 한시로 전해져 오지만, 고조선 시대의 「공무도하가」,

고구려 유리왕의 「황조가」 등이 문헌에 나온다.

서정시는 개인적 정조의 표출로 이루어진다. 영혼의 깊이 속에 기반을 두고, 언제나 색채와 향훈의 여운을 남긴다. 흔히 타인을 의식하지 않고 자기 자신을 위해 창작하기 때문에 서정시는 무목적의 시로 일컬어지기도 한다.

오랜 전통의 서정시, 현재에도 본질적으로 크게 달라진 면모가 별로 없기 때문에, 어떤 이는 『서정시의 운명』(김한식, 2006)에서 '오래된 담수호'에 비유하기도 한다.

이 담수호에 여전히 물고기는 뛰놀고 있겠지만, 이 고인물의 운명은 끊임없는 혁신을 요구한다. '전통시'는 낡은 것이라는 인식이 매우 치명적인 것인데도 안주하고 있는 시가 있는가 하면, 일부는 자각적인 노력을 다하고 있는 것도 사실이다.

실험시, 해체시 등의 출현, 모더니즘, 난해시의 정당성 등의 이면에는 전통시에 대한 변혁 의도, 다시 말하면 현대시로서의 정립에 숨은 고민들이었다. 시의 산문화, 요설화, 소품화, 탈사회화 등의 풍조에는 새로운 서정시의 변화를 도모하는 의도가 깔려 있음이다.

현대시에는 많은 논의가 있겠지만, 표현의 현대적 혁신과 현대판 소재의 발굴 및 확대 등이 거론될 수 있을 것이다. 실험시는 대개 날이 서 있고 그리고 첨단적이었다. 그래서 80년대의 한국시는 성과가 없었고, 이후 간헐적으로 나온 실험시들의 빛은 거의 지속되지 못하고 있는 것으로 본다.

일반적으로 정신의 시, 형이상形而上의 시가 그래도 표일한 생명력으로서 영원을 지향하는 성과를 보인다. 가장 중요한 것은 '현대적 사고력' 의 정립과 그 실현일 것이다.

한정민은 소재의 발굴을 보이는 것이 있다.

남정넨
집안일 하며
육자배기를 불렀고

여인넨
육자배기 장단에 맞춰
밭일을 품앗이했다.

길 가던 행인들도
육자배기 흥에 취해
춤을 추었고

어둠이 오면
마당에 모깃불을 피우고
할머니 육자배기에
밤 하늘 별을 땄다.

진도는 바닷물도
육자배기 소리만 나면
출렁거린다.

—「진도 육자배기」 전문

남도의 대표적인 민요인 육자배기로 또 하나 고향의 서정을 노래한다. 남정네, 여인네, 행인, 할머니, 그리고 바닷물까지 모두 혼연일체가 된 흥취이다. 언어의 음악성에 젖어있는 것이 서정시의 본질인데, 육자배기 곧 고향의 놀라운 매혹을 보인 작품이다.

육자배기는 원래 「농부가」와 같이 농요의 한 갈래로서 '육자배기'란 이름은 6박을 단위로 하는 진양조 장단에서 생긴 것이라고 한다. 지금은 「판소리」 「속 춘향가」 「수궁가」 등의 한 대문을 떼어다 부르기도 한다.

이 시는 한정민에게 새로운 가능성을 선보이는 바가 있을 것이다. 지금까지의 주관적인 독백 위주의 시에서, 이 시는 사물에 대한 객관적 표현에 의한 서사적 표현으로 되어 있기 때문이다. 서사적 관점의 표현기법은 서정시의 또 하나 큰 영역에 속할 것이다. 가령 한용운, 서정주, 김지하 등 시인들의 명시들은 거의가 사적인 표출보다는 냉정한 서사적 기법이 원용되고 있음을 볼 수 있을 것이다. 신선한 소재의 개척, 지적인 투시력 등이 그 관건일 것이다.

한정민은 그의 개인적 주관적인 정서를 순화하며 냉철한 지성의 영역으로 진입한다. 다음의 「따뜻한 겨울」도 그러한 예에 속할 것이다.

> 눈발 날리는 재래시장
> 골목길
>
> 언 손 호호 불며
> 잡곡과 청국장 팔고 있는 노인
> 십 년을 모아
> 불우이웃돕기 성금
> 1천만 원을 기부했다.

5천 원에
청국장 한 봉지
얼마를 팔아야 1천만 원을 모을까.
노인의 주름진 얼굴은 모닥불이다.
생각만 해도
겨울이 따뜻하다.

—「따뜻한 겨울」 전문

쉽게 이해되는 내용이며, 그러면서 아늑한 정감의 미소를 머금게 한다. 시의 이런 단순성은 대중과 쉽게 호흡되는 요소인 것이다. 우리 세속의 맥을 짚으면서 위로와 안식의 미적 감정을 준다.

우리 시단에는 이른바 도시적 서정시로 불리우는 일군의 시인들이 활동하고 있다. 도시란 원래 적자생존의 밀림이고, 강자만을 키우고 옹호한다는 배경은, 도시적 서정의 세계가 도시의 우울, 그로테스크한 모습, 분노와 야유 등의 시풍을 낳는다. 그것이 때로는 새로워 보이고 신기해서 일시의 관심은 끌 수 있겠지만, 여전히 독자와 멀어진다. 진선미를 지향하는 시의 본질과의 괴리 때문일 것이다.

한정민의 「따뜻한 겨울」은 소박하면서 마음의 안정을 준다. 가난한 노인의 따뜻한 불우이웃돕기의 성금 때문이다. 이 시 역시 종련의 매듭이 뛰어난 편이다. "노인의 주름진 얼굴은 모닥불이다/ 생각만 해도/ 겨울이 따뜻하다"는 결구는 전체의 내용을 재해석하면서 매듭을 놓는다. '주름진 얼굴'과 '모닥불'의 상관성 역시 상식을 넘는 비유라고 하겠다.

### 4. 대중적 서정시의 지진대地震帶

시를 통한 도덕적 미학적 진보의 개념은 현대시에 와서도 근본적으로 퇴색할 수 없는 본질이다. 신화적 상상력도 이에 연원을 둔다. 시의 은유적 욕망은 이상적인 현실을 모방하는대로 나아가는 것이라 하여 '미메시스(mimesis)적 욕망' 이란 플라톤의 말을 강조하는 이도 있다.

오늘날 80년대까지만 해도 상상할 수 없었던 문인의 양산시대로 접어들었다. 문예지도 수백 종에 이른다. 시인은 많을수록 좋은 것이란 측면이 있고, 문예지도 다량화의 합리성이 없지 않다. 더구나 그것은 민주사회의 발전과 더불어 예술이 소통의 총아로 뜬 것이다. 민주주의는 소통문화인데, 예술이 그 역할에 있다는 것이다. '문화융성' 이란 이면에는 소통과 복지가 함께 깔려 있다.

그러나 문인들의 개인적 처신은 곤혹스러운 면이 없지 않을 것이다. 광대한 통념의 나락에 떨어져 가기 때문일 것이다.

한정민 시인은 대중적 서정시의 지진대에 가까이 설 수 있는 면이 없지 않다. 그는 누구보다도 대중적 풍토에서 태어나 성장했고, 더 중요한 것은 대중의 편에서 세속의 선함과 향기를 맡는다. 그의 시는 대중적 숨길을 따뜻하게 열고 있으면서도 결코 통속적 편향에 빠지지는 않는다.

앞에서 「따뜻한 겨울」을 보았지만, 「내가 사는 이유」에서는 길거리에 쓰러진 노인을 등에 업고 병원으로 가는 선행 기록이 나온다. 이 시의 결구는 "내가 살아가는/ 소중한 이유가 생겼습니다"인데, 이러한 시적 픽션은 아무나 흉내 낼 수 있는 것이 아닐 것이다.

(A)
노승이 읊고 있는
천수경 한 자락이
새벽을 열고 있는
산사의 처마 끝에

밤새도록 달빛 머금은
풍경 하나가
맑은 소리 몇 소절로 깨워놓은

탑
절집
부처님 말씀

— 「산사에서」 전문

(B)
방안을
환하게 밝혀주는 눈빛

불 밝혀
어둠을 태우면
마음속 불안도
말끔히 지워진다.

나의 소망은
촛불처럼 언제나
세상을 밝히는 것

촛불 앞에 서면
내 안의 내가 보인다.

—「촛불을 켜고」 전문

작시상으로 신선하고 안정감을 함께 주는 소품이다. 「산사에서」는 고도의 생략과 비약을 함께 하면서 시적인 운치가 울린다. 천수경千手經은 불경의 한 가지로 천수관음千手觀音의 유래와 발원, 그리고 공덕 등을 말한 진언眞言이다. 이 주문을 외면 천수관음의 공덕으로 구제를 받는다고 한다.

「촛불을 켜고」는 역시 곧 마음의 촛불이다. 자칫 경직되기 쉬운 일반적인 발상이지만, "촛불 앞에 서면/ 내 안의 내가 보인다"(종련)에서 비약의 울림으로 이끈다. 시가 언어의 논리성이나 문법성을 초월하는 그 기능을 살리고 있다.

한정민 시인은 변화의 묘미를 구사하되, 난해하거나 그로테스크하지 않게 풀어낸다. 이는 시적이면서 평이한 단순성을 즐겨쓰고 있는 것인데, 대중적 서정시의 중요한 기능의 하나라고 하겠다.

시에서 리듬이란 특수한 힘, 독특한 마력이 내재해 있다. 그의 시에 리듬감각이 보존되어 있고, 연속체로 이어져 이끄는 매력을 또한 눈여겨 보게 한다. 이 또한 대중적 서정시의 기능이다.

소설과 달라 서정시는 본래가 세속의 일을 초월하는 인간적인 탐구에서 진아眞我의 존재성을 주장하고 표현한다. 속세로부터의 멀리하기는, 곧 세속의 일을 근본적으로 뛰어넘고자 하는 초월 행위로 인정된다.

그러나 한정민의 시에는 아픈 체험으로부터 오는 인생의 승화가 있고, 질긴 고독과의 깨달음이 있다. 인류의 명작이란 대부분 인간의 병든 면을 여과시키고 표현한 기품의 내용이라고 하듯이 내면적 성숙이란 작품의 질과 관계가 깊다. 뿐만 아니라 「가장」「딸부자」「세뱃돈」「스키장에서」 등 적지않은 작품에서는 낙천적인 서민의 애환을 노래한다. 세속에 대한 사랑과 긍정, 나아가 세속인에 대한 성스러운 찬미를 함께 볼 수 있다.

현대시는 난해하고 고답적이며 편향적임으로써 독자와의 괴리가 심각하다는 지적은 세계적 경향이다. 한정민 시인은 정서적 바탕이 깊고 풍부한 편이고 대중적 서정시의 매력을 어느 정도 갖춘 천부적 소양을 보이고 있어 앞으로 주목되는 바가 있을 것이다. 사람 사는 길이 천리라면, 시의 길은 멀고 먼 만리의 길이다. 우리 시의 희망은 결코 가까운 곳에 있지 않을 것이다. 미학적 가치관의 긴장을 향해 시의 성취를 더욱 진척시켜야 할 것이다.

끝으로 정지용은 그의 「시의 옹호」의 맨 마지막에서 다음과 같이 시인의 자부심을 부추긴 바 있다. 참고가 될 수 있을 것이다. "시인은 정정한 거송巨松이어도 좋다/ 그 위에 한 마리 맹금이어도 좋다/ 굽어보고 고만高慢하라"

– 한정민 시집 『진도 육자배기』 수록

# 구술체에 의한 시민정신의 점화

— 조남명 시집 『세월을 다 쓰다가』

## 1. 시적인 뜻 구현의 강점

동호東湖 조남명趙南明 시인의 『세월을 다 쓰다가』는 『사랑하며 살기도 짧다』(2011), 『그대를 더 사랑하는 것은』(2014)에 이은 세 번째의 시집이다. 이 시집은 1부에서 4부까지의 60편은 신작시이고, 마지막 5부의 17편은 앞의 두 시집에서 일부 보충해 온 시편들이다.

조남명은 월간 《한울문학》(2009년 6월호)에서 「동백꽃」외 5편의 작품으로써 데뷔한다. 추천작품 6편은 "한 마리 용이 비상하듯 펼쳐 보이는 무지개빛 시선을 그려내는 조남명씨의 작품"으로 소개된다. 시인적 능력을 충분히 엿볼 수 있는 작품이었다.

당선소감에서 그는 "그전부터 수시로 시는 써왔습니다만, 이번 등단을 계기로 원점에서 글을 배우는 겸손한 자세로 선배 시인님들의 가르침을 받아 정진을 할까 합니다"고 포부를 밝힌다.

"예술은 모방이 끝나는 곳에서 시작된다"는 말이 있듯이, 수련의 시대가 바로 모방의 때였다면, 한 시인으로서 서게 되는 문단진출은,

바야흐로 창의적인 자기 개성의 길을 열어야 하는 것이다. 시인은 치열한 예술의식의 첨단에서 조금도 물러 설 수 없기 때문이다.

조남명의 추천작품에서 2편의 시를 보기로 한다.

(A)
녹다 만
하얀 눈을
제친 동백꽃

골짜기
시린 해풍海風에
시달려도

눈이 부실 듯
불이 붙은 다홍花여

누구를 그리워하여
못 기다린 채
깊은 삼동三冬에 피었는가.

—「동백꽃」 전문

(B)
명동성당 성지로 만드셨던
김수환 스테파노 추기경
인간 사랑 남기고 선종善終하셔

새벽 어둠 가르고 칼끝바람 맞으며
성당 넘어 안 보이는 칠백 리 추모행렬,
인간 사랑 몸소 실천한 큰 어른이었기에
온종일 기다림의 행렬에도 미소 띤 얼굴들

온화한 미소로 웃던 그 분
마지막 몸 나누어 빛을 주고
허전한 두 눈 감고 편안해 하셨다

본보기 되기 위해 가난하고 소외된
낮은 사람 더불어 살기 위해
고뇌를 했던 분
마지막 "사랑하라"
그분은 떠났어도
쉽사리 못 보내어
온사람 가슴 속에 머무를 큰 어른.

—「큰 어른 가셨음에 —선종을 애도하며」 전문

추천작품은 2편이나 여기 소개하는 것은 이후 2편의 경향이 조남명의 시세계를 암시하는 바가 많기 때문이다. 일견 보아서 알 수 있듯이 앞의 「동백꽃」은 전통적 서정의 심미성을 보인다. 또 동백꽃을 소재로 한 많은 시편들이 있어 왔고, 그만큼 이 시의 참신성은 떨어지는 것이라고 하겠다.

그러나 「큰 어른 가셨음에」는 흔히 목적시로 분류될 수 있음에도 불구하고 뜻과 표현을 모두 얻고 있는 가편이다. 뜻의 구현이 강점으로 잘 스며들었기 때문이다.

조남명의 시집들을 보면, 「동백꽃」과 「큰 어른 가셨음에」의 두 흐름으로 크게 요약할 수 있고, 또한 그의 시세계의 양대 산맥을 형성한다.

다시 말하면 그의 시집의 「자작나무」 「보리」 「안개꽃」 「이팝나무」 등 자연의 식물을 다루고 있는 시편들은 모두 추천작 「동백꽃」의 계열로서 그 수법 또한 거의 동질성을 보인다고 할 것이다.

그러나 「큰 어른 가셨음에」는 그 부제가 뜻하고 있는 바와 같이 김수환 추기경의 장례를 맞아, 고인의 고덕을 추모하는 내용이다. 잔잔한 감동의 울림처럼 시가 안정되어 있다. 시적인 뜻의 구현이 온건하면서도 시대의 아픔과 함께한 깊이를 얻고 있기 때문이다.

곡식의 낟알 속에 생명이 간직되는 것과 같이 시가 산문과는 달리 서정과 리듬을 축으로 한 절제의 미학이지만, 정제된 의미완결로 가야 하는 요구는 결코 후퇴할 수 없는 시의 정도인 것이다.

훌륭하고 유익한 시는 역시 의미의 생명력이 뛰어난 시가 아닐 수 없다. 조남명 시인은 「내일 죽을 것처럼」 「세월을 다 쓰다가」 「어떻게 살고 있나」 「대지의 일년」 등의 시편에서 뜻의 구현에 강점을 나타내며 시의 지평선을 연다.

## 2. 민주사회의 서민정신

시는 예로부터 고급성을 향유하며 시인들도 귀족의식이 있었다고 할 수 있다. 흔히 소설이 서민문학이라면, 시는 귀족문학이라고 일컬어지는 일도 이 때문일 것이다.

시는 표현이 우선인 장르이다. 오늘날은 디지털시대로서 시의 급격한 해체와 왜곡을 보이며, 젊은 시인들의 난해시 유행과 시독자의 급격한 감소현상을 지적하곤 한다.

그러나 미학적 지성은 여전히 아름다운 마법의 반지로써 사람들을 유혹한다. 일찍이 "시는 역사보다 더 철학적이며 심오하다"(아리스토텔레스)는 특성은 지금이라고 예외가 아닌 것이다. 천진난만한 아이들의 가슴에는 부모가 산다. 그것은 영원히 마르지 않는 아름다운 샘인 것이다. 그 아름다움의 경험은 주관적이며, 이와 같은 정신적 성숙이 곧 시의 예술성을 높인다.

우리 현대시의 자존심을 가리키는 말로 "시의 위의威儀"라는 말을 곧장 본다. 위엄이 있는 몸가짐이나 차림새를 가리키는 말이 '위의'인데, 현대시의 자존적 고급의 완결성을 가리킨다. 이 말은 일찍이 시성 정지용의 노련한 감각미의 시작품을 가리키면서 쓰였던 것이 아닌가 한다. 오늘날의 연구에서도 정지용의 그림, 서정주의 음악, 또는 두 시인의 한국현대시의 대표적인 문장구성 방법을 들면서 '시의 위의'를 들곤 한다.

조남명은 민주사회의 서민의식과 서민문화를 점화하는 데에 세속적 체질과 시인적 시정신을 고양한다. 조남명은 귀족의식이라기보다는 현대사회의 국민의식이다. 작가의 무의식은 호락호락 변하지 않는다.

오늘날의 서민사회란 일찍이 톨스토이가 그의 인생론에서 썼던 "농부들의 부러운 무학무식의 계층"이 아니다. 교육이 보편화되고 민주공화국의 민의를 대변하고 있는 정신인 것이다.

하늘에게
땅에게
고마워 해야겠다.

어머니 아버지
아니 계셔도
더 섬겨 드려야겠다

또,
잃어버렸던
나도
찾아서 위해 주어야겠다
세상의 가슴
그 안으로 안겨
억지로라도
두어 시간씩 웃어야겠다

이제는 그렇게 살아야겠다

—「내일 죽을 것처럼」 전문

이 간결한 표현 속에 숨 쉬고 있는 것은, 서민의식과 직면하는 정신력이나 초인의지라기보다는 평범한 평인세계의 실천적 다짐이다. 평이한 그만큼 서정시의 음악성이 조촐하게 젖어 있다. 말하자면 현대시의 자존과 위의가 오히려 거추장스러워 서민정신으로 하강한 곳에서 민의가 숨 쉬는 공간이라고 하겠다.

「행복」「가정」「행복해지고 싶은 사람에게」「작은 관심」 등 그의 주요한 시의 주류는 바로 보통 사람들의 소망과 의지를 담고 있다. 낙천적 심성과 미소어린 정겨움은 바로 사랑의 눈빛으로 이끌어 가는 힘이 된다.

시 「내일 죽을 것처럼」에서도 이 세상에 대한 긍정정신의 화합을 예찬한다. 이 땅에 고마워하고, 내 자아세계를 찾아주며, 세상의 가슴을 활짝 웃으며 살아야겠다고 다짐하는 것이다. 마치 '내일 죽을 것처럼' 말이다.

이러한 뜻의 연원은 매우 깊은 것이라고 할 수 있겠지만, 시의 표현은 너무도 쉽게 읽히는 기술이라고 할 것이다. 그 평이한 시법은 시인의 천성적 소질과 관련이 있을 것이다.

다시 말하면 조남명 시인의 시는 구수한 자기 입담에 있고, 그 언변, 곧 구수한 구술체의 활용에 있다. 우리의 현대시에서 전통적으로 내려온 언어적 정직성은 역시 문어체에 가까운 것이었다고 보아야 한다.

가령 정지용 시의 시어는 주어+서술어의 관계나 순서가 덜 깨어진 상태로서, 곧 주어를 앞에 술어를 뒤에 두는 일상적인 어법을 지킨다. 그러나 서정주는 평범한 표현을 거부하고 동사를 숨겨 여운으로 활용한다.

조남명의 경우는 그의 '어투'(말투·말버릇)의 습성이 아닌가 한다. 그의 구어적인 말투는 의도적이면서 서민의 감정을 응용하는 구술체인 것이다. 몇가지 사례를 든다.

①

으레 "또 가서 콩바심하고 오지,

사람이 죽고 사는데 그것이 문제여"

그런다

이 말을 언제까지도 들어도 싸다.

— 「콩바심」에서(밑줄 필자)

②

세상에서

어지간하게 된 사람치고

단번에 이룬 사람이 있을까

— 「길」에서(밑줄 필자)

③

별 노력없이 부모 재산으로

호강하고 있는 걸

알고나 그런건지 모를 일이구먼

— 「배가 불렀다」에서(밑줄 필자)

④

요즘은

데려 갈 사람이 너무 많다나

— 「밤 선비」에서(밑줄 필자)

이러한 어투는 작위적인 것이 아니고 몸에 밴 향간의 구어체를 시에 흡수시킨 결과일 것이다. 구술체에 의해서 독특한 시적 성취로 뒷받침된다. 이 시집의 제호 '세월을 다 쓰다가'의 '쓴다'도 독특한 '말투'의 변형이다. 일반적으로는 '세월을 다 쓰다가'는 '세월이 다 지나가도'가 될 것이다.

조남명 시인의 창조적 긴장은 시단의 동향에 구애받지 않고, 내가 겪으며 살고 있는 평범한 사람들의 진실성으로 다가가는 문화의식이다. 어쩌면 그것은 지금까지의 미적 감수성에서는 소홀하거나 기피했던 영역일 수도 있었다. 그러나 조남명은 일상성의 강조와 의사소통의 수평적 안목을 시에 담았다. 조남명 시의 새로움과 익숙함이 여기 있다고 하겠다.

### 3. 일상과 대자연의 품속

조남명의 시는 일상생활과 자연에서 취재한 시편들이 많은 편이며, 시는 항상 밝은 미래의 전망으로서 완성된다. 성실한 시민정신의 머언 눈빛이 거기 있었다.

일반적으로 욕구불만을 배설하는 듯한 작품들과는 차이가 있다. 시는 역시 진리의 딸이며, 선한 깨달음의 아름다움인 것이다.

> 짐승의 마음은 온화하고
> 그 심성은 더욱 곱다
> 만족할 줄도 안다
>
> 잘난 거드름도
> 주어진 환경에 불만도

더 소유하려는 욕심도 없다
배만 차면 행복해 할 뿐

고민이 있어
잠을 못 이루는 일도
시기와 질투도
재물에 눈이 멀지도 않는다

사람도
성인聖人만이 가능한
그런 모습으로 살아가는
순수한 짐승

그가 나를 가르친다

—「짐승에게」 전문

시는 일반적 진리에 관한 것이고, 역사는 독특한 진리에 관한 것이기 때문에 시는 역사보다 더 철학적이며, 더 심오한 것으로 일컬어진다. 사실 역사적 사유란 항상 목적론적인 것이다.

시 「짐승에게」는 일반적 진리의 산물이다. 인간과 비교된 짐승의 특성은 오히려 '성인'으로 비유된다. 간결하면서도 소박한 가운데 진실의 깨달음이 있다. 짐승의 순수한 모습이 우리를 부끄럽게 하는 바가 있다. 특히 "그가 나를 가르친다"는 끝 구절은 대단한 아이러니일 수도 있을 것이다.

주지하는 바와 같이 널리 인구에 회자되고 있는 백석의 시에 나타난 '고향의식'은 하나의 아이러니라는 말이 있다. 김기림은 백석의 시집 『사슴』(1936)을 '문단에 던진 폭탄'이라고 했지만, 이는 함경도의 방언과 역사로 들어간 향토적 지방의식이 뜻밖에 민족의식과 민족주체의 정서로 확대된 아이러니의 산물이라는 것이다. 백석의 시는 본문에 난삽한 향토성도 문제이지만, 제목에서도 「여우난곬족」(여우가 나오는 골짜기에 사는 가족), 「남신의주南新義州 유동柳洞 박시봉방朴時逢方」(신의주 남쪽 지역에 있는 동네 유동에 살고 있는 박시봉의 집에서) 등은 거의 극단의 편벽된 표현인 것이다.

극단적 표현이 아이러니컬하게도 오히려 대중성과 만난다는 것이다. 조남명의 간명한 주제와 표현 양식도 난삽하고 고급의 행태에 물든 시단의 풍조에 어쩌면 긍정적 역설로 비칠 수도 있을 것이다. 다음은 「자작나무」란 시이다. 그것은 대자연의 품속이다.

쭉쭉 뻗은 훤칠한
벌거벗은 하얀 알몸들이
초록 숲을 떠받치고 있다

뿌연 등허리는
풀벌레도 차마 앉기를 주저하고
햇볕도 벗어질까 엇비쳐준다
천년을 가도 그대로인 껍질은
최고 불경을 담았다

숲에 서면 향긋한 냄새
편안해지는 가슴은

그 속으로 들어
입은 옷 다 벗어 던지고
맨몸으로
눈부신 나무와 어우러지고 싶다

거짓을 가리고 사는
인간에게
그는 벗어보라 한다
다 내놓고 살아보라고 한다

— 시「자작나무」전문

무엇보다도 이 시 역시 쉽게 읽힌다. 자작나무는 백화白樺 또는 백단白椴이라고도 하며, 우리나라 북부 지방의 깊은 산에서 나는데, 높이가 20m 가량이나 되는 낙엽 교목이다. 나무껍질이 희고 얇게 벗겨진다. 질이 매우 굳어 파이프, 담뱃갑을 만들며 여러 가지 장식품을 만드는데 이용된다.

이 특색있는 나무는 "쭉쭉 뻗은 훤칠한/ 벌거벗은 하얀 알몸"(1연)으로서, 인간의 가식과 허위성에 대한 일종의 경고적 교훈을 준다. 시인은 "거짓을 가리고 사는/ 인간에게/ 그는/ 벗어보라 한다/ 다 내놓고 살아보라고 한다"(종연)고 읊는다. 시행의 배치를 보면 비교적 짧게 끊으면서 호흡을 맞추고 있는데, 이 역시 그의 구술체의 효과적 표현이다.

앞의「짐승에게」와 마찬가지로 이「자작나무」역시 사물을 풀어내는 진솔성이 매력이다.

조남명 시의 전편에 흐르는 것은 인간과 세상에 대한 폭넓은 사랑의 정신이다. 흐르는 물소리의 깊은 울림처럼 감동적이다. “인생도/ 일찍 가려고 서둘지 말고/ 세월에 앞서 가려고 하지마라/ 다가 올 일을 미리 걱정하지 마라”(「세월을 다 쓰다가」 2연) 또는 “눈치도 허물도 벗어놓는 곳/ 두 다리 쭉 뻗고/ 마음을 내려놓는 둥지/ 이게 있어 살고 살 수 있는 거다”(「가정」 종연) 등을 들 수 있을 것이다.

그의 서술체에는 어떤 무리나 강제성이 전혀 오지 않는다. 다정한 속삭임의 울림인 것이다. 시의 심미주의에는 종교성과도 관련이 있을 것이다. 불교의 명상이나, 기독교와 회교의 기도에는 인간의 마음을 정화시키려는 끝없는 신앙심이 있고, 이는 시의 심미주의의 성숙성과도 맥을 같이한다. 그러나 조남명이의 시에는 종교적인 접근이라기보다는 인간적 시인적 개성이라고 할 수 있을 것이다.

### 4. 마음을 여는 시의 힘

조남명의 구술체에 의한 시는 이번 시집에야 급기야 ‘이야기체’의 시 6편을 선보인다. 「콩바심」 「슬픈 해돋이」 「달덩이 두 짝」 「쇠꼬리」 「엄마 젖」 「올챙이 적 생각」이 그것인데, 여기에는 전부 시적 이야기를 담은 양식이다. 일종의 현대판 설화문학으로 이해할 수도 있을 것이다.

이야기가 문학적 내용이나 형태를 가지는 설화문학은 우리의 고전에서 많이 보이는 것이지만, 서민적이거나 교훈적인 것들은 현대에서도 얼마든지 응용될 수 있을 것이다.

1980년대의 전영경全榮慶을 기억하는 분이 있을 것이다. 「나비」 「나의 마음은 항군가」「시인 김천하씨」 등의 시를 보면 거의 소설체에 가까운 산문적인 시의 이야기로 한 양식에서 시적 감동을 열었다. 마음을 여는 시의 흐름을 한층 높임으로써 주목을 받았다.

조남명의 시 「콩바심」을 보기로 한다.

아내는 심심할만하면
느닷없이 그 말을 꺼낸다
첫 아들 가져 만삭되어 배가 아파와
이십 리 떨어진 시골 어머니를
아침 일찍 데리러 간 사람이
저녁 어둘 때 되어서야
늦게 돌아왔다는 얘기다
아마 지금까지 골백번은 들었을 것 같다
그땐 시골에 가보니,
뽑은 콩대가 마당 가득 펴있고
어머니는 이번 나가면 금방 못 오니,
비오기 전에 급히 도리깨로 두드려
바심을 하고 가자며,
첫애는 금방 안 낳는다고 하여
그것 하고 오느라고 늦었었다
그날 아내는 아침부터 저녁까지
아픈 배로 무섭고 공포에 떨며
간 사람을 원망하며, 까맣게 홀로
기다리고 있었을 게다
저녁에야 병원으로 가서
그날 자정 무렵에 수술로 몸을 풀었다

요즘 딸년이 남산만한 배로
버티고 다니는 것만 보면
으레 "또 가서 콩바심 하고 오지,
사람이 죽고 사는데 그것이 문제여" 그런다
이 말을 언제까지 들어도 싸다

—「콩바심」 전문

해산이 임박한 아내를 두고 콩바심까지 하고 온 남편을 화자로 한 구술체의 작품이다. 시가 대체로 세련된 지성의 산물이며, 예각의 예술성을 지향하는 것이지만, 이 시는 배경부터가 서민사회의 일상적 삶에서 온 소박한 발상이다. 그만큼 26행의 이 시는 대중성 이야깃거리의 속살을 드러낸다.

이「콩바심」 말고도 나머지 작품도 작중 화자나 배경이 모두 서민들이다. 간략하게 그 내용을 몇 개 소개하면 다음과 같다

①「슬픈 해돋이」는 해돋이를 보려고 새벽 일찍 도솔산을 오르다가, 목을 매달아 죽은 시체의 부릅뜬 눈과 정면으로 마주쳤다는 29행의 시다.

②「달덩이 두 짝」은 젊은 여자가 콘테이너 밖에서 오줌을 누었는데, 그 장면이 CCTV에 찍혀 머슴아들이 모두 보고 놀려댔다는 이야기다.

③「쇠꼬리」는 19행의 이야기다. 신혼부부의 아내가 어느 날 말다툼 끝에 친정으로 내려갔는데, 친정아버지가 눈치를 채고 둘러댄 쇠꼬리 이야기로 딸은 부랴부랴 되돌아갔다는 것이다.

내용에 위트가 있고 짜임새가 있는 구성이다. 다시 말하면 구술체

작품들이 지닌 설득력과 공감을 함께하는 산물인 것이다.

조남명의 시에는 아늑한 고향과 그 태생적 환경, 그리고 건강한 삶에 대한 기억이 자못 눈부신 바가 있다. 다른 사람과는 다르게 느낀 인생관이나, 경험 내용이 담겨져 있고, 그것들은 개성적 사색과 감수성을 생생하게 시에 투영한다. 시의 주제와 스타일이 그만의 체화된 요소로 나타난다.

조남명의 시어는 순박하고 단순한 구술체에 녹아 있다. 평이한 이해와 빠른 속성을 지니고 있어 소통과 성찰의 언어로써 민주사회의 서민정신을 점화시키는 독특함이 있다.

열쇠가 상자를 열 듯 시 또한 사람의 마음을 열어야 한다. 또 사랑이란 다른 존재의 이익을 위해 자기를 아낌없이 던지는 것이라면, 조남명 시인의 시는 이 시대의 한 촛불처럼 귀한 바가 있을 것이다. 시인에게 불안감이나 절망의식은 거의 용인되지 않았고, 끝까지 대지의 정신, 긍정과 평화의 시정신이 그의 시를 지킨다.

흔히 말하기를 작가가 살아있을 때는 대개 그의 좋지 못한 작품이 흉이 되어 평가되기 쉽고, 사후에는 가장 뛰어난 작품으로 정당하게 평가된다는 것이다.

생전의 평가는 사적인 견해가 개입되기가 쉽다는 것인데, 작품을 본질적으로 잘 본다는 일도 쉬운 일은 아닐 것이다. 조남명 시인의 시집 출간을 축하하며 정진을 빈다.

— 조남명 시집 『세월을 다 쓰다가』 수록

# 감동으로 끌어올린 동심의 무지개

— 김숙자 동시집 『청개구리 우편함』

## 1. 인간애로 피어난 무지개

김숙자 시인이 사랑의 동시집 『청개구리 우편함』을 출간한다. 월간 《아동문학》(1991), 《월간문학》(1991), 및 〈대전일보〉신춘문예(1997) 등에서 화려한 동시 당선을 한 김 시인은 그동안 다섯 권의 동시집을 상재하였고, 이번이 여섯권째가 된다.

아동문학에 대한 일반적인 이해는 시나 소설에 비하여 아직 깊다고 할 수는 없을 것이다. 아동문학의 내용은 우화·신화·영웅 이야기 등과 함께 가장 주류를 이루는 것은 요정 이야기(fairy tale)가 된다. 나비가 심부름을 다니고, 꽃이 노래를 한다든가, 새가 말을 하며 그림책이 바퀴가 되어 굴러간다는 등의 이야기는 모두 어린이의 상상력이다.

어린이는 거침없는 분방한 공상력에 의해서 발휘하게 된다. 아동문학이 어린이를 대상으로 하는 것이면서도 성인들에게도 공감과 쾌감을 주는 것은 공상의 세계가 실은 현실의 거울이 되기 때문이다.

아동문학은 성인문학과 다른 특성과 독자적인 가치기준이 있게 된다. 그 특수한 성격은 글의 소재·주제·등장인물 등에 있어서 어린이의 특수한 가치관이 반영되었을 때, 비로소 그 자립도가 확립된다.

아동문학에는 예술성이 높은 작품일수록 교육적 가치와의 상관성이 불가피하게 되는 것처럼, 교육적 가치가 거의 필수적이라 할 수 있을 것이다. 교육적 가치는 그 시대의 발전과 진보적인 사상에서 나와야 하며, 퇴영적인 사상에서 원용되어서는 안 된다는 것이다.

김숙자 시인은 그의 문학에서 사랑의 주제가 거의 일관되어 왔다고 해도 과언이 아닐 것이다. 그의 치열한 작가의식에는 자신이 아이들의 교육현장에서 평생을 몸바쳐 지냈고, 남다른 교육애가 자리잡고 있기 때문이다.

어린이 성장을 돕는 문학, 어린이의 삶이 왜곡되지 않는 정도의 모럴이 항상 지표가 되있다고 할 수 있을 것이다. 그것은 높은 인간애의 무지개가 펼쳐지는 시정신이라고 할 수 있을 것이다.

세상을 감싸는 우주다.
마음을 녹이는 용광로다.
심장을 끌어당기는 자석이다.
세상을 가라앉히는 평화다.
사알짝 말해 주고 싶은 이야기다.

—「눈웃음」 전문

사람의 표정 가운데 소리없이 눈으로만 웃는 눈웃음처럼 은근한 것이 또 있을까. 5행의 이 동시는 눈웃음을 "우주·용광로·자석·평화·이야기" 등 다섯 가지의 은유의 이미지로 전개시킨다. 사람과 사랑 사이의 가교의 기능을 도출해 준 내용인 것이다.

김숙자 시인은 교육현장에서 사명의식이 높을수록 그의 문학적 응용은 깊어지고 창작적 성공도 얻게 된다. 이는 작가로서의 현실적 체험과 창작상의 기법이 일치하는 결과인 것이다.

첫동시집 『모시울에 부는 바람』(1992)의 '모시울'은 무엇인가. 그것은 충남 연기군 전동면 송곡리의 시인이 재직하고 있었던 학교의 마을 이름이다. 전교생이 백명이 채 안 되는 조그마한 산골학교라고 한다. 시인이 맡고 있는 1학년은 12명이었다.

이 동시집에 수록된 대부분의 작품들이 이 학교의 어린이나 자연환경에서 비롯되었던 것이다.

두번째 동시집 『갯마을에서 띄우는 노래』(1997)의 '갯마을'은 충남 당진군 송산면 가곡리에 위치한 조그마한 갯마을 성구미 포구에 있는 학교였다. 사시사철 갯바람 때문에 학교의 태극기가 몇 번씩이나 찢어져 새 태극기로 바꿔 달아야 했다. 여기에서 「바다의 가슴」 「조가비」 「봄햇살」 「방파제에서」 등의 시가 탄생된다. 시인은 어촌의 어린이가 되어 적지않은 창작의 산고를 맛보게 된다. 그 덕분에 『갯마을에서 띄우는 노래』가 대전일보 신춘문예에 당선되는 영광도 안게 되었다.

세번째 동시집 『달님마저 반해버린 야생화』(2004)는 서천군의 기산초등학교 교감으로 근무할 때 출간된 시집이다. 이 학교에서는 '야생화공원'을 만들고 '우리 문화학습박물관'을 운영, 다양한 들꽃들을 교정에 재배하여 우리문화교육의 센터 역할을 하고 있었다.

당시 김숙자 시인은 전국을 발이 붓도록 돌아 다니면서 야생화를 관찰하고 '야생화 도감'을 만드는데 헌신한다. 야생화의 생생한 모습을 사진으로 찍고 모으며 '야생화 동시집'까지 발전한다. 여기의 시는 야생화를 직접적으로 노래하는 것 뿐만 아니라. 그 꽃의 특성을 살려 새로운 이미지로 창작된다. 작가의 현대적 안목을 엿볼 수 있다.

이 시집은 복수초, 섬노루귀 깽깽이풀, 할미꽃, 인동초 등 69개의 야생화가 등장하며 사진과 함께 학명까지 소개된다.

일찍이 파브르는 『곤충기』에서 개미, 매미, 파리, 거미, 벌 등을 과학과 문학으로 결부시켰다. 동물을 다룬 것은 매우 흔한 편으로 알려진다.

네번째 동시집 『행복을 굴리는 아이들』(2010)은 정년을 앞두고 40여년 간 근무했던 여러지역 아이들과의 추억을 떠올리며 내재된 추억들을 행복으로 빚은 동시집이다.

다섯번째 동시집 『꼬꼬맙시들의 행복한 날갯짓』(2014)에 이르면, 김숙자 시인은 천안 청룡초등학교 교장에서 정년퇴임(2010년 2월)하게 되고, 가정으로 돌아와 사랑하는 가족과 손주들과 함께 생활하게 된다.

특히 『꼬꼬맙시들의 행복한 날갯짓』의 '꼬꼬맙시'는 손녀(아정)가 지어낸 말로 엄마닭을 졸졸 따라다니는 꼬마 병아리떼 같은 아이들을 가리키는 신조어로 사용된다.

살곰살곰
발자욱 소리 들릴라
소곤소곤

우리 아가 잠깰라
숨소리도 내지 마
살포시 살포시
아가 품 속으로 달려와
쉿, 조용조용 꿈 속에서 만나렴

달님과 숨바꼭질 하는 거야
쥐도 새도 몰랐잖아
꼭꼭 숨겨둔 연분홍 콧수건
술래에게 들키면 어떡해
눈부신 금빛 너울도
널 감추지 못했구나
선잠에 눈 비빈 네 모습
오, 너무 아름답구나.

—「꽃잠」 전문

아이의 잠을 '꽃잠'이라 한 것도 새로운 상상력의 소산이지만, 아이가 깰까봐 조바심하는 마음이 손에 잡힐 듯한 동시이다. 그러면서 표현 기법이 역동적이며, 전통 기법에서 탈피한 감각적 전율을 준다.

## 2. 사랑의 가정에 닻을 내린 시인 할머니

김숙자 시인은 이준희 부군과 함께 슬하에 남매를 두었다. 따님(수빈)은 아정과 호란의 쌍둥이 손녀를 낳았고, 아들(용혁)은 휘택과 휘린 남매를 두었다. 이번에 발간된 동시집은 휘린의 첫돌에 맞춰 발간되었다고 한다.

지금은 문화를 산업으로 몰아가는 시대라고 한다. 민주사회의 의사소통과 평등사상의 촉매 역할로서 문화가 그만큼 존중되고 있기 때문이다.

아동문학을 결정하는 것은 작가의 사상이나 인식의 질이 우선이고, 작품 구성의 확실성, 그리고 언어의 표현력과 문체 등을 든다. 그러나 실제로 언어의 표현력과 문체는 먼저 문학이 되어야 한다는 전제가 있기 때문에 예술성의 뒷받침을 결코 간과할 수가 없게 된다.

김숙자 작가의 사상이나 인식의 질은 끊임없는 작가 역량의 과정으로 축적되어 온다. 거의 전문적인 탐구와 창작의 길을 걷는다.

저서만도 동시집 6권 이외에 시집으로 『비울수록 채워지는 향기』『낮음, 그래서 더 고운 영혼』『마틸다의 기도』『사람 사랑 행복 방정식』『시와 열애에 빠진 마중녀』 등 5권의 시집이 있다. 기타 동화집『예쁜이가 내다본 세상』과 기행 수필집 등 여러 권의 간행물이 있다.

배움에도 집념이 있어 충남대학교 교육대학원에서 〈장면구성을 통한 동시의 단계적 발상 연구〉로 교육학 석사학위를 받았다. 또 한남대학교 대학원에서는 〈초등학교 시창작 방법 연구〉로 교육학 박사학위를 받는다. 학위와 교장에까지 승진한 화려한 경력 이면에는 작가적 역량 결집이 살아 있는 것이라 할 수 있다.

동시는 동요를 모태로 하여 동요보다 더 깊은 내용이나 절실한 느낌을 표현한다. 널리 알려진 것처럼 「따오기」(한정동), 「오빠 생각」(최순애), 「고향의 봄」(이원수), 「반달」(윤극영), 「퐁당퐁당」(윤석중) 등은 모두 국민적 동요가 되어 있다.

동시는 60년대에 이르러서야 꽃을 피우며, 본격적인 기폭제는 2000년대에 들어서인 것으로 평가된다.

이번 동시집의 제6호가 되고 있는 「청개구리 우편함」을 살펴 보기로 한다. (1) (2)를 모두 인용하기로 한다.

(1)
해님이 꼬아준 동아줄 꼬옥 잡고
먹감나무 그네 타는 청개구리
폭신폭신 구름 방석 깔고
신바람 날리며 돌고 있네.

누런 벼 포기 사이에서
폴짝폴짝 겅중대는 메뚜기
푸른 배추 치마폭 들썩이며
부러움에 발 동동이는데

대문 옆 우편함 속에 숨어
장마당 서커스 곡예사처럼
아슬아슬한 묘기 부리며
깨알 편지 솔솔 읽는 청개구리

—「청개구리 우편함 1」 전문

(2)
한번쯤 가보고 싶었다.
하얀 대문 위 새하얀 집
가슴이 벌렁벌렁 뛰었다

너른 풀밭 팽개쳐놓고
야심차게 뛰어 들어간
우편함 속 청개구리

주인 몰래 먼저 읽어본 깨알 편지
꽤나 재미 쏠쏠하다.
그런데 이를 어째!
호기심 박사 청개구리
톡 튀어나와버린 두 눈
"얼레리 꼴레리"
분홍 입술 찍힌 편지잖아
아냐. 난 아무것도 안 본거야.

이크!
근데 이건 또 뭐야?
시뻘겋게 그어진 두 줄
무서워서 벌벌 떨고 만
경고장에 최고장!
아니, 우리 주인
밀린 세금 다 어떡할거야.

—「청개구리 우편함 2」 전문

작품 (1)에서는 개구리 중에서도 비교적 사람의 귀여움을 받는 청개구리, 그 청개구리가 대문 옆 우편함 속에서 깨알 편지를 솔솔 읽는 것으로 되어 있다. 지은이는 귀여우면서도 예측불허의 손주들에게서 연상된 것임을 그 '후기'에서 밝히고 있는데, 말하자면 그럴 듯한 상상력의 소산인 것이다. 1연의 "해님이 꼬아준 동아줄 꼬옥 잡고/ 먹감나무 그네 타는 청개구리"도 대단한 상상력의 소산이라 할 수 있다.

작품 (2)에서는 아주 구체적인 내용이다. "너른 풀밭 팽개쳐놓고/ 야심차게 뛰어 들어간/ 우편함 속 청개구리"(1연) 인데, 주인 몰래 먼저 읽게 된 편지에는, 연애편지가 있는가 하면(2연), 밀린 세금을 독촉하는 최고장(3연)도 있었다.

청개구리와 우편함은 조금은 엉뚱한 자연과 인간과의 관계이며, 비교적 소박하고 평이한 진술이지만, 구술적인 어법이 상상력을 맘껏 자극한다. 이는 지은이의 의도적인 어법의 원용이다.

### 3. 함박웃음 감도는 손주 사랑

흔히들 손주 사랑은 특별한 것이라고 말한다. 내 자식을 키울 때는 그렇지 않았던 것 같았는데, 손주는 무조건 귀엽고 깊은 정이 간다고 한다. 어떤 이가 그 이유를 물으니 "손주는 내 자식과는 달리 책임감이 없으므로"가 그 대답이었다.

김숙자 시인 할머니도 손주들을 바라보기만 해도 함박웃음이 절로 터져나오고, "노후를 이런 행복한 물감으로 색칠될 거라고 상상도 하지 못했습니다."(후기)라고 쓰고 있다. 그리고 "손녀 휘린의 첫 돌을 맞아 돌떡 대신 돌 책 『청개구리 우편함』을 여러분 앞에 내놓습니다."고 밝힌다. 이번 시집은 손녀의 첫 돌을 기념하여 내놓는다는 것이다. 따지고 보면 아이는 아직 유아로서 순전히 할머니의 일방적인 선물이고, 아이는 장성한 뒤라야 알게 될 것이다.

이 동시집에는 손녀 휘린의 이름이 「첫만남」 「새 아가 오던 날」 「하트 투표」 「왕벚꽃 선물」 「아름드리 사랑나무」 「내 잘못 아니잖아」 등에 직접 나온다. 외손녀 아정의 이름도 「상 받은 날」 「날아가는 소풍가방」 「행복한 연주실」 등에 나온다.

천륜이 이어진 손주 사랑은 살붙이 사랑인 만큼 감동적 정서의 본산지라고도 할 수 있을 것이다. 쉬울 듯하면서도 어려운 창작 시도를 시인 할머니는 어떻게 했을까.

엽서 할머니 댁에서
푸우 할머니 댁에서
온갖 사랑 서로 독차지한
터울 적은 휘 오누이
휘아 달과 린이 별
주말이면 포근한 우주에서 밀회를 한다.

좋아서 어쩔 줄 모르고
고래고래 소리지르며
달겨드는 린이 별
반갑지만 속내 들킬까봐
자꾸만 밀어내는 휘아 달님
린이는 오빠 맘을 알 수가 없다.

젖 좀 뺏어 먹은 게 내 잘못일까
줄어든 내복 내려 입은 것도 내 죄일까
남자 동생 아니라서 차별한 거야

버려둔 장난감 좀 가지고 놀면
언제 봤는지 잽싸게 채앗아 가버린
오빤 내맘 몰라준 날치기 매 선수

—「내 잘못 아니잖아」 전문

3연의 이 시는 여동생 휘린의 구술체에 의한 터울이 적은 오빠에 대한 불만의 내용이다.

오누이는 주말에만 만나면(1연), 서로 좋아서 어쩔 줄을 모르지만 오빠는 휘린을 밀어낸다(2연), 오빤 내맘 몰라주는 날치기 매 선수이다(3연) 등이 내용 줄거리가 된다.

이 시는 손주 사랑이 감성을 떠나 객관화되고 구체적인 내용으로 접근했다는 점이다. 현실과 환상의 세계가 서로 결합되어 있고, 시적인 흥미도 거기서 유발된다.

손주 사랑에 대한 창작의 접근은 문화가치의 새 창출일 수 있을 것이다. 시인의 혁신의지가 클수록 자유분방과 폭넓은 상상력, 실패를 두려워하지 않는 창작 실현이 가능할 것이다.

김숙자 시인의 경우도 "얼마 전까지만 해도 손주 자랑이 늘어지는 할머니 할아버지들을 보면서 '나는 안 그래야지' 했는데, 웬걸 나도 똑같이 사랑의 콩깍지가 낀 게 틀림없습니다."(후기)고 했다. 그러나 새 영역을 개척한 작품을 많이 보여주게 된다.

김숙자 시인의 '손주 사랑'은 이번이 처음이 아니며, 이미 다섯번째 동시집 『꼬꼬맙시들의 행복한 날갯짓』에서 본격적인 작품들을 선보였다. 이 시기는 정년 퇴임을 한 시기이기도 했다. 이 동시집에서도 "요즈음은 귀여운 손주들의 재롱과 응석을 바라보며, 다시금 행복

했던 사랑의 운동장이 자주 오버랩되곤 합니다."(작가의 말)고 했다. 『꼬꼬맙시들의 행복한 날갯짓』의 첫 동시는 '휘輝 탄생에 부쳐'의 부제가 있는 「날개」인데, 첫 손자의 탄생을 노래하는 것으로 시작된다. 이어 「소풍」「닮았네」「유전자」「옹알이」 등 손자의 성장 과정이 줄을 잇는다.

『꼬꼬맙시들의 행복한 날갯짓』이 손자 휘택의 첫 돌을 기념하며 출간했고, 이번 『청개구리 우편함』은 손녀 휘린의 첫 돌을 또한 기념하며 출간되는 것이다.

## 4. '서동요'의 강을 건너온 시인

우리나라의 동요는 멀리 신라시대의 서라벌에 퍼졌다는 〈서동요〉로부터 시작된다. 현존한 가요 중 가장 오래된 것이 〈서동요〉인데, 〈서동요〉의 '서동'은 백제 무왕의 아명이다.

널리 알려진 〈서동요〉는 무왕이 잠저 때 신라 진평왕의 3녀 선화공주가 어여쁘다는 말을 듣고, 이를 꼬여내기 위하여 동요를 지어 아이들에게 부르게 한다. 〈서동요〉의 내용은 대체로 "선화공주님은 남몰래 정을 통하여 두고 맛둥 서방님을 밤에 몰래 안고 가네"의 뜻인데, 부정한 공주로 몰린 선화공주는 마침내 궁중에서 쫓겨나게 된다.

부여의 궁남지에서 열리는 서동연꽃축제 또는 서동공원이라고 하는 것은 모두 서동왕자에게서 온 것이며, 선화공주와의 국경을 초월한 사랑은 지금도 인구에 회자된다.

김숙자 시인의 『시련은 아무에게나 꽃이 되지 않는다』(박문사,

2015)는 저서는 인생 지침서로서 역저라고 할 수 있을 것이다. 여기에는 자신의 자서전적 기록도 남기면서 "시련은 사람을 더욱 사람답게 만든다" 또는 "시련의 노를 잘 저으면 향기로운 영혼과 맞닿을 수 있다"는 등의 체험이 녹은 말들이 눈길을 사로잡는다.

김숙자 시인이 부군을 처음 만나게 되는 것은 전북 전주에서 전남 곡성까지 가는 기차에서였다. 그의 고향은 곡성이었다. 언니집에서 일 년도 안 된 조카 아이를 데리고 가는 초임교사에게 선뜻 자리를 내어주는 남자를 만난다. 함께 앉은 두 시간 정도의 기차 안에서 쌍방의 정보가 오갔고, 언제인지 이 '멋진 남자'는 조카의 장난감 주머니에 자기의 주소를 적은 쪽지를 숨겨 넣는다.

또한 그 남자의 편지가 학교로 온다. 이름도 없이 '김선생님'이었지만 다행히 김선생은 단 하나뿐이었기 때문에 편지는 배달된다.

그러기를 몇 년, 사랑의 편지는 현해탄을 건너 일본까지 오간다. 그가 외항선의 선원인 것도 모르고 항공우편은 일본과 미국까지 또 몇 년이 지난다. 부모의 반대가 있었지만, 낭만적인 러브레터로 맺어진 사랑은 방학기간을 통해 휴가를 나와 결혼한다.

그러나 아이를 가지면서 혼자서 감당해야 하는 험난한 생활에 직면했고, 급기야 사랑과 결혼이 '황홀한 감옥'이란 역경에 처한다. 만만찮은 현실적 고난은 깊은 고독으로 떨어뜨린다.

"인생에서도 단맛 쓴맛을 모두 거쳐 시련의 고배를 맛본 사람에게선 그 사람만이 가질 수 있는 독특한 향기와 노하우가 숨어 있다"는 통찰은 급기야 문학의 큰 눈을 뜨게 하고, 인생 성숙의 길을 열었다. 문학에 대한 치열한 열정의 경지도 거기서 왔고, 성공적인 숙성의 길에 들어선 성취도 그 시련의 꽃이라 할 수 있었다.

선화공주가 서동의 열망을 따라왔듯 김숙자 시인도 자기를 사랑한 남성과 떨어질 수 없었다. 어렵게 그리고 순리를 찾아 현대판 '서동요의 강'을 건너온 시인이었다. 그것은 곧 시인이 되는 길이기도 했다.

사랑으로 맺어진 부부는 온갖 어려움에서도 서로 이해하고 특히 아내의 교직생활과 창작에의 정진을 깊이 감싸고 끝까지 격려해 줄 수 있었다.

아내는 "아내가 하고자 하는 일은 무엇이든 전폭적으로 지지해주어 감사한다." 하였고, "하고많은 여성 중 결혼 상대로 나를 선택해줌에 감사한다."고 했다.

김숙자 시인은 시집도 5권이나 된다. 그의 시집에는 동시와는 달리 인생의 통찰과 성숙을 직접적으로 보이는 시편들이 여러 곳에서 발견된다.

> 일상의 무게를 가늠하며 산다는 건
> 아직도 욕심이 존재하고 있음이다.
> 욕망의 늪은 끝을 보이기 싫어하지만
> 작은 입자를 하나씩 덜어내는 일은 결코 잃음이 아니다.
>
> 비우는 일은 곧 채우는 일이다.
> 꽃 진 그 자리에 꽃대가 서고
> 물 나간 자리만큼 넓어지듯
> 비워지는 자리마다
> 행복의 향기가 들어와 앉는다.

삶은 이렇듯 날마다
조금씩 잃고 조금씩 비우는 일이다.
덜어낸 만큼 성숙해지고
모자라는 그 자리 채울 때마다
인생의 향기가 넘쳐난다.

— 「비움으로 채워지는 향기」 전문

사랑과 시련 속에서 꽃 핀 것이 김숙자 문학이요 인생의 성취였다. "삶은 이렇듯 날마다/ 조금씩 잃고 조금씩 비우는 일이다" 또는 "비우는 일은 곧 채우는 일이다" 등의 깨달음의 미학이다. 그렇기 때문에 많은 공감을 주며 향기로움으로 다가오고 있다.

앞에서 보아온 바와 같이 김숙자 시인의 동시는 끊임없는 모색과 통찰의 과정을 거쳐온다. 모시울과 갯마을, 그리고 야생화를 거쳐 손주 사랑의 대륙에 이르렀다. 거기에는 인간애와 교육애의 영혼이 있었다. 손주 사랑은 하나의 문학적 발견이기도 한 영역이다. 너무도 당연한 사랑이란 일반의 간과가 없지 않았기 때문이다. 인간이 존엄한 그만큼 살붙이 사랑도 새롭게 조명되어야 하는 것이다.

『청개구리 우편함』은 상상력의 참신성과 표현의 긴장성이 배어있고, 시인 할머니가 감동적으로 빚은 가슴으로부터 우러나온 사랑시집이다. 사랑을 객관적이고 정제된 언어로 성취시킨다. 투철한 작가의식이 체험세계와 사랑의 정신을 일치시키는 예술의 빛을 물씬 발산하고 있다.

— 김숙자 동시집 『청개구리 우편함』 수록

# 신서정의 진화를 찾아서

— 황예순 시집 『금강을 걸었다』

## 1. 신서정의 진화

황예순黃禮順 시인의 첫 시집 『금강을 걸었다』는 신인의 시집으로는 매우 비중 있게 읽게 된다. 그가 문단에 나온 지도 10년이 되어간다. 2007년 《시세계》 봄호에서 「분재」 「봄맞이 청소」 「거울 속의 그녀」 「삼월의 눈발」 「구절초」 등 5편을 선보였을 때, 그의 범상하지 않는 시편들을 이내 주목을 끌었다.

이미 일반화되고 있는 것처럼 지금의 우리 시단은 뚜렷한 이슈가 없고, 방법론에서도 혼란을 겪는 것 같다. 전통적인 시인의 규범을 따르는 것은 낡고 갑갑한 것이었고, 그 수세적인 태도조차 용납되지 않지만, 그렇다고 무슨 새로운 창출 기미가 있는 것도 아니다. 현대시의 고민이 여기 있다고 할 수 있을 것이다.

시가 '노래'에서 시작되었지만 지금은 '노래'라고 할 수가 없다. 그렇다고 시가 철학이나 사상을 수용할 수도 없고, 아방가르드로 이해하려는 것도 조심스런 판단에 있다. 전통적인 표현 형식에 반발한 급

진적인 예술 변혁 운동은 전위적이지만 그것을 시의 구제로 보지는 않는다.

전후 모더니즘 시학은 아직 우리에게 여러 가지 시사점을 준다고 할 것이다. 그것은 시적 방법론에서 아직 유효한 내용을 담고 있기 때문이다. 가령 이미지즘이 사회성을 제거하고 즉물성으로 나아가면, 지각 혹은 감각의 새살이 현대시의 큰 흐름을 만난다. 정지용, 김광균, 백석, 박남수, 김춘수 등의 '길이 없음의 수사학'이 그것이다.

이미지의 자율성은 곧 시의 자율성에 있으며, 고정관념을 깨고 새로운 발견의 창출이 솟아 있었다. 시는 궁극적으로 대상의 재현이 아니라, '자기표현'이 지배한다. 특히 '자기표현'에는 인간의 영원을 동경하고 그것에 도달하려는 시의 내면을 정하게 된다.

선물로 받은 나무 한 그루
그저 바라보는 것만으로
감출 수 없는 기쁨
내 안의 샘물 흘러넘친다.

사랑하는 날이 길어질수록
바람에 부러질 것 같은 안타까움
떨어져버린 연처럼
가지 끝에 아스라이 매달려
바람 따라 흔들린다.

나무의 마음은 아랑곳 않고
내 사는 방향으로 가지를 비튼다.

관념으로 무장한 철사로
가지마다 휘돌아 감는다.

나무의 생각은 묻지도 않고
사랑이란 내 안의 에고이즘으로 고정시켜버린
응고된 시선

내 세계로 너를 당긴다.

—「분재」 전문

황예순은 추천 작품에서부터 '신서정의 진화'를 찾아 출발한다고 할 수 있다. '분재'란 관상을 위하여 줄기나 가지를 운치 있게 다듬거나 변형시켜 가꾸어 화분에 심어놓은 나무이다. 그런데 이 시의 내면화 현상은 하나의 '경이로움'에 값하는 것이라 할 수 있을 것이다. 상상력이 지식보다 더 중요한 것이라고도 하지만, 이 시는 분재에 대한 상상력이 놀라움을 준다.

아마도 지금까지는 '분재'가 자연미의 연장선에서 예찬되어 온 것이 우리의 통념일 것이다. 황예순의 「분재」는 그 고정관념을 뒤엎은 신서정성에서 감동을 준다. 예를 들면 "관념으로 무장한 철사" 또는 "에고이즘으로 고정시켜버린/ 응고딘 시선" 등은 새로운 표현으로 보아도 될 것이다.

또 다른 추천 작품인 「거울 속의 그녀」는 시의 운율도 좋지만, 이미지의 다양한 역동성으로서 시의 운치를 높인다. 문학적 상상력이 어떻게 사고의 폭을 넓히는가를 보여준다.

## 2. 긍정 정신의 빛

한국시단은 90년대부터 일상시日常詩가 주류를 이루고 있는 것으로 본다. 시인 스스로 '작은 이야기꾼'이 되어 일상적인 삶에서 시의 소재나 주제를 담는다. 일상시는 정치시나 추상시들과는 대립되며, 대체로 고백 어조의 형식이 된다.

그런가 하면 전 국민이 문학을 즐기고 생활화하는 '문화복지시대'를 맞아 정책과 사회적 조성이 뒤따르고 있다. 시와 시인의 '양산시대'로서 새로운 예고를 보인다. 이러한 변화가 문화의 전성기가 될지, 아니면 그 반대의 양상이 될지 누구도 속단하기 어렵다. 지금까지는 문학은 사회적 역사적 조건에 상응하는 것으로 보아온 것이 사실이다. 어느 경우가 되었든 문화는 가장 유수한 창조성을 불타게 해야, 모든 하위 속성을 이끌어가며 발전하게 된다는 것이다.

민주화가 되기 전까지는 오랜 기간 시단의 경향을 순수시와 참여시로 구분해왔다. '참여시'는 '사회참여'에서 온 말인데, 지금은 '참여시'가 거의 자취를 감추고, 그 자리에 '일상시'가 들어선 것이 아닌가 한다. 가령 김지하의 「오적」, 신동엽의 「껍데기는 가라」, 김수영의 「풀」 등 이른바 사회참여의 경향을 거의 찾아볼 수가 없다. 이른바 민중시의 퇴보인 것이다.

황예순 시인은 일상시에서 그 소임을 키운다. 일상시의 중심은 무엇보다도 인간의 진실성이다. 흔히 철학자는 장미에 대하여 생각하고, 시인은 장미를 느낀다고 한다. 하지만, 철학자의 추상에 비하여 시인의 느낌은 훨씬 인간적인 진실과 가까이 있다. 자유로운 상상과 철학적 깊이를 간직하는 것은 시인의 가장 큰 책무라고 하겠다.

황예순의 시에 관류하고 있는 것은 인생에 대한 긍정 정신의 빛이다. 그는 한 지아비의 지어미이며, 또한 소중한 자녀들의 엄마이다. 이른바 여성의 삶에 깃든 것은 모성애의 대륙인 것이다. 그것은 인류의 생존을 지켜온 불멸의 빛이었다.

작가는 작품을 만들고 작품은 다시 작가를 만든다. 작가는 자신만의 법칙을 가지고 스스로 혼자가 되었을 때, 비로소 한 시인이 탄생한다.

불혹의 내 삶이 숯을 닮으면
그래서 가끔
어느 집 큰 항아리 속으로 들어가
붉은 고추와 한 계절 어울리고는
귀한 장맛을 돋우는 명가로 기품 있게 살기도 하고
마지막 정열, 붉게 달아오르는 절정의 모닥불
그 지극한 사랑으로 스며보고
가끔
어느 시인의 낡은 책상 위에 쌓인 책
곁을 차지하고 앉아서
다소곳이 그의 이야기에 끄덕이며
맑은 공기로 시심을 채우는 숯이었으면 좋겠다
마음이 소통하고
우주가 소통하고
누군가의 빈집에 별이 되어
까만 우주를 닮은 숯이었으면 좋겠다

—「숯」 전문

시인은 현재 불혹의 연령이지만, 삭이지 않은 숯이 되었으면 한다. 그것은 소금물에 메주를 담아 30~40일 우려서 간장을 만들고 있는 명가의 큰 항아리 속에 띄우는 숯이 되기도 하고… 지극한 사랑, 어느 시인이 사는 공간으로 가서 맑은 공기로 시심을 채우는 숯이 되기도 하고… 별이 되어 까만 우주를 닮은 숯이 되었으면 하고 바란다.

여기서 황예순 시인의 독특한 시적 발상에 놀라지 않을 수 없다. 시인적 기품의 담담한 어조 속에는 '인생의 사자후'가 숨어 있다. 기발한 상상력으로 우리 인식의 지평을 확대해주는 가편이라 할 수 있다. 예술적 작품이란 어떤 것인가를 보여주는 사례라고 할 것이다. 시인의 정신이란 매우 다양하고 신비롭게 결합되어 있는 관념체계임을 보여주고 있다.

황예순의 인생에 대한 긍정 정신은 이뿐만이 아니라 「얼굴」「너는 꽃이다」「귀천」「그의 통증」「기천 스승님」「흙」「꽃맘」「높은댕이」 등에서 볼 수 있는 현상이다. 그것은 일상시가 지니고 있는 순리의 울림이기도 할 것이다.

시란 형식의 선택과 이끌어주는 지성, 그리고 서서히 발전하는 두뇌의 회전과 관계가 깊다. 황예순의 천성적인 재질에는 닫혀 있지 않는 포용력이 있다. 과거, 현재, 미래에 대한 영원의 빛이 그의 시에 스며드는 이유가 여기 있을 것이다.

일찍이 도가의 기본 개념에 '아무것도 한 것이 없는데, 하지 않은 것이 없다.無爲而無不爲'는 명언이 있다. 곧 '무위無爲'하면 이루지 못할 것이 없다는 것으로 이는 시인들의 정신 지향에 시사하는 바가 있을 것이다.

## 3. 정체성 해체와 재구성

우리나라의 여성시는 모윤숙, 노천명 시대를 거쳐 홍윤숙, 김남조, 허영자, 강은교 등으로 내려오면서 '여성시의 한계'가 지적되곤 했다. 깔끔한 수사학과 정련된 일급의 문학이지만, 여성시는 사회적으로 역사적 관계 형성에서 그 언어적 토대가 취약하였음을 지적받아 왔다.

가령 '가정'과 '사회'의 두 공간에 집중하면서도 그것이 여성시의 내면에 끼치는 영향은 특유한 것이 있어온 점이다. 황예순의 시에는 여성 취향에서 탈피한 경우가 많고, 완전히 개방된 상상력을 보여주기도 한다. 말하자면 황예순은 여성의 정체성이 해체되고 다시 재구성된 형태가 강한 편이라고 하겠다.

가령 「배추밭 단상」「바람을 가르던 시간」「애기똥풀 흩어진 광장」「연 그리는 여인」「막사발 가는 길」 등의 일련의 작품은, 그 취향이 독특하고 긴 호흡의 형식을 취한다. 이들 작품은 섬세한 감성이 아니라, 서사적인 구조로 나타나며 '작은 이야기꾼'이 된다. 그의 시에는 방언을 자유자재로 구사한 시도 여러 편이 된다. 이 또한 여성시가 사회적 확장으로 정당성을 뒷받침해 가는 것이라고 할 것이다.

> 짐 새지 말라며 잘 빚은 반죽으로
> 맹세하듯 테 두른 시루 뜨거워야
> 그라고 누룩은 고두밥에 잘 비벼서 발효해야 혀
> 뭐니뭐니혀도 꽉 차야 한다는 거 아녀
> 사는 것도 저와 같아 술맛 지대로 익어야 할 텐데
> 그의 휑한 주머니에 소슬한 바람이 들고

이런 거 워디 가도 읎지 쩍쩍 붙는 것이
앉은뱅이 술은 뒤끝 한 개도 없다니께
마시게, 술도 인생도 마셔봐야 안다네
취해야 하는 것들이 요샌 참 많잖여
비우게, 사는 것도 비우는 것 아닌가베
참살이 별건가

술 먹고 술 하면 안 되는디
잔을 잡은 손이 배시시 웃는다

— 「살아있어야 한다는 거 아녀」에서

아무리 어려운 세상살이라 해도 끝까지 살아야 하지 않겠느냐의 시의 진술이 자못 구수하게 읽힌다. 삶이 세속적인 데 몸을 담그고 있듯이 이 시의 방언 구사도 세속에 맞춘 것이라고 하겠다. 참고로 오세영 시인은 그의 시집 『바람의 아들들, 동물 詩抄』(2014, 현대시학)에서 시의 4가지 유형을 다음과 같이 제시한 바 있다.

① 쉬운 내용을 쉽게 쓴 시 (산문 수준)
② 쉬운 내용을 어렵게 쓴 시 (속이려는 의도)
③ 어려운 내용을 어렵게 쓴 시 (머리 아둔형)
④ 어려운 내용을 쉽게 쓴 시 (달관한 경지)

황예순의 시 「살아있어야 한다는 거 아녀」는 어느 유형이라 할까? 이것은 제4의 유형으로서 "어려운 내용을 쉽게 쓴 시"에 해당한다고 하겠다. 왜냐하면 이 시의 내용은 그야말로 인생의 본질론이다. 인생을 살아야 하느냐, 아니면 죽어야 하느냐의 주제인 것이다. 그러나 인생에 대한 '달관의 경지'가 투영됨으로써 이 시는 누구나 이해할 수 있는 '쉽게 쓴 시'가 되었다고 하겠다.

방언이 빚어낸 이 구술체의 시는 "테 두른 시루" "누룩은 고두밥에 잘 비벼서 발효해야 혀" "비우게, 사는 것도 비우는 것 아닌가베" "잔을 잡은 손이 배시시 웃는다" 등 잘 익은 표현들이 곰살스런 시적 서정을 우려낸다. 이런 시풍은 황예순 시의 한 특징이 되어 있다.

지혜가 깊을수록 지혜의 묘가 드러나지 않는다. 잘된 작품일수록 기교도 드러나지 않는 것인데, 시가 바로 이런 구성을 한다. 황예순 시에서 지혜가 있고 우수한 표현을 보이는 몇 가지 사례를 들어본다.

(1)
천년을 구워도 같은 것들이 나오지 않듯
천년을 살아도 나의 생은 한 번도 같은 날 없다

— 「막사발 가는 길」에서

(2)
긴 밭고랑을 걷는 구부정한 허리
구멍 뚫린 속을 다 떼어주고
추운 겨울 널브러져 있다
등 위로 굽은 세월이 흐른다

— 「배추밭 단상」에서

(3)
하얀 화선지에 연을 그리는 여인

자신의 검은 먹물을 다 토해놓고는 잠들었다
밤새 붓발을 휘날리던 그녀

새벽이 밤의 담장을 넘나드는 사이
그녀의 분신은 익어 나란히 누웠다

— 「연 그리는 여인」에서

황예순 시인의 시적 감수성과 그 용량은 누구보다도 풍부하고 또한 절제가 있다. 그의 시적 사고력은 바로 그 절제에서 나온다. 시인에게 직관이란 갑작스럽게 경험하는 섬광 같은 통찰이며 순식간에 시의 통로를 연다.

(1)의 사유는 깨달음의 한 통찰이 시의 도입을 연 구절이다. 그것이 '막사발' 도자기로 구워져 나온 것인데, 그 또한 제각각의 개성임을 표현한 것이다.

(2)의 「배추밭 단상」은 '아버지의 배추'와 '배추를 딸에게 주고 싶었을 아버지'와의 관계인데, "등 뒤로 굽은 세월이 흐른다"는 시원한 구절을 얻고 있다.

(3)은 여류화가의 모습이 그려진 시로, 그 모습을 다시 "씻고 또 씻어 푸른 연잎을 피운 수직선"으로 가시화한다. 육체와 정신의 세계가 통찰되기 때문이다.

황예순의 시적 관심은 이렇듯 수많은 사고의 폭을 걸러내며 예술적 아름다움에 이르는 길인 것이다. 거기 시의 영원이 있고 시인의 사랑이 있다.

### 4. 금강과 향토애

황예순 시인은 충북 옥천에서 태어나 현재 옥천군 평생학습원의 평생교육사로 근무하고 있다. 「늦게 핀 꽃」「샘골 연가」 같은 시는 그 소재가 여기서 잡힌 것으로 봐도 될 것이다. 농촌의 만학 노인의 애환이 방언에 녹아 있다.

옥천은 시성 정지용의 생가가 보존되어 있는 곳이다. 익히 알려진 것처럼 정지용은 시적 조탁과 미적 가치의 창출에 탁월한 성과를 낸 시인이었다. 또한 모더니스트로서 지적 절제를 통해 언어의 명징성을 승화시켰다. 그의 대표작 중의 하나인 「향수」는 토속적 소재와 함께 방언과 순수국어를 활용하여 정서적 환기 효과가 높은 시이다. 후렴구 "그 곳이 차마 꿈엔들 잊힐리야"는 이 시에 완벽한 응결력을 보인다. 언어의식과 정신세계의 일치인 것이다.

북두칠성에서 안드로메다까지 이어진 별
멈춰진 풍경 앞에서 잃어버린 나의 성좌
기다림 없이 마름모로 터벅이던 발걸음
지용 생가에서 멋진 신세계로 가는 길
실개천도 휘돌아 제 갈 길로 흐르는데
편지함도 휴가를 가고 갈망도 기다림도 없이
말없음표로 흐르는 긴 슬픔을 삼키는 푸른 별
까마득히 먼 고향에서 떠나온 나는
알 수 없는 고아가 되어
그 먼 할아버지를 알려주지 못하는 어미가 되어
밤에 지친 별들을 늦도록 헤아려보고

사월 밤은 벚나무에 기대어도 쇳소리가 난다는
잃어버린 우주를 생각해본다
탄소 질소 산소 허허한 우주에 서서
떠나보낸 명왕성을 찾다가 피와 살과 물과
태초부터 빅뱅을 꿈꾸는 물질들의 혁명을 본다
밤 깊어 빛으로 사는 별들은 쉬
쉬 하니 아기별의 따뜻한 눈짓을 읽는다

—「지용 생가에서 별을 보다」 전문

「지용 생가에서 별을 보다」는 시적 화자의 내밀한 대화 방식의 진술인데, 자의식의 독백으로 일관한다. 특히 이 자의식은 대상에 대한 추앙이나 사모하는 감정은 배제되고 철저한 자신만의 진술로 일관되어 있다. 다시 말하면 '지용 생가'에서 보는 별은 "멋진 신세계로 가는 길"이지만, 나에게는 "긴 슬픔을 삼키는 푸른 별"일 뿐이다. 그러나 잃어버린 우주를 생각해보다가 "아기별의 따뜻한 눈짓을 읽는다"로 끝맺는다.

정지용의 또 하나 대표작의 하나인 「유리창」은 불과 10행의 전연시다. 사랑하는 어린 아들을 잃은 슬픈 감정을 유리창처럼 차가운 언어로 형상화하고 있다. 비인간적인 추상성의 중시는 현대시의 중요한 기법의 하나였다.

황예순의 신서정에서는 시적 대상인 '지용 생가'를 전통 시에서처럼 사실적으로 접근하지 않는다. 경험적 감각이 배제된 심리적 독백으로 자신을 차별화함으로써 독특한 시의 주아성主我性을 높이고 있다.

감빛 스카프가 제법 잘 어울리는 구월 중순이었지 아마
호젓한 색바람이 나부끼는 금강가를 걷다가
저물어가는 붉은 석양을 잡으러 차를 몰았어
해가 익어갈수록 심장은 뜀박질하고
가도 가도 멀어지는 해를 향해
큰 그림자 사이마다 불 밝히던 별들이
간혹 안부를 묻곤 했지
지하도를 향해 달리던 바퀴가 그만
행성만 한 달 속으로 달려갔어
달이 되어버린 그때였을 게야
못내 그리움이 달 속에서 나오지 못하고
크레이터로 남아 노란빛을 낸 것이
오래전 상처들이 둥글게 하는 말들을
달에 사는 누구도 깊은 빛깔에 대하여 알려 하지 않았고
나 역시도 그 빛깔에 대해 말하지 않았지만
가끔 한번씩
달은 스스로 빈 가슴을 채우며 우리 은하에 올랐지
아무도 모르는 그 비밀을
파란 눈에 불을 켠 헬릭스 성운이
밤 고양이 눈처럼 지켜보고 있었어
광속으로 날아드는 금강의 심장 소리
들어봐,
고요히 이글거리는 파란 산소의 깊이

—「색바람 나부끼는 금강」 전문

「색바람 나부끼는 금강」은 동적인 요소가 있고, 산문시의 내용이 가미된 작품으로 볼 수 있을 것이다. '색바람'은 이른 가을에 부는 신선한 바람인데 '구월 중순'이란 시기가 제시되고 있다. 이 시의 비약은 아마도 "지하도를 향해 달리던 바퀴가 그만/ 행성만 한 달 속으로 달려갔어/ 달이 되어버린 그때였을 게야" 처럼 대상과 내가 물아일체物我一體가 된 몰입의 경지인 것이다. 결국 그것은 "밤 고양이 눈처럼 지켜보고 있었어/ 광속으로 날아드는 금강의 심장 소리"에 이른다. 시집의 제호가 『금강을 걸었다』인 것은 아마도 이런 서정과 관련이 있을 것이다. 또한 금강이 흐르고 지용 생가가 있는 고향의 향토애가 거기 숨어 있을 것이다.

황예순 시인은 꾸준히 신서정의 진화를 찾아 자신의 진실을 새로 발견하고자 노력한다. 그의 시에 발상의 새로움이 있고 현대감각이 함께하는 것은 이 때문이다. 그의 시는 졸렬하지도 않고 과장되어 있지도 않으며 상당히 성숙한 면을 자랑한다.

다시 말하면 그는 전통적인 비의적秘義的 발상이나 자연미로부터 벗어나서 현대시의 경계로 넘어서는 시세계를 펼친다. 그의 시의 신선함과 비중이 함께하고 있는데, 그것은 긍정적인 삶의 의식과 달관한 시의 경지에서 보는 시정신詩精神이 있기 때문이다.

황예순 시인은 꿈이 많은 시인이라고 할 수 있을 것이다. 그는 과거 시인이 아니라 미래의 시인이다. 예술가의 삶이란 항상 물을 거슬러 올라가는 물고기와 같다고 한다. 진취적인 황예순의 시에 어떤 절정이 빛나길 빈다.

— 황예순 시집 『금강을 걸었다』 수록

# 향토정신의 숨은 뜻을 찾아서

– 김유성(金有晟)의 시세계

## 1. 향토문학의 지평

향토문학이란 지방의 독특한 자연, 풍물, 풍속, 사상 따위가 표현되어 온 전통적 문학을 가리킨다고 할 것이다. 자기가 태어난 곳, 조상들이 생활한 곳, 소년시절을 보낸 곳으로, 요컨대 일정한 지역으로서 오랫동안 생활하던 곳이 되겠다.

김유성金有星 시인의 제2시집 『더덕, 꽃 피다』는 요즘에는 거의 보기 어려운 향토정신이 집약된 시집으로써 백여 편의 시가 수록되어 있다. 그는 《문학사랑》(2008)에서 등단한 후 82편이 수록된 첫 시집 『수남마을 이야기』(2012)를 상재한 바 있다.

전남 강진군 성전면 거목리(수남마을)에서 태어나 고향에서 학교를 다녔고, 지방공무원으로 근무하기도 했으니, 거의 토착민의 향토적 체험이라고 할 수 있다. 그것은 전인격적 체험이었고, 그리운 고향이 되었으며, 체득한 생명의 결정結晶으로써 시가 탄생한다고 하겠다.

아시는 것처럼 현재 우리 시단은 전통보다는 현대성이 속도전을 방불케 하는 감이 없지 않을 것이다. 포스트모더니즘의 징후는 도시라는 거대한 문명 속에서 억압되고 왜소화된 자아의 일상성과 세속성으로 해체된다. 도시의 익명匿名이 거기 숨어있다.

김유성의 시집 『더덕, 꽃 피다』는 전통적 서정시로써 시의 본질을 지킨다. 따지고 보면 우리 시의 산맥이 거기 있었다. 가령 박목월의 고향의 흙에는 시인의 독특한 서정성에 누구나 매료된다. 자연의 아름다움이나 향수의 미학은 지금도 인구에 회자된다.

박용래의 경우는 고유성의 재발견으로 결백성을 띤다. 그가 문명에 빼앗긴 향토의 정한과 연민으로 나아갔을 때, 그의 시는 반시대적 풍물과 애상에 떨어진 '소도구'들이 등장한다. 곧 "싸락눈, 강아지풀, 구절초, 참매미, 저녁눈" 등 보기드문 다수의 옛 '소도구'로 시를 썼다.

다만 박목월이나 박용래의 경우, 그의 시들은 언어적 완성도가 매우 뛰어났다는 공통점이 있었다.

시인들이 '고향'을 노래하는 경향을 보면, 가장 많은 것이 과거의 고향과 유년시절을 회상하여 그 시절을 그리워하는 경향일 것이다. 정지용의 「향수」, 백석의 「여우난 곬족」, 김상옥의 「사향」 등이 그것이다.

그러나 타향에서 고향을 그리워하면서 고향이 지니고 있는 원초적 풍요로움과 혈연적 다정다감을 회상하는 것도 있다. 정지용과 백석의 「고향」이라는 시는 모두 이런 경우가 될 것이다.

김유성의 첫 시집 『수남마을 이야기』에서는 '수남마을'의 직접적인 회상은 물론, 2부 새벽 소낙비, 3부 유랑자의 꿈, 4부 늪에 빠진 여우 등에는 시적 자아가 현재 고난과 시련의 상황에 놓여 있음을 보인다.

제2시집에서도 1부 곰방대, 2부 숲에서, 3부 '산막이 옛길'을 걸으며, 4부 버팀목 등 첫 시집과 거의 같은 경향을 보인다. 고향을 잃어버린 자의 서민적 애환과 국내 곳곳을 여행한 기행시의 서정이 주류를 이룬다. 모두 향토문학의 중심적 자리를 지키고 있는 셈이다. 1부의 곰방대에서 작품을 보기로 한다.

한샛골 다랑이 가을걷이 끝나고
장승등 문중 밭에 무서리 내리면
겨우내 먹을 양식 거두려
손수레 끌고 온가족이 나선다.
엄마 뒤를 따라나선 늦둥이
줄기 거두라는 말은 뒷전이고
머리통만 한 알맹이 신기해서
옷 젖는 줄 모르고 뒹굴었다.

짧은 해 샛골 능선에 걸리면
행복 가득 찬 손수레 끌고 밀며
휘파람 구성지게 내달리던
국화 향 그윽한 황톳길
좁은 안방 윗목에 두대통 만들고
밤늦도록 갈무리 하고 나면
뿌듯한 기쁨에 피어나던 웃음꽃.

—「고구마」 전문

늦가을에 고구마를 수확하는 날의 상황과 추억이 손에 잡힐 듯 그려진 시이다. 특히 "한샛골, 장승등, 샛골" 등의 지명은 물론이고 "다랑이, 두대통" 같은 특수용어도 나온다. 현장감을 높이는 아련한 고향의 정취가 돋보인다.

김유성의 향토문학은 고향의 방언이나 특수용어의 활용과 함께 향토적 배경이나 토속적 분위기를 바탕으로 거기엔 훈훈한 공동체적 삶이 숨 쉰다. 옛 고향에 있는 토산물은 고구마뿐이 아니었다. 「곶감 먹는 밤」「옥수수 하모니카」「살구」「곰방대」가 있는가 하면, 「짜장면 한 그릇」「빛바랜 주민등록증」 등에서도 잊을 수 없는 추억과 그리움이 자리한다.

## 2. 서정시의 고향

향토문학으로 집중된 김유성의 시세계는 비교적 안정된 시의 길을 성취시켜 왔다고 할 수 있을 것이다. 그것은 시인이 설정한 일종의 제2의 자연이라고 할 수 있다. 시는 어떠한 도가니 속에서 정련과정을 거치는 것이라 한다면, 김유성의 고향의식이란 바로 그의 시의 태반胎盤에 다름 아닌 것이다.

어쩌니 해도 아름다움은 시의 힘이다. 시인의 고향에 대한 인식이 투철하고 깊을수록 시인의 에스프리는 독자성을 높이게 된다. 서정시가 갖는 생명의 직관이 여기 있다.

향토문학 또는 향토정신은 시대를 함축하면서 영원히 남을 그 어떤 구원성 또는 원형적 질감을 찾으려고 한다. 나는 새처럼 우리에게 끼치는 힘이 신비스러운 영혼과의 울림을 일으킨다. 향토문학은 어느 영역보다도 인간적 공통요소가 많은 까닭이다.

일찍이 서정시는 "우리들의 의식을 확대시키고 우리의 감수성을 세련시켜 주는 것"(T.S.엘리어트)으로 정의되었다. 특히 감수성의 세련은 현대에 더욱 요구되는 것일 것이다. 서정시가 동시대의 삶을 함축하면서 그것은 고급의 질을 지향하기 때문이다.

고향의 노래로 시작되는 향토정신은 무엇보다도 서정시의 질료와 형식을 지배한다. 체험의 미학이 뒷받침된 제2의 자연이 비상하는 고향의 정취여야 하는 이유이다. 다음 시를 보면 첫사랑에까지 점화되고 있음을 볼 것이다.

보리 타는 냄새 온 들녘에 퍼지면
야트막한 돌담 위로 피어오르던
검붉고 소담스런 넝쿨 장미.
수줍은 첫사랑 고백하지 못하고

꽃 한 송이 살며시 건네주며
어색한 미소만 지어 보였네.

갯내음 싱그러운 탐진 강변에서
자전거 뒷좌석에 앉은 그녀의 두 팔은
그리도 따스하고 부드러웠는데.

세월 흐른 지금도 보리 타는 마을에는
넝쿨 장미 여전히 피어나건만
첫사랑 흔적만 돌담 위에 아련하고

꽃잎 닮은 내 마음만 검붉게 탄다.

— 「넝쿨장미의 계절」 전문

이 시는 첫 시집에 있는 작품이다. 넝쿨장미와 첫사랑의 비유가 시적 운치와 표현의 성숙을 함께 하고 있어 눈길을 끈다. 지금도 고향에 남아 있는 첫사랑의 추억은 또 하나의 생명의 비의秘義로서 선연한 아름다운 감동인 것이다.

사물의 근본적인 원형으로서 대자연은 어떤 현물로서만 존재하는 것이 아니다. 예술의 구극究極이 자연미에 환원되는 것이라면 「넝쿨장미의 계절」은 자연의 뜻과도 일치하는 메아리의 울림인 것이다.

인간의 정서를 바탕으로 한 많은 서정시들은 우리가 잃어버린 것을 상기시키고 복원해내려는 회복의 꿈을 그린다. 그래서 문학은 인간의 묵시록黙示錄이 되기도 한다. '묵시록'이란 말없는 가운데 자기의 의사를 나타내는 이심전심의 세계인 것이다. 이 시는 애틋하면서도 아름다운 첫사랑의 '묵시록'이라 할 수 있을 것이다.

요컨대 향토정신의 세계는 서정시의 고향이다. 예술은 본래 무한한 것을 동경하고 그것에 도달하려는 시도이다. 따라서 예술은 우리가 보고 있는 실체의 외양에 대한 묘사가 아니라, 진정한 실체와 그 생활의 표현이다. 서정시는 마음 깊은 곳에 이르는 길이고, 영원한 세계로 들어가는 경지이다.

이와 같은 시의 가치는 정신적인 세계와 언어적 숙달의 원숙한 합일에 이를수록 완성도가 높아진다. 작자와 독자가 합일되고 공감하는 법열法悅의 경지가 거기 있기 때문이다.

### 3. 발견된 더덕꽃

「더덕, 꽃 피다」의 소재가 된 '더덕'은 초롱꽃과의 다년생 덩굴식물로 깊은 숲속에서 자란다. 더덕의 뿌리는 도라지처럼 굵고 식용 또는 약용으로 널리 이용되어 온다. 더덕구이는 대표적인 더덕의 요리라고 할 것이다.

더덕의 꽃을 보았다거나 더덕꽃을 아는 사람은 많지 않을 듯하다. 8~9월에 자주색 꽃이 짧은 가지 끝에서 밑을 향해 달린다. 열매는 9월에 익는다. 그러나 더덕은 꽃보다는 굵은 뿌리를 연상하게 되고, 그 식용이 널리 알려져 있기 때문에 꽃은 거의 관심 밖이라 해도 과언이 아닐 것이다.

김유성의 「더덕, 꽃 피다」는 꽃이 발견된 하나의 기쁨이 표현된 것이다. 그 꽃은 고향에 숨어있는 나의 꽃이었던 것이다.

> 등걸이라도 있어야한다.
> 혼자서는 오를 수 없기에.
> 어느 때쯤 되어야
> 홀로 설 수 있을까.
>
> 장맛비에 함빡 젖고
> 땡볕에 타들어 가면서도
> 복더위 한 가운데
> 아름다운 망울을 터뜨렸다.
>
> 서늘한 바람이 숲을 가로지르면

따스한 햇살이 깨울 때까지
엇갈린 인연들을 묻어 둔 채
동면의 나라로 빠져들고 싶다.

남아있는 적은 시간을
보람 있게 쓰기 위해
이 겨울은 충전하리라.
아무에게도 간섭 받지 않고.

—「더덕, 꽃 피다」 전문

이 시는 더덕의 4계절에 따른 시적 화자의 담담한 자아성취의 뜻을 보인다. 4연은 춘하추동으로 배치되어 있다.

봄(1연)의 준비를 거쳐 여름(2연)에는 복더위 속에서 아름다운 꽃망울을 터뜨린다. 그러나 가을(3연)이 오면 서늘한 바람이 숲을 가로지르게 되고, 겨울(4연)에는 동면의 시기로 새로운 충전을 다짐한다.

더덕꽃을 발견한 시인의 내면세계는 더덕과 혼연일체가 되어 자아의 성숙을 다짐하는 것이다. 그것은 곧 나의 발견이었던 것이다.

이 계열의 작품에는 「뚱딴지꽃」 「매미」 「봄비」 「잡초」 「청소 아줌마」 등이 2부에 나와 있다.

「뚱딴지꽃」은 못생기고 역한 냄새가 나는 모양새인데, 엉뚱하게도 예쁜 꽃이 핀다고 해서 뚱딴지꽃이라 하고, 사전에도 수록되어 있지만, 항간에서는 '돼지감자 꽃'으로 더 많이 알려진 것 같다. '뚱딴지'란 식물은 국화과의 다년초로 땅속 줄기의 끝이 굵어져서 덩이줄기가 발달한다. 그리고 9~10월에 가면 가지 끝에 노란 두상화頭狀花가 핀다.

시인은 “못 생기고 맛없다 하지만/ 나름대로 쓸모가 있답니다”(1연) 하며, 이 시 역시 내면화의 인격성을 부여한다. “얽히고설킨 나의 가시밭길”이며, “세끼 양식을 얻기 위한/ 처절한 몸부림이라고”(끝연) 등 치열한 자기 자신과 만난다. 그것은 곧 자신의 모습이기도 했던 것이다.

「매미」에서는 매미의 기이한 생활사와 관련되어 있다. 매미는 알에서 부화하고 그 유충이 성충이 되기까지에 무려 5~6년이 소요되는데, 그 유충은 땅속의 구멍에서 오래 생활하게 된다. 성충이 될 때에는 껍질을 벗게 된다. 그러나 매미의 화려한 일생은 한 여름으로 끝난다.

매미는 계절의 도래를 알리고, 그 종류도 많아 인간의 생활과 관계가 깊은 편이다. 이 시에서는 매미의 일생을 담담한 필치로 그리며, 삶의 허무를 암시하고 있다고 하겠다.

시적 상상력은 종횡무진이지만, 어떤 점에서는 원시적 사고에 이르기도 하고, 거기서 신비적인 경지를 만나기도 한다. 향토문학의 흙이나 뿌리의식은 바로 근원적인 사물과 정서의 세계를 함께 한다고 할 것이다.

김유성의 시에서도 더덕이나 뚱딴지꽃 또는 매미 같은 것에서 찾고 있는 것은 무소유의 대자연에서 드러내는 순정한 삶의 진실이라고 할 수 있다. 그것은 근원적인 생태계의 대자연이기도 한 것이다.

### 4. 향토정신의 파노라마

제2시집 4부에서는 향토정신의 생태적 관찰이, 점차 윤리의식의 시정신이 우위에 오르며, 자기 신념을 정립한다. 그것은 시인의 향토정신의 발전적 파노라마를 보인다.

「숫돌」「물은 셀프(self)입니다」「숯불」「마중물」「목욕탕에서」「난로」「버팀목」 등의 작품이 그것이다. 시 쓰기의 새로운 변화와 사회적 성격을 함께 하면서 시인적 성숙성의 한 자질을 드러낸다. 다시 말하면 김유성의 시인적 해조諧調가 거기 있다. 모든 예술의 중심에는 작가의 독자성이 있는 것인데, 김유성의 독자성도 여기서 찾을 수 있을 것이다.

승용차에 길든 일상
버스 노선을 잊게 만들고

인스턴트에 길든 입 맛
청국장을 외면케 한다.

우리 것이 제일이라고 외치지만
홈쇼핑에는 외국브랜드 넘쳐나고
성형수술이 세계 최다인 나라.
애국가는 제대로 못 외면서
외국인 못지않은 팝송 실력!

구수한 된장 냄새에
피로를 잊던 몸이
피자와 치킨에 점령당한 후
화장실 가기가 두려워졌다.

언제부터인지
친숙해져 버린 문구

물은 셀프(Self)입니다.

—「물은 셀프(self)입니다」 전문

세계화의 물결을 타고 우리의 현실은 많은 변화가 왔다. 사람들은 승용차에 길들여져 있고, 넘쳐나는 외국 상표는 물론 외국의 대중가요 등을 자연스럽게 보고 듣는 세상이 되었다. 그것의 함축이 '물은 셀프(self)입니다'라는 시의 제목이 되었다.

'셀프'는 '셀프 서비스'에서 온 말로 현대의 한 풍속도로 봐도 될 것이다. 자급식 판매방법의 하나로 자기가 먹을 것은 자기가 날라다 먹는 방법인 것이다.

이 시는 그 착상과 언어구사가 신선한데 그것은 외래어가 저항감을 갖지 않게 자연스럽게 스몄기 때문일 것이다. 시인의 시인적 적응력이 거기 있었다.

시인의 정신은 다양하고 미묘하게 결합되어 있는 관념체계로 일컬어진다. 김유성 시인의 시정신이 분출하는 것을 보게 되는 것은 하나의 기쁨이기도 하다. 그의 시인적 능력에 대한 신뢰이기도 하려니와 그 정신적 원자에 대한 기대가 또한 있기 때문이다.

(A)
물질만능의 쓰나미 앞에
힘없이 휩쓸려 가는

민초를 구할 흰 돛단배는
어느 시절에 오려는지.

추위를 녹여 줄
화목난로가 못 된다면
한 줌의 불쏘시개가 되어
훨훨 타오르고 싶다.

—「난로」 3, 4연

(B)
반백의 머리에서는
거짓의 때
감춰진 겨드랑이에서는
비굴의 때

벌어진 사타구니에서는
음욕의 때
각질 낀 발바닥에서는
방황의 때가
벗겨져 내린다.

—「목욕탕에서」 2, 3연

(A)가 '난로'에 의탁된 의지의 표출이라면, (B)는 목욕탕에서 벌거벗은 몸을 대상으로 "거짓의 때, 비굴의 때, 음욕의 때, 방황의 때"가 가차없이 질타된다. 글이란 모름지기 뜻을 얻어야 귀한 것이라고 한다.

김유성 시인은 첫 시집 『수남마을 이야기』에서 다시 이번 제2시집 『더덕, 꽃 피다』로 향토문학에 집중하면서 그 속에 들어있는 향토정신의 숨은 뜻을 찾아 시 쓰기를 계속해 온다.

향토정신에 관한 이와 같은 작업은 이미 소설에서 성과가 있어 온다. 아시는 바와 같이 이 문구의 연작소설 『관촌수필』은 모두 8편인데, 충남 보령의 갈머리부락(관촌마을)을 중심으로 고향의 토속어·민중어로 전통문학을 종횡으로 설전하는 효과를 낸다.

그런가 하면, 김유성 시인의 고향 전남 강진의 바로 이웃인 장흥군 안양면에는 이상문학상 수상작가인 한승원이 있다. 그의 단편집 『어머니』에는 11편의 소설이 고향의 생태환경에서 일어나는 민중의 애환과 특이한 성격들이 얼크러져 사건의 만화경萬華鏡을 보인다. 그의 문체는 사건도 사건이지만 서정적인 묘사가 담백한 맛을 낸다.

김유성 시인은 자신이 태어나고 성장한 향토세계를 내용으로 한 생태성 묘사의 서정으로부터 시를 쓴다. 이번 제2시집 『더덕, 꽃 피다』는 첫 시집 『수남마을 이야기』에 이은 고향의 풍물과 대자연, 그리고 서민적인 삶의 원초적인 정서와 문학성이 뒷받침된다. 그의 시는 고향에 바쳐지는 찬미적 자서전이기도 하다.

그러나 그의 시는 점차 정화되면서 현실인식과 만나게 되고, 시가 탄력을 받으면서 향토정신의 새로운 진경을 보일 것이라 믿는다.

— 김유성 시집 『더덕, 꽃피다』 수록

# 시적 비전과 인간애의 성찰

– 최영호의 시세계

## 1. 하나의 도道에 흐르는 시학

시월 최영호 시인은 《문학사랑》(2010)과 《창조문학》(2011)에서 등단한 후 『가버나움』(2011) 『다 읽어도 남은 편지』(2016) 『필요한 만큼의 슬픔』(2018) 등의 시집을 상재한다. 시인들이 많은 시대이지만 그의 출현은 매우 이채로운 존재라고 할 것이다.

우리나라의 현대시 주류라면 시의 위의威儀로 일부 일컬어져 온 것처럼, 시의 높은 이상이 추구되어 왔고, 그것은 정신적 관조와 달관, 또는 독창성으로서의 권위와 규율을 목표로 한 것이었다고 할 수 있을 것이다 가령 정지용 한용운 서정주 등의 작품은 한 규범이었고, 흐트러짐이 없는 고고한 절창을 보인 것이라고 할 것이다.

그런가 하면 김현은 그의 「시와 톨스토이주의」에서 "톨스토이주의 범람은 한국 시관의 한 고질"로 진단한다. 이광수를 비롯한 일부가 도덕적 안일주의에 빠졌고, 이런 영향은 한국시가 종교적 주체성 상실과 허실적인 풍토로 전락시켜, 마침내 시가 기교위주의 '만든 시'가

된 것이라고 한다.

상징주의는 매우 중요한 미학임에도 그것이 학국시에서 거부된 것은 상징주의, 악마주의, 외설, 퇴폐적인 것 등을 도덕적 정결주의와 배치된 때문인 것으로 판단한다.

최영호의 시는 드물게도 사물을 보는 눈과 내면적 사유가 철학적 종교적인 깊이에서 출발한다. 그는 대전 사랑의 교회 담임목사의 신분이고 수많은 신도들을 '광야'에서 이끌고 가는 선지자의 신분이라고 하지만, 이는 수양과 재능의 또다른 요소의 측면에서 관찰되어야 할 것이다.

그러나 "사상이냐? 예술이냐?" 하는 문제는 이미 오래 전부터 있어 왔고, 상당한 보편적 이해도 있는 편이라고 하겠다. 불교의 공空, 힌두교의 존재, 도교의 끝없는 변화, 기독교의 영원 등은 종교적 상상력으로서 신앙의 외적 발현이 되는 것이다.

서정시는 시의 원형이며 영원한 시의 고향이다. 동서양을 막론하고 오랜 전통을 가진다. 그러나 오늘날의 서정시는 답보상태에 대한 위기의식이 높고, 이의 반성과 분발을 촉구하는 견해도 끊이지 않는다. 정서적 환기력을 높이기 위해서는 섬광 같은 고압적 이미지의 통합을 역설하기도 한다.

말하자면, 안일한 전통적 자세나, 언어의 유희, 시를 사소설 및 신변잡기, 개인일지 따위로 경도되어 있음도 지적된다. 따라서 지성적 서정으로 열린 자아의 사회성, 시대성, 역사성, 현실성 예언성 등을 요구하는 것이다 그러나 시문학이 하루 아침에 혁명이 일어날 수 없음도 자명한 이치일 것이다.

이러한 현실적일 배경에서 최영호는 시적 비전이 누구보다도 풍부한 바탕에 있음을 들 수 있을 것이다. 거의 천성적인 시상의 개화가 기대되는 것이다. 각계각층에 대한 인간관계와 이의 인생론을 담은 지혜와 정서, 사물에 대한 투시력 등이 체험에 용해되어 있고 시의 생명이 탄생하는 것이다. 그의 이런 경향은 누가 무어라 해도 탁월한 그의 시인적 역량인 것이다.

또한 최영호 시인은 시의 언어조화와 발굴에도 남다른 조예가 있고 노력을 아끼지 않는다. 언어에 대한 착상과 발굴이 눈에 띄는 바가 있는 것은 이 때문이다.

몇 가지 실례를 들면 작달비(굵고 거세게 퍼붓는 비), 해작질(해작이는 짓), 뒤란(집채 뒤의 울안), 곡비(옛날 초상 시 상주 대신 울던 종), 당최('당초에'의 준말), 달비(비처럼 쏟아지는 달빛), 오사허게('엄청나게'의 전라도 사투리) 등을 보게 된다. 국어사전에서 찾을 수 없는 낱말도 있었다.

언어의 발굴은 시의 중요한 책무의 하나이지만, 일제 강점기인 30년대의 그 현란한 국어적 표현에 비하면 지금은 많이 달라진 셈이다. 시인의 국어발굴의 뜻을 아끼는 바가 여기 있다.

> 소리 없이 타오르는 불꽃이다.
>
> 적도赤道보다 더 뜨겁게 타오르다
> 시베리아처럼 식어 버리는 심연深淵에
> 헐떡이는 새 한 마리

환희歡喜의 파고波高와
쓰디 쓴 고뇌苦惱의 주파周波가
쉬지 않고 순환하는
쳇바퀴에 달려 있다.

바닥까지 검게 말라붙는 가슴

사유思惟의 독방에 똬리를 틀고 앉아
무너지는 아성我城을 바라본다.

이지理智와 우매愚昧의 경계가 무너졌다.

—「불꽃」 전문

「불꽃」은 《창조문학》 신인상 당선작품의 하나이다. 치열한 시대정신과 현대적인 시형식의 완성을 볼 수 있을 것이다. 특히 「불꽃」과 상반되는 「새 한 마리」의 제시는 역설적 이미지의 통합을 보게 한다.

시창작, 곧 시인의 길은 하나의 도道에 이르는 길이라는 문학론은 이제 일반화된 이야기라 해도 과언이 아닐 것이다. 시의 기원설에 유희설이 있는데, 이제는 시가 사상 면으로 기울어졌음을 뜻할 것이다. "도道는 꼴形이 없으므로 보아도 보이지 않는다"고 하였고, 시창작이란 하나의 도를 향한 모색이며, 시인의 사상과 예술이 함께 녹는 경지에 이르는 것이라 했다.

그것은 "천지는 나와 함께 오래 살고, 만물은 나와 함께 하나가 되어 있는 것"이란 만물일여萬物一如라도 해도 좋을 것이다.

위의 시 「불꽃」의 결구를 보면 "이지理智와 우매愚昧의 경계가 무너졌다”로 끝난다. 이는 만물일여의 경지 곧 창작의 무소불위의 세계로서 무한공간과 만나는 곳이다.

이와 같은 시학의 경지는 시인이 추구하는 정신적 세계가 고도의 완숙에 이르러야만 비로소 하나의 도라고 할 수 있을 것이다.

## 2. 인생론적 정신 지평

최영호 시세계에서 주류를 이루고 있는 것은 인생론적 정신 지평이라고 하겠다. 그것은 기독교적인 세계관을 포함해서 정신주의의 시세계로 묶을 수도 있을 것이다.

출간된 3권의 시집 제호는 이미 그의 시 경향을 말해 준다. 첫 시집 『가버나움』 제호는 성경에 나오는 지명이다. 그리스도의 3년 동안의 사역지使役地이며 성지순례로 붐비는 곳이다. 시인도 성지순례를 다녀와서 “펴 올릴 수 없는 세월을 넘어 무량한 그리움만 안고 돌아섭니다”로 시 「가버나움」의 결구를 맺는다.

그다음 시집인 『다 읽어도 남은 편지』와 『필요한 만큼의 슬픔』의 제호는 인생론적 정신지평을 열고 있는 것들이다. 시인은 세속주의를 거부하고 현실성에 대한 각성을 촉구하지만 근본적으로는 서정의 길, 인식의 길, 화해의 길로 인간 존재의 고귀성을 테마로 한다. 일부 승화된 작품에서는 스스로 순애적殉愛的인 인간애와 성직자의 균형 잡힌 논리로 이성적인 설득력을 높인다.

주제의식이 강한 시적 테마로 인해 시의 분량은 자연 길어지게 마련이고 그 탄탄한 서정적 논리성은 때로는 독자를 압도하는 감이 있다.

이와 같은 시 경향은 우리 선인들이 남겨 준 숭고한 정신의 집중 표현이나 그 단형과는 차이가 난다. 가령 이육사의 「절정」 김지하의 「타는 목마름으로」 조지훈의 「승무」 조정권의 「산정묘지」 등과 비교해 보면 길고 줄기차게 이어지는 새 형식이라고 할 수 있을 것이다.

최영호 시인의 시는 시의 절절함과 시적 비전으로 우리의 시선을 잡는 힘이 있고, 그만큼 감동의 효과도 놓치지 않는다. 다음 「섬」을 보기로 한다.

이제 멀어져 섬이 된 사람입니다
너무 멀어져서 보이지도 않습니다
그래도 마음은 늘 섬을 향해 있습니다.

날마다 섬이 사라진 곳으로 물길을 냅니다
언제쯤 배 한척 띄울 수 있을까요?
검은 갯바위에 앉아 하염없이 꿈을 꿉니다.

불꽃처럼 그리움이 타는 날
지친 내 앞으로 물길이 열리고
섬 하나 흘러오는 풍경을 떠 올립니다

나는 주저 없이 바닷물에 뛰어들 것입니다
일각이라도 빠른 섬과의 해후를 위해.

섬 하나 섬으로 흘러가기가
섬 하나 섬 사이로 흘러오는 것이

이렇게 어려운 세상인 줄 몰랐습니다.

오늘도 그리움이 파도처럼 이는
거친 바다에 나아가 섬을 찾습니다
바다는 너무 넓고 멀어 보이지 않습니다
마음만 늘 섬을 향해 들떠 있습니다.

비록 보이지 않는 곳에 있더라도
언제까지나 당신은 나의 그리운 섬입니다.

—「섬」 전문

가락이 만만치 않고, 그러기 때문에 더욱 질감을 높인다. 바다와 파도에 떠 있는 섬은 단순한 자연의 섬이 아니고, 간절한 동경의 대상으로서 절규하는 리듬을 타고 있다. "비록 보이지 않은 곳에 있더라도/언제까지나 당신은 나의 그리운 섬입니다."로 맺는다. '섬'이 '당신'이 되는 이 간절한 인간 사랑의 노래는 세속적인 사랑을 초월하면서 궁극적으로는 신앙인의 메시아, 곧 예수 그리스도 정신의 시적 표현에 다름 아닐 것이다.

최영호의 시에는 '당신' 또는 '그대'가 적잖은 편이다. 다음은 3시집 「필요한 만큼의 슬픔」에 나오는 시 제목에 한정해서 이 대명사 용례를 뽑아본 것이다. 「내 등에 당신을 업고」「당신과 눈 맞추며」「내 그대를 사랑하는 일이」「낮달 같은 당신」「별을 헤치며 오실 당신」 등 5편이나 되었다. 시의 본문으로 들어가 조사한다면 훨씬 많을 것이다. 시인의 동경이나 사랑의 대상이 아주 뚜렷하다는 징표인 것이다.

그런데 이러한 동경이나 구원의 대상은 호소력이 높아지고 시세계에 윤활유와 같은 모티브로서 문학적 성취를 높이게 된다. 최영호의 시가 율동이 높고 완숙한 기풍을 보이는 것은 이의 효과인 것이다.

일찍이 만해 한용운이 "님만 님이 아니라 기룬 것은 다 님이다. 중생이 석가의 님이라면, 철학은 칸트의 님이다."라고 한 유명한 「군말」의 님과 같은 효과인 것이다.

최영호의 시세계는 인생과 사회, 더 나아가 우주적인 질서에서도 긍정정신의 후광이 있고, 적극적인 판단도 뒷받침되어 있다. 서정적인 영혼, 신비로운 시혼이 범신론적인 사유를 탄생시킨다. 유년과 고향에 대한 신화적 인식으로 서정시를 장식하기도 한다.

「사랑해서 미안합니다」「내 그대를 사랑하는 일이」「강물에 슬픔을 씻는 사람들」「자갈밭」 등 일련의 작품을 보면, 시적 사고력과 지혜의 요소들이 시의 질을 높이고 있다. 그것은 때로 뛰어난 발상에 전율하는 서정시의 효과이기도 한 것이다.

### 3. 기독교적 세계관의 영향

널리 알려져 있는 바와 같이 단테의 「신곡」 밀턴의 「실락원」은 모두 장편서사시로서 수많은 세계문학 작품들 가운데서 단연 으뜸으로 치는 명작이다. 이 위대한 서사시가 모두 기독교의 신학적 세계관의 산물인 것이다.

기독교 역사가 짧은 우리나라에서는 윤동주 정지용 김현승의 시가 기독교적 영성의 산물로 많이 알려진다.

최영호의 시에서도 이런 세계관을 엿보게 한다. 그러나 인생론의 내용이라고 해서 그것이 곧 종교성까지 포용되는 것으로 단정하기는 어려울 것이다.

더구나 우리의 현대시에서 기독교적 종교성 작품으로 드는 경우가 있지만 대부분은 배면에 흐르는 정서나 내면화의 과정일 뿐 시어나 소재의 차원에서도 기독교적 종교성으로 드러내는 작품은 많지 않은 것이 우리의 현실이다.

윤동주에 대해서는 상당한 정평이 있다. 윤동주는 "그의 정신세계를 시로서 완성한 신인"(김용직)이라거나 기독교 정신의 육화라는 측면에서 "윤동주를 뛰어넘는 시인은 드문 것 같다"(김주연) 등의 비평이 그것이다.

다시 말하면 윤동주는 신앙체험의 정신세계를 서정으로 감싸면서 완성도 높은 미학적 결정체를 남긴 신인으로 평가된다.

최영호의 시를 보기로 한다.

한 생명은 꽃일까요? 눈물일까요?
한 겨울길이 이렇게 거칠고
한 토막 해작질이 이렇게 격한 줄 몰랐습니다.

강바람에 갈대는 우는 걸까요? 노래하는 걸까요?
불을 지펴도 차가워지는 피가 파랗고
거꾸로 달려도 희어져가는 머리가
폐목선에 실린 낡은 어망처럼 흔들립니다.

기쁨이 슬픔과 함께 모여 살고

은혜와 진노가 섞여 솟구치고
아침이면 허물이 가슴속에서 깨어나고
저녁이면 깎아지른 벼랑 끝에서
기운 해가 황망히 놀에 머리를 감습니다.

아침에 카트만두의 비보를 보고 들었습니다
가슴에 손을 얹고 내가 저지른 원망과
지금 느끼는 어리석은 슬픔이
얼마나 사치스런 일인가를 깨달았습니다.

잠들기 전에 푸시킨의 시를 읽었습니다
단언컨대 슬픔이 없는 사람은 없습니다
의미도 없이 날뛰며 기뻐하는 것보다
필요한 만큼의 슬픔을 지니고 사는 사람이
진정 행복하다는 걸 깨달았습니다.

스쳐 지나가버리고 나면
사랑 때문에 슬퍼할 수도 없는 것을.

—「필요한 만큼의 슬픔」 전문

일반적으로 행복과 불행, 또는 기쁨과 슬픔에 대한 문학적 취향은 거의가 전부 아니면 거부가 그 통념이었다. 이는 흔히 현실부정의 의지로 표현된다. '슬픔'이란 부정 또는 거부의 대상이었지 일부를 수용하는 '필요한 만큼의 슬픔'이란 거의 없었다고 할 수 있었다. 시인의 새로운 현실인식인 것이다.

이 시는 꽃과 눈물(1연), 울음과 노래(2연) 기쁨과 슬픔, 은혜와 진노(3연), 그리고 '어리석은 슬픔'(4연)을 거쳐 마침내 "필요한 만큼의 슬픔을 지닌 사람이 진정 행복 하다는 걸 깨달았습니다"(5연)에 이른다. 인생통찰의 새로운 달관인 것이다.

윤동주의 「서시」에는 "죽는 날까지 하늘을 우러러/ 한 점 부끄럼이 없기를/ 잎새에 이는 바람에도/ 나는 괴로워했다는"는 상당히 충격적인 표현이 서두에 나온다. '한 점 부끄럼'이란 매우 극단적이고 이채로운 표현이기 때문이다. 기타 「자화상」「십자가」 등의 시에서 윤동주는 그의 초경험적인 이성의 세계가 예수 그리스도의 삶이 자신의 삶이 될 수 있다는 깨달음으로 관조의 눈을 얻는다.

최영호 시인의 작품을 지탱하고 관통해서 흐르는 것은 앞에서 언급한 바와 같이 '인생론적 정신 지평'이며 그것은 기독교적 세계관과 연결되어 있다 그리고 '필요한 만큼의 슬픔'을 수용하는 시의 경지에 이른다.

현대사회가 복잡해지면서 서정시의 오랜 보수성은 해체의 전략으로 돌출되기도 한다. 이는 당위성이 있고, 새 언어의 발굴, 참신한 표현 등에 시도되는 바가 있고 난해시의 합리적 주장도 여기서 나온다. 그러나 정신주의 면에서는 여전히 어떤 한계가 있다고 보여진다.

최영호의 시세계에 관심이 가는 것은 무엇보다도 의미심장한 종교적 세계관과의 연결된 그의 시작 태도를 주목하기 때문이다. 시의 주제와 향기가 그의 깊은 데서 피어나고 있는 것이다.

## 4. 시의 십자가를 찾아서

표현을 얻어야 한 편의 시는 존재한다. 아무리 사상이 심오하고 뜻이 있을지라도 미적 감수성의 표현을 얻지 못하면 작품성은 거의 성립되기가 어렵게 된다. 그리고 많은 시를 썼어도 절창시, 곧 대표작 몇 편이 겨우 남을 뿐이다. 시의 예술성, 또는 문학성이라는 판별은 시의 표현에 그 연원을 두고 있다.

범신론적인 상상력에서 시의 신화는 탄생한다. 그리고 시의 서정은 본질적으로 신화적 세계에 대한 동경이다. 시는 본래 효율성을 고려하지 않음으로서 최고의 효용을 발휘하게 되는 역설의 미학이다. 다음에 두 편의 시를 보기로 한다.

쓴 웃음이 시든 꽃다발 닮았다
우두커니 하늘에 뜬 초저녁 별
퇴색의 공간에 일광一光이 푸르다

가을걷이가 끝난 지 오랜 빈들에
낟알 몇 개처럼 남은 추일의 노병들이
불러만 줘도 번쩍 눈을 뜰 것 같다

기울어진 허리를 곧추세우고
볕이 따스한 남향으로 눈귀울이면
금이 간 손거울에 「아말리아」의 얼굴이
수면 위의 물너울처럼 흔들린다

바람은 경주마로 번화가를 빠져나가고

꽃잎 몇 장 주워들고 서성이는 길목에
가을 한 자락 끝이 영롱하다

경적도 없이 황망히 내달려
멀어지는 망우선 열차의 꽁무니로
추상이 눈발처럼 흩날린다.

—「추상」 전문

대지는 깊은 곳에 온기를 품고 있습니다
아직도 바람이 매서운데 꽃이 피는 것은
붉은 대지가 밑바닥에서
온기로 봄을 밀어 올리기 때문입니다

봄에는 참고 견딘 것들이 돋아나 잎이 됩니다
겨우내 땅 속에서 겨울과 맞서 싸워
추위를 이겨낸 것들이 고운 꽃이 됩니다
제 속에서 저를 이기고
새로 거듭난 것들이 향기가 됩니다

밤새 어둠 속에서
별빛 같은 눈을 뜨고 기다리던 것들이
먼저 새벽을 맞이하듯
눈을 부릅뜨고 세상의 어둠과 맞서 싸우며
희망의 날을 꿈꾼 사람들이
푸른 잎이 되고 세상의 꽃이 됩니다

아름다운 사람, 향기 나는 사람들도 모두
어둠 속에서 겨울을 이겨낸 사람들입니다.

—「향기나는 사람들」 전문

이 두 편의 시는 그 정조情操가 사뭇 다른 점도 있고,유사한 내용의 의지가 엿보이기도 한다. 그러나 모두 고차원적인 고등감정의 소산이다.

(A)의 「추상」은 '추상같다'란 말이 있는 것처럼 서슬이 퍼런 이미지의 말이다. 빈틈이 없는 완성을 보인다. 그러면서 "가을 한 자락 끝이 영롱하다"(4연), "추상이 눈발처럼 흩날린다"(5연)에서 눈길을 끈다. 서슬이 퍼런 속에 오히려 빛나는 아름다움이 있는 작품이다.

(B)의 「향기나는 사람들」은 경어체의 호소력으로 초봄의 생명력을 노래한다. "눈을 부릅뜨고 세상의 어둠과 맞서 싸우며/ 희망의 날을 꿈꾼 사람들이"(3연) 세상의 꽃이 되고 향기나는 사람들이라고 칭송된다. 다분히 교훈적인 내용이라 할 수 있다. 작품으로 말한다면 (A)의 「추상」이 훨씬 우세할 수 있을 것이다. 그만큼 (A)에는 이색적인 새로운 표현도 있기 때문이다. 이러한 배경은 최영호의 시세계에 시사하는 바가 있을 것이다.

그의 시를 요약하면 시월 최영호는 시의 주제 인식에 투철한 소양을 지닌 시인이며, 시의 조탁과 표현적 기능에도 조예가 깊은 시인이다. 그의 시는 인생론적 정신 지평에서 포용적인 인간애와 성찰의 내공으로서 상당한 진척이 있다. 감동적인 내용, 서정적 정취의 파노라마는 시의 품위에도 크게 기여한다.

그의 정신 지평에는 기독교적 세계관의 서광이 광야의 끝에서 빛나고 있다. 시가 종교성을 담보하게 되는 것은 예술성과의 긴장이 따르겠지만, 오히려 새로운 깊이와 분출로서 문학적 성취가 기대된다. 그는 이제 시작이라 해도 과언이 아니다. 그러나 누구보다도 대망의 시인이며, 미래의 시인이라 할 수 있다.

노자의 역설에 대교약졸大巧若拙 대변약눌大辯若訥이라는 유명한 말이 있다. 처음에는 누구나 서툴고 눌변이지만, 시간이 흐르면서 최고의 기교와 달변으로 나아간다는 것이다. 최영호 시인의 대성을 기대하는 소이가 또한 여기 있다.

— 최영호 시집 『필요한 만큼의 슬픔』 수록

# 치열한 시정신의 묵시록黙示錄

– 양태의(梁泰誼)의 시세계

## 1. 시인의 수사학, 그 온몸의 언어

시인의 언술 구성은 일상이 입혀진 고정관념의 심벌을 파괴하고, 넓은 언어 기능을 확대 심화시킨다. 시인이 온몸으로 반응하고 승화시켜야하는 대응의 일정한 형태로 새로이 구성한다. 자료와 도구로서의 언어를 시인은 생명의 의미 기능으로 상승시킨다. 시의 근본인 창조정신과 결코 무관할 수가 없다.

양태의 제4시집 『툭』에서 시인의 수사학이 새로운 형태로서 구성되고 활성화된 면모를 볼 수 있을 것이다.

그것은 놀라울 만큼의 시의 진전이었다. 지금까지 그의 『어오러지어오러지』(2002) 『이명耳鳴』(2004) 『혼자 우는 뒷북』(2010) 등의 시집에서도 충분히 예견되는 소지가 있었지만, 이번 시집에서는 주제의식과의 본격적인 과업으로 나타난다.

양태의 시에는 대체로 산문시 경향의 긴 편의 시가 대부분이다. 이는 시에 스토리가 본격적으로 소화되는 '이야기 시'의 경향이다. "시는 하나의 건축물"이라거나 "하나의 주문呪文"이라고 한 것은 시의 외연外延이 넓어졌음을 시사하는 것이라고 하겠다. 사실 처음 자유시나 산문시들의 발전은 이런 경향과 맞물려 있다.

양태의 시를 읽다 보면, 읽은 이의 의중을 꿰뚫어 주는 한자어 또는 외래어의 출몰을 보게 된다. 뿐만 아니라 우리말의 묘미나 서술적 표현도 곳곳에서 눈에 띈다. 현대어 구사에 그 탄력적인 리듬 감각은 시를 읽는 기쁨과 함께한다. 지금과 같이 난해시가 한 영역을 차지하는 판도에서 재기발랄한 그의 시풍은 매력적인 것이라고 하겠다.

모두들 아시는 것처럼 김수영 시의 '수사'는 정평이 나 있다. 독자적 육성을 갖춘 새로운 의미의 서정시인으로서 그는 재래적인 발상법을 뒤엎고, 의식의 리듬을 따라 '움직임의 수사학'으로 특정한 언술형태를 지닌다. 특히 명령법, 환유법의 활용과 산문적 경향의 사유와 속도로서 각광을 받는다.

양태의 경우는 시의 화술, 곧 시의 어조[tone]가 치열하면서도 곡진한 표현술을 구사한다는 점일 것이다. 거침없는 상상력에 의한 리듬을 타고 있다.

천불동 내려가는 가파른 비탈에
아름드리나무 쓰러져 있다
어려서도 용하게 견디어 내던 왜바람 맞아 벌러덩!
뿌리는 하늘을 향하고 우듬지 골짝에 박혔다
다 늙어 뽑힌 발바닥이 난생 처음 쳐다본 하늘
아찔하여 하얗게 질려 있다
미명에 눈을 떠 별빛 타고 내려와선

고집처럼 딱딱한 정박의 영토 더 깊이 파고들며
미끄러지지 않으려던 몸 비빔

—「발바닥」에서

뒤늦은 악장樂匠의
낡은 지문을 만나
물길 건너다 젖어서 울고
길길이 불길로 뛰면서 울고
바람길 둥둥 두드려 운다

울다가 울음 그친 나이테
마침내 지음知音의 활줄에 얼싸!
온몸 싣는
어름사니 된다

—「우는 나이테」에서

「발바닥」은 아름드리나무가 쓰러져 뿌리가 뒤집혀 버린 상황의 시이다. "하얗게 질려 있다"에 이어지는 "별빛 · 정박의 영토 · 몸비빔" 등이 모두 상상력의 소산인데 거침없는 표현을 보인다.

「우는 나이테」는 낙산사가 그 화재로 인해 기둥들이 "불 맞은 나이테"가 된 것을 테마로 한 것이다. 나이테가 "울다가 울음 그친 나이테"가 되었는데, "마침내 지음知音의 활줄"에 올라탄 '어름사니'가 된다는 것이다. 발상이 신선하고 표현이 간결하게 응축되어 있다. "활줄에 얼싸!"의 "얼싸!"는 감탄사로서 일시에 내용이 생략되는 효과를 낸다.

시인의 수사학이란 수사의 방법 또는 기교를 일컫지만 일종의 미사학美辭學의 영역이다. 시의 구성원리인 리듬이나 이미지, 상 징, 인유, 패러디의 어조 등의 시적 장치인 것이다.

돌이켜보면 우리의 시에서 이른바 명시名詩로 알려진 것치고 이러한 시적 장치에서 여러모로 성공을 거둔 것들이라고 할 수 있다.

양태의 시인은 우리말의 구조나 뉘앙스의 활용에도 적지 않는 진척을 보인다. '하늘의 소리' '땅의 소리' '사람의 소리'는 모두 모음송母音頌이라는 부제가 붙어 있는 것처럼 모음의 아름다움과 소리의 무궁무진한 변화에 관심을 보인다. 사실 우리말은 소리 에 있어 매우 다양하지만, 그 자원을 예술적으로 충분히 이용하는 전통은 아직 미약한 것으로 본다.

양태의의 경우 예를 들면 다음과 같다.

"보기에 좋더라 듣기엔 더 좋더라 다 좋더라"(하늘의 소리) "응애 응애 하늘 찢던 소리, 아장아장 땅을 열던 소리, 가다가 흠칫 멈추던 소리… 고이 덮어줄 땅의 소리"(땅의 소리) 등인데 범상치 않은 모국어 사랑을 엿볼 수 있다.

## 2. 대지의 정신과 소통의 상상력

프로이드의 정신분석학에 의하면 인간의 무의식은 호락호락 변하지 않는다. 무의식과 직면하는 자는 정신력의 강자로 부상하는데, 거기엔 초인이 숨어 있기 때문이다.

시나 예술은 작가의 무의식이 변장되어 나온 결과물이며 작가의 창조적인 기능은 결코 과소평가할 수가 없다. 특히 작품의 제작 동기는 가장 큰 것으로 본다.

시인의 내면에서 잠자고 있는 어린 시절, 또한 중요한 체험 등은 무의식에서 숨 쉬는 에너지들이다. 흔히 말하는 그리운 세계의 모신母神이 거기 있다.

양태의 시인의 시의식은 그의 무의식으로부터 테마를 제공 받는다. 그가 살고 있는 가정, 당대의 시대의식을 비롯하여 그가 체험한 지성적 사유나 서정이 거의 시가 된다. 우리가 그의 시를 읽고 감상하는 것은 곧 그의 내면과 만나는 일이기도 한 것이다.

이번 제4시집은 안정된 시심으로 시의 결을 거느린 수작들이 보인다. 언어의 진폭이 활발하고 투명하여 산문율이 많으나 현대적인 어조에서 시의 빛이 반짝인다. 앞에서 말한 바와 같이 그는 우리말의 이해와 구사에서 상당한 재질을 갖추고 있음이다. 그는 최고의 선善과 선지식善知識, 자연과의 시적 응용에도 뛰어난 면이 있다.

우리의 몸이란 마음의 그림자에 지나지 않으며 서 있는 나무들의 공空의 세계를 본다. 말하자면 어머니인 대지의 정신을 투영한다.

> 문화를 숭상하는 사람들은
> 담을 높이거나 두껍게 벽을 둘러
> 경계를 세우고
> 야생을 고집하는 야수들은
> 제 배설의 냄새나 발바닥과 발톱과
> 이빨자국을 뿌리며 남기며 경계를 그리는데
>
> 〈중략〉

크로노스의 전령인 바람이
입질하다 흘리고 간 제 경계 한 겹씩을
이따금 거두어 사라지곤 한다

– 「빛의 경계」에서

선바위 종아리 휘감는 물굽이, 세족도洗足圖 그리는 필획 같다
너럭바위 등짝 갈아대며 그리는 등목도, 시원하겠다
자잘한 돌멩이들 숨비소리 졸졸거리며 물질하는 잠수도潛水圖 속
간지러워 아이, 간지러워!
앉은 바위 사타구니 간질이는 아찔한 운우도雲雨圖까지
이 그림 저 그림 다 엿보며, 나무들
끼리끼리 서서 저것 봐! 저것 봐, 못 말리는 수수방관도水水傍觀圖 곁에
슬리퍼짝 질질 끌며 지나치던 바람이 어, 하고 멈추어서
일필휘지로 휘갈겨 놓는 관수도觀水圖

– 「식장산 물소리」에서

위 두 편의 시는 빛과 물소리를 통하여 사유의 깊이와 폭을 엿보게 한다. 상상력에 의한 사물과 인식이 어떻게 소통의 길을 열고 있는가를 보이기도 한다.

「빛의 경계」는 사람은 담이나 벽을 세우고 야수들은 배설의 냄새나 발바닥이나 발톱이나 이빨자국을 뿌리거나 남겨 경계를 그리지만 빛은 그림자로 영역을 드러내는데 다른 빛들의 간섭을 의식하지 않는다.

불교에서 경계란 과보果報에 의하여 각자에게 주어진 지위나 처지를 일컫는 말이다.

"크로노스의 전령인 바람이/ 입질하다 흘린 제 경계 한 겹씩을/ 이

따금 거두어 사라지곤 한다"는 결구는 빛에 대한 놀라운 관찰이다.

「식장산 물소리」는 소통의 상상력에 의하여 뜻밖의 경외감敬畏感 을 주는 작품이다. 식장산을 끼고 있는 세천 유원지에 갑자기 불어난 만수위에 대한 기발한 상상력의 소산이다. 1연에서 그 벅찬 물소리가 쌀 씻는 소리인가, 아니면 몸 씻는 소리인가 하고 자문한다. 그러나 2연의 세족도, 잠수도, 운우도, 수수水水방관도, 관수도 등으로의 환치는 경탄할 만하다.

무넘이(무넘기와 같은 뜻으로 물의 이미지를 살린 말), 흐벅지게 (탐스러울 정도로 두껍고 부드럽게), 산소리(남에게 굽히지 않으려고 하는 큰 소리) 등 순수한 우리말을 골라 쓰는 안목에 주목하지 않을 수 없다.

### 3. 싸우면서 쉬는 긴장의 시

첫시집의 제호가 된 시 「어오러지어오러지」는 호흡이 긴, 한 문장의 산문시이다. 태백산 구룡소에서 솟아나는 골지천의 정화수가 한양으로 흘러가는 '아우라지강' 인데 서기 21세기 초입부터 더럽게 냄새나는 썩은 양심과 뒤범벅이 되면서 '아우라지' 모음 자리까지 뒤틀려 '어오러지어오러지' 하면서 동강을 향해 고꾸라지고 있다는 것.

민족정기의 원류인 백두대간에서 구한 발상, 그리고 그것이 '썩은 양심' 때문에 '아우라지강' 의 이름까지도 변해 버렸다는 사유의 깊이를 간과할 수 없다.

제2시집 『이명耳鳴』에 오면 88편의 연작시가 한 시집에 묶인다. 비로소 시인의 본격적인 시정신이 집중되는 것을 본다. 또한 '이명' 시리즈는 귀울음이라는 병리적인 현상이 이를 동반한 시인의 사색과 깨달음의 촉매로 응용되는 시적 장치로 활용된다.

좋은 시라는 것이 시의 외연과 내포가 지니는 최원最遠의 양극에서 모든 의미를 통일하는 것이라면, 이 연작시는 양태의의 시정신의 집중과 정진을 보여준다. 말하자면 긴장의 미학이라고 하겠다. 두 편의 시를 보기로 한다.

나는 감사한다.
백인종도 흑인종도 아닌 알맞게 익은 황인종임을 감사한다.
크지도 작지도 않은 어중간한 키를 가진 민족임을 감사한다.
많지도 적지도 않은 梁씨로 태어남을 감사한다.

흙으로 빚은 나무에 비가 내려 흙으로 뻗은 가지
구덩이라 할 수도 없는 구덩이 삼성혈三姓穴의 흙 씨는
눈[雪]을 먹는다.
물[水]을 먹는다.
눈도 물도 다 먹어서
눈물도 끄떡없이 삼킨다.
신비스러울 것도 없는 耳鳴
이상스러울 것도 없는 耳鳴이
신비스럽고 이상하게 느껴짐에 감사한다.

하나의 곱절이나 되는 두 눈을 주심에 감사한다.
두 눈 모두가 1.0이나 되는 것에 감사한다.
조간신문에서 박종철 군 고문소리를 듣는 눈

석간신문에서 증권투자로 떼돈 버는 소식을 듣는 눈
볼 것은 다 보고
못 볼 것 마저 보고서도
3년간 쭈욱 1.0을 유지하는 視力이 신기롭다.
신기로운 것들이 뒤범벅이 되어
옴짝달싹 못하고 구덩이 속에서만 뱅뱅거리는 좀사내
구덩이 밖을 헤어나지 못하는 배짱 덕분에
큰 탈날 일 없음을 감사한다.

– 「이명 · 여덟」 전문

아득한 수미산須彌山 팔 만 유순由旬 골짜기에
자욱이 쏟아 내리시는 산상수훈山上垂訓

– 「이명 · 쉰하나」 전문

「이명 · 여덟」은 자신이 황인종이고 한민족으로, 그리고 또 양씨로 태어난 것을 감사한다는 것. 구덩이 삼성혈의 신비스러운 흙에서 왔다는 것. 또 1.0되는 좋은 눈을 주어 조석간의 신문에서 볼 것 못 볼 것 다 본다는 것. 뿐만 아니라 구덩이 속에서 뱅뱅거리는 못난 좀사내 배짱 덕분에 큰 탈 없이 지낼 수 있음에 감사한다는 것이다. 세속을 떠난 달관의 경지이다.

이와 같은 막힘없는 서술은 너무도 솔직담백한 무아경無我境이어서 그것이 곧 시의 감동이다. 열쇠가 상자를 열 듯 문학은 마음을 열어야 하는데, 이 자아도취의 경지가 매력인 것이다.

「이명 · 쉰하나」는 2행시로 수미산의 산상수훈으로 압축된 표현을 보인다. 수미산은 불교의 세계관에서 세계의 중심에 높이 솟아 있다는 산이다. 산꼭대기에는 제석천帝釋天이, 산허리에는 사천왕四天王이 거주하는데 사방에 4대주四大州가 있고, 그 남쪽이 인도 대륙에 해당한다고 한다.

이런 고도로 압축된 단형은 또 하나 시의 매력이 아닐 수 없다.

## 4. 시정신의 지향과 묵시록黙示錄

시는 말들의 굽이치는 물결로 일컬어진다. 그리고 시에 깊은 뜻이 넉넉할수록 그의 수심水深도 깊어진다. 시인이 지향하는 시정신에 따라 그 묵시의 성숙을 보게 된다.

또한 문학은 사회적 산물임이 자명하다. 그것은 사회적 소통인 언어를 매개로 하여 저자와 독자의 관계로 비롯되며, 소재 또한 인간의 사회생활이기 때문이다. 치열한 시정신일수록 계시啓示하는 바가 다양하게 될 것이다. 일반적으로 종교나 도덕성의 계시에 비하여 시에 있어서는 시적 유연성이 더 요구된다고 할 수 있다.

양태의 시인의 제3시집 『혼자 우는 뒷북』은 부모에 대한 작품만으로 되어 있다. 1부 아버지(38편), 2부 어머니(28편)로 모두 66편이다. 작품들은 효도라는 개념이기보다는 깊은 인간성의 가족애가 깊은 시심을 뒷받침한다. 시집의 제호가 된 '혼자 우는 뒷북'은 "동구 밖 꽃상여에 모시고 따라가던 날"로 곧 출상의 감회이다.

여기에서는 아버지와 어머니 편에서 한 편씩을 골라 살펴보기로 한다.

좀처럼 열리지 않는 외통수
아침이 와서 손짓해도 무더위가 대낮을 푹푹 삶아도
저녁별이 인사를 해도
닫힌 그대로다.

강제징용으로 현해탄을 건너고 보국대의 준령을 넘어
남선전기주식회사 시절의 감질나는 등화불로
온갖 탑새기 뒤집어쓰면서
새우잠으로 겨우겨우 돌리던 방축리 방아간
그 5마력 짜리 시골 정미소
끊어질듯 넘어질듯 가쁜 숨 몰아
빚 고개, 눈치고개, 코치고개, 염치고개 가까스로 넘고 넘어
6남매 밥 먹여 학교 보내고
절망의 위궤양 쓸어안으며 쓰러질듯 꺾어질듯
기적처럼 회생한 팔순의 고목

耳鳴의 절벽을 헛디딘 절뚝거리는 노정의 골짜기에서
아 어쩌나 허망의 밤을 흔드는 저 코골음과 잠꼬대
당신의 뼈를 깎아 키운 자식들 뿔뿔이 흩어져 제 갈길 가고
형광등 불빛도 지지거리며 조는데
TV를 박차고 튀어나오는 마감뉴스가
어머니를 깨운다.

훔쳐갈 것도 없고 빼앗길 것도 없는 그러나
지키고 싶은 욕망의 당신 마지막 영토의 변방
아들 대신 세워둔 몽둥이 병사 혼자 횃대 밑 구석에서

보초 서고 있다, 불변의 충성
저 외골수의 부동자세로.

―「아버지의 방 · 2」 전문

세상의 모든 어머니들
동그라미입니다.
처음부터 동그라미였지요.
중간에도 동그라미였구요.
나중에도
결국은 동그라미입니다

계수나무 아래서
토끼 방아 찧는 이야기로
휘영청 밤길 밝혀주시던 동그라미

내가 손발 오그리고 들어 있던 자리
동그랬는데
나 발 뻗고 쉬었던 자리도
동그랬는데
마지막 내가 누울 자리
둥그렇게 비워 놓으신
동그라미 어머니

―「어머니 동그라미」 전문

잠언에는 지혜로운 아들은 아비의 기쁨이요, 어리석은 아들은 어미의 근심이라는 말이 있다. 양태의 시인은 장남으로 태어났고 시적인 지혜와 따뜻한 인성을 함께 갖춘 아들임을 엿보게 한다.

「아버지의 방·2」는 아버지의 생애가 파노라마처럼 울린다. 일제의 강제징용으로부터 6남매를 키운 아버지가 지금은 기적처럼 회생한 팔순의 고목으로 표현된다.

이 시의 압권은 마지막 연으로 "불변의 충성/ 저 외골수의 부동자세로"인데 문학적 테마와 문체가 성숙된 표현이다. 여기서 개인적 방정식이 사회적 방정식으로 전환된다. 흔한 감상적 서정을 뛰어넘는 표현인 것이다.

「어머니 동그라미」는 모성애를 끝이 없는 사랑의 둥근원으로 보는 것이다. 그 발상은 "마지막 내가 누울 자리/ 둥그렇게 비워 놓으신/ 동그라미 어머니"로 나의 죽음, 나의 영원까지 이어진다.

일반적으로 부모나 가족을 소재로 한 시는 '생활시'로 분류할 수 있고 흔한 만큼 예술로서 성숙이나 독자성은 기대하기 어렵다. 그러나 우리의 시사에서 일컬어지는 '시의 위의威儀'란 안 보이는 듯하면서도 그 권위를 부정하기 어렵다. '생활시'의 한계가 여기 있을 것이다. 어쩌니 해도 시의 진정한 주제는 언어이다. 지금 세상의 기준은 이미 변했다. 시가 길어지고 그것도 산문율로 변했으며, 전통보다는 과감한 시어의 혁명이 시험된다. 시의 정렬성 변칙, 정체성의 폭발, 사회적 이슈에 대한 관심 등이 시의 본질과 충돌하며 발표된다.

양태의 시인은 본질적으로 평이하고 진솔하며 사물을 창조적으로 관찰하는 태도를 견지한다. 양태의 시의 접신接神 지점도 거기서 빛난다.

어휘의 발굴과 신선한 활용을 비롯한 그의 수사학은 이 시대의 정체성에 큰 진경의 하나라고 하겠다. 그의 치열한 시정신은 새롭고 독특한 묵시록을 선보인다. 어둠은 평등하다고 한다. 양태의 시인의 시혼은 지금쯤 은하철도역에 당도하고 있을 것이다. 분명, 좋은 시를 맞이할 것이다.

— 양태의 시집 『툭』 수록

# 심미적 충격에 눈뜬 시의 진실

– 김동민(金東旻)의 시조세계

## 1. 재기 발랄한 수사법, 그 율동적 언어

시인은 두 가지의 일을 동시에 수행한다. 첫째는 미美를 발견해야 하는 것이고, 다음은 그 것을 보여주는 표현이다. 특히 미는 시정신의 상징적인 언어로 시는 추醜나 악惡의 요소가 아닌 '아름다움'을 기저로 한다는 뜻이 된다. 철학에서 감성과 이성의 조화와 그 통일에 의해서 순수한 감동을 일으키게 되는 기본인 것이다.

이로 인해 문학은 끊임없는 자기 쇄신이며, 거기에는 중단이 있을 수 없다.

김동민 시인은 『진달래 아리랑』(2002)과 『산으로 간 바다』(2009) 두 권의 시조집이 나왔고, 이번에 제3권의 시조집을 출간한다.

김동민 시인의 경우, 그의 시조는 '한다. 하네' 등 일반적인 평어체가 거의 없고, 재기 발랄한 수사의 방법과 기교 면에서 율동적인 언어를 기반으로 한다. 토속어, 구어체를 비롯하여 규칙적인 음률의 곡조와 리듬을 살린다. 첫시조집에서 몇 가지 사례를 들면 다음과 같다.

(A) 봉투 몽땅 떨어봐야 기 만원 될까말까
빗물이던 눈물이던 그건 상관없는갑다

— 「천원이요」에서 (밑줄 필자)

(B) 봇물에서 말복놈과/ 드잡이로 붙었는데
매미떼 구경났다고/ 정자 올라 왁자하다.

— 「말복」에서 (밑줄 필자)

(C) 가을 한철 돌아가다/ 시안도 못 넘기고
멈춰서 봄을 못 돌고/ 하루 해는 구만리

— 「물레방아」에서 (밑줄 필자)

위의 사례에서 알 수 있듯이 구어체의 흐름에다가 신선한 언어 구사가 있다. 이에 대한 설명을 덧붙인다.

(A) "몽땅 털어봐야" "상관없는갑다"는 모두 탄탄한 구어의 말투에서 온 것들이다. "~갑다"는 겨우 남아있는 정도의 어미인데, '~인 것 같다'의 뜻이 될 것이다.

(B) "드잡이로 붙었는데"에서 '드잡이'는 "여럿이 붙들고 격렬하게 하는 싸움"이다. "정자 올라 왁자하다"에서는 '왁자지껄하다'가 '왁자하다'로 추려진 것.

(C) '시안'은 "설이 되기 전"을 말하는 향토인들이 쓰는 토속어. "멈춰서 봄을 못 돌고"는 구어체의 말투라고 할 것이다. 무어니 해도 문학은 표현력을 우선으로 한다. 표현이 전제될 때 비로소 주제의식이니, 작가정신이니를 보게 된다.

그의 작품에서는 의태어 의성어 등의 첩어가 잘 쓰이고, 생기를 돋운다. "자박자박, 치렁치렁, 희희낙락, 개골개골" 등이 그것이다. 그러나 첩어는 시적 운치에서 리듬을 더해준다.

언어 감각에 대한 시인의 능력은 거의 절대적이다. 시의 지상 목표는 유용성이 아니라, 쾌락이라고 하는 것도 이런 연유라고 하겠다.

하루 한 번 죽어도
저토록 화려할까
찬란하게 태어나
그 짧은 생의 마감이
저렇듯 충만할까.

마지막 작별을
고하는 서녘 정상
그 위에 어여쁜
새아씨 속눈썹
어쩌면 잊어서 좋을
첫사랑 곱던 은주.

저미는 가슴을
싸안아 사십 년
감아 더욱 선명한 그때 그 짓던 미소
마지막 한 번도 좋을
보고 싶은 속눈썹.

—「초생달」 전문

비교적 안정이 잡힌 작품이다. '초생달'은 '초승달'의 본디말. 초승에 돋는 달로 흔히 눈썹처럼 가는 조각달인 것이다. 음력 매월 초 불과 며칠 동안의 달이기 때문에 "초승달은 잰 며느리가 본다"는 속담이 있다. 부지런한 며느리만이 볼 수 있다는 뜻이 되겠다.

이 시조에서도 초승달이 여인의 '속눈썹'으로 은유되어 있고 첫사랑에게까지 확대되어 있다.

정형시는 대개 제한된 규격과 글자수의 제한이 있기 때문에 읽는 도중 경직된 터치를 아니 느낄 수 없게 된다. 그러나 김동민의 시조는 거의 그런 장애를 느끼지 않고, 자유시에서처럼 자연스런 흐름을 받는데, 이 작품 역시 예외가 아닐 것이다.

## 2. 가깝고도 먼 사모곡과 향토애

김동민 시조의 대종을 이루는 것은 어머니에 대한 절절한 그리움의 서정과 고향에 대한 사랑이 주류를 이룬다고 할 것이다. 체험과 밀착된 서정의 영역에는 사색적 통찰보다는 현실적 요소가 가미되는 경향이어서 질적으로 어떤 한 점에 머물러 있게 된다.

대개의 경우 시인들은 번거로운 사회적 현실성과는 단절하고, 자기의 내면에 파묻히게 된다. 김동민 시조는 어머니에 대한 사모와 사물을 정관靜觀하며, 그것이 환기시키는 환상幻想과 심상心象에 의하여 작품을 도모하게 된다.

이런 사정은 시의 소재素材가 중요한 몫을 하는 것이지만, 때로는 소재의 한계로 인하여 시적인 체질에도 영향을 미치게 될 것이다. 김동민 시조의 가깝고도 먼 사모곡과 향토애의 중요한 관건이 여기 있을 것이다.

주제는 무겁게 서사는 가볍게 나가면서 자아의 정체성을 도모하고 미학적 완성을 도모해야 할 것이다. 시적 세계관의 청명하면서 깊이 있는 수확이 거기 있을 것이다.

김동민 시인은 무공无空을 법명으로 받은 불교의 법사法師이다. 어머니의 영향으로 어려서부터 불교에 입문했다. 길고 먼 무지개에 "내 잔이 넘치나이다"하고, 아름다운 구원이 예상된다.

그해 봄 진달래는 유난히 붉었다고
방긋방긋 웃음꽃이 잉걸불 재가 되어
앞산 숲 자갈 무더기 울어대던 뻐꾸기.

지극정성 떠 올리는 장독대 정화수
칠성님 입 다물고 끝끝내 돌아앉아
아기별 차례차례로 구름 속에 잠이 들고.

눈에 넣어도 아프잖을 일곱을 가슴에 묻고
비루먹은 그 하나 뒤바뀐 막내자식
꺼질까 불어 날을까 가슴 졸인 구십오 년

너마저 없었다면 내가 어찌 살았으랴
너 있어 괜찮다며 감추어온 눈물바다
그 깊고 안온한 바다 산으로 간 내 바다여.

—「산으로 간 바다」 전문

어머니가 소재로 된 작품. 깊은 산골의 환경에다가 의료 혜택이 전혀 없는 시대에 어머니는 여러 아이를 잃는 아픔을 겪는다. 「산으로 간 바다」의 1, 2수 전반부는 아이를 잃은 정경으로서 "아기별 차례차례로 구름속에 잠이 들고"의 표현에 이른다. 1수의 '잉걸불'은 '숯덩이불'로 아기를 잃은 어머니의 가슴이다.

후반부 3, 4수는 막내였던 김동민 시인을 애지중지 기르는 어머니의 모습. 어머니의 "감추어온 눈물바다"(4수)가 95세에 돌아가신 그것은 결국 '산으로 간 바다'였던 것이다. 간절한 사모곡思母曲을 쓰게 된 배경의 내용이다. 이 시조는 작품의 품격으로서도 뜻과 리듬이 모두 잡힌 가편이다.

사설시조로 선보인 「바람아 불어라」는 역사 의식이 점철된 작품으로 주목된다. 사설시조는 시조의 3장 중 두 구 이상이 길어진 것인데, 대개 중장이 무제한으로 길어지는 장시조 형식이다.

「바람아 불어라」의 중장은 13행에 이른다. "이천팔 년 바람일랑 울넘어 몰아내고 이천구 년 이제부터 신바람만 불어라"로 중장이 시작된다. '불어라'가 10번 이상 반복되면서 활발한 율동을 획득한다.

그리고 종장이 "칠천만/ 손에 손잡고/ 춤추는 그날까지로" 끝맺는다. 민족적 통일의 장대한 염원을 보인다.

김동민 시인은 향토 사랑에 적지않은 시편을 보인다. 「내 고향 손대」 2편을 비롯하여 향토 의식은 자연 사랑과 그 연원을 함께한다. 문학 작품은 넓은 의미의 자서전적 성격이 있는 것이라고 할 때, 시인의 사모곡이나 향토애는 그 나름의 뜻을 보인다. 삶의 본질을 꿰뚫는 근본적인 가치도 거기 있을 수 있다.

(A) 진달래 불길 일어/ 얼음장 녹아나면
골마다 물이 맑아/ 가재 징게 미역감는
내 고향 외산 손대는/ 부여에서 오십리 길

—「내 고향 손대」 3수

(B) 연천봉 그 높이로/ 등시렁 솟아올라
대자암 청정도량/ 무문관을 비추네
그 오직 갈구한 염원/ 어느 스님 눈뜨시나.

—「무문관」 2수

평이하게 읽히는 작품이다. 시인의 고향 부여군 외산면 가덕리 손대 마을은 깊은 산골 마을이다. 일세의 정치인 김종필 전 총리도 여기 이웃 반교리 출신이다. 명산 아미산이 내려보는 곳에 가덕리와 반교리가 이웃해 있으며, 예부터 인물이 많이 나는 곳으로 알려져 있다.

「무문관」은 계룡산 갑사의 대자암에 있는 선방禪房이다. 참선 입실을 하면 밖에서 문을 잠그고 5개월이 되어야 열어주는 곳이라고 한다. "어느 스님 눈 뜨시나"에서 보듯이 높은 정신적 경지를 보인다.

### 3. 시의 감각과 향기를 찾아서

김동민 시인은 '불효자의 몽당연필'을 자처하면서 오래 어머니 사랑에 전념해 왔다고 할 수 있다. 그가 서예와 그림에 상당한 진경眞境과 위치에 있으면서 굳이 시조시인의 길로 들어선 것은 "감내할 수 없는 그리움과 터질 것 같은 가슴속 어머니께 어떻게 하면 용서를 구할 수 없을까 해서 연필을 들게 되었던 것입니다."(제3시집 「시인의 말」)고 밝히고 있다.

김동민은 《호서문학》 시조부문 우수작품상(2001년)을 거쳐, 「사미승沙彌僧」 「진달래」 「자벌레」 「하루살이」 등의 시조로 『문학사랑』(2002년 가을호)의 추천으로 문단에 오른다. 그리고 적지않은 양의 사모곡의 시가 포함된 3권의 시집을 상재한다. 사실 그의 효심은 아주 지극하다. 그러나 그의 시세계는 점차 개방적이고 시적 향기가 더해진다.

우선 그의 단형을 보기로 한다.

(A) 서녘 땅 찬란하게/ 꾸미는 빛의 궁전
고단했던 한 생을/ 마감하는 저 임종
황홀경/ 장엄한 열반/ 속이 속을 벗는다.

—「낙조」 전문

(B) 이제 나 죽는다고/ 펑펑 울어 퍼대더니
나 언제 그랬냐고/ 시치미 잡아떼고
얼굴을/ 빼꼼 내밀고/ 히죽대는 변덕쟁이

—「변덕쟁이—소나기」 전문

문학이란 "사상성과 예술성이 서로 등가等價와 조화"(S·T 엘리어트)를 이루어야 한다고 했듯이, 이는 작품의 지표인 것이다. 뜻 없는 예술이 있을 수 없고, 예술성이 없는 문학이란 존재하기 어려운 것이다.

위의 (A)(B)는 단형의 시편이다. 두 편이 모두 뜻과 운율의 조화가 으뜸이다. '낙조'의 찬란한 비애를 보며, 시인은 "장엄한 열반/ 속이 속을 벗는다"고 노래한다.

(B)에서는 한 순간에 지나가는 소나기가 "히죽대는 변덕쟁이"로 의인화되었는데, 표현의 생동감이 있다. 저녁노을이나 소나기는 우리 주변에 흔한 소재인데, 표현을 얻지 못하면 그 존재감을 획득하기 어려울 것이다.

시처럼 표현의 완벽을 요구하는 장르는 특이한 바가 있을 것이다. 조그마한 차이가 명시가 되기도 하고, 졸시가 되기도 한다.

결국 아는 만큼 보이는 것이며, 소재의 신선한 확대는 필수적이다. 또한 시의 의미는 믿음을 먹고 자란다. 현대판 허무주의는 황량한 무의미의 사막에서 남겨진 것이라고 하겠다.

김동민은 제3시집에 이르러 그의 생애와 예지의 결합을 보인다. 시의 감각과 향기의 성숙성이 그것이다.

끝없이 반복되는 욕망의 줄다리기
한없이 이어지는 생과 사의 이분 법칙
파도는
죽어서 살고
살아 다시 죽는다.

실바람도 못 이겨 일어나는 잔물결
그러다가 회오리로 솟구치는 분노들
파도는
잠 못 이루고

오도카니 눈을 뜬다.

생사로 이어지는 억겁의 무진 세월
철야 정진 오체투지 계속되는 삼천배
파도는
고해 바다를
그렇게 건너간다.

—「파도」 전문

불교에서, 괴로움 많은 속세를 바다에 비유한 것이 '고해苦海'이다. 이 고해에서 '생과 사의 이분법칙'(1수)인 파도를 노래한다. 파도는 곧 자신이기도 했다. "파도는/ 잠 못 이루고/ 오도카니 눈을 뜬다"(2수)는 것이다.

그러나 3수에 이르면 "억겁의 무진 세월"을 견디는 "오체투지 계속되는 삼천배"로 이어진다. 절망에 굽히지 않는 철야의 정진을 보인다.

신선한 용어도 선보인다. '오도카니'(큰말 '오두커니')와 '오체투지'가 그것이다. 오체투지五體投地는 불교에서 절하는 법의 한 가지로 두 무릎을 꿇은 다음, 두 팔을 땅에 대고 머리가 땅에 닿도록 하는 절이다.

시 「파도」는 자기를 정갈하게 하는 의지, 절대의 신뢰를 보내는 순수한 정신의 쇄락灑落 곧 다향茶香의 세계라고 하겠다.

오늘날 시인도 많고 예술성도 퇴색하는 감이 없지 않다. 일찍이 동양에서는 시경詩經의 시를 시의 본원이라 했고, 의意와 실実을 추구해야 위시僞詩가 아닌 진시眞詩에 이른다고 했다. 공자가 말한 사무사思

無邪는 시의 내용이 진실해야 함을 말한 것이며 오랜 전통의 정결함도 여기 있다.

김동민의 시 세계는 인생의 관조가 깊고 긍정적인 데 토대를 둔다. 「무지개」 또는 「지우개」 등의 작품에서도 인간 정신의 아름다움을 기반으로 하고 있음을 볼 수 있다. 그가 늘 진실된 시를 쓰기를 위해 정진하고 있음이다.

### 4. 선한 시인의 겸손과 그 처신

김동민 시인의 어머니에 관한 깊은 사랑도 놀라운 일이지만, 필자가 놀란 것은 제2시집 『산으로 간 바다』의 후미에 나온 「책을 쓰고서」의 「정말 고마우신 분들!」인데 12쪽이나 되는 적지않은 글이다.

"70평생 살아오면서 내게 물심양면으로 많은 도움을 주신 분들이 많다. (중략) 정말로 고마웠노라고 감사의 말씀을 올리고 떠나는 것이 최소한의 도리라 여겨 그 자리를 마련한 것이다"라고 취지를 밝히고 있다.

그리고 조승환 내과의 조승환 원장, 보문산 송학사 보덕 큰스님 등 10여 명에 대한 기록이 나온다. 문인으로는 "나를 문학의 길로 인도하신 김대현 선생님"이 나온다.

시인들의 고고한 자부심은 많이 알려져 있다. 소설가와 수필가와는 아주 다른 것이 시인들의 기질이다. 김동민 시인은 일찍부터 '선한 시인'으로 일컬어져 온다. 그는 시인들의 교만성보다는 겸손과 그 처신으로 일관하면서, 알게 모르게 '선한 시인'이 된 것이다.

이와 같은 인성은 꾸며서 될 일이 아닌 천성의 몫일 것이다. 아마도 어려서부터 어머니의 미소와 향기가 큰 영향을 주었을 것이다.

찬란한 시작으로 한생을 경영하고
만유의 시름 안고 적멸하는 서녘 하늘
거룩한
애환의 정념
황홀경을 이룬다.

눈부셔라 석별로 뜨겁게 타는 가슴
고단했던 여정을 환희로 풀어놓는
서녘은
귀향의 성지
영원으로 가는 길.

어쩌면 저렇듯 화려하게 떠나는가
단 하루 삶으로도 더없는 광영이네
희수喜壽는
고개를 숙여
부끄럼을 감춘다.

—「일몰」 전문

우리 일생에 대한 달관이 시의 절정이 된다. 자기다운 속살이 많은 시로 이런 상상력 사유야말로 우리 인식의 지평을 확대해 준다. 이는 바로 예술의 존재 근거가 아니겠는가.

상상의 공간에 출렁이는 바다, 가령 7~9월에 꽃피는 연꽃을 보자.

물은 연잎을 적시지 않고, 연잎은 물을 깨뜨리지 않는다. 사람도 아웅다웅 살았던 이야기보다는 "귀향의 성지/ 영원으로 가는 길"은 얼마나 선한 지평인가.

이 시는 희수喜壽, 즉 일흔일곱 살에 쓴 '황홀경'의 경지이다. 삶에 대한 승화가 돋보이는 가편이다.

시를 가리켜 천기天機, 하늘의 기밀이라고도 한다. 문학은 진眞을 지향하는 것이며 천기를 담아야 한다고 한다. 미학적이고 도덕적인 가치의 조화는 예술 작품에 대한 존경심이고 쾌락 요소의 원천이 되는 것이다.

김동민은 후기의 시, 예를 들면 「오늘」「자유의 다리에서」「내 오두막」「길」「영원으로 가는 길」「바람의 귀향」 등에서 숙성된 작품의 완성을 보인다. 직관에 의한 인생론의 섬광閃光과 그 통찰이 비친다.

지금까지 김동민 시인의 시세계를 살펴 보았다. 김동민 시인은 서예와 그림에 몰두해 온 분이다. 자녀들을 잃은 어머니 막내로 태어나 "너마저 없었으면 내가 어찌 살았으랴"(「산으로 간 바다」 4수) 하는 어머니의 간절한 사랑이 마침내 한 시인을 탄생시킨 것이다.

김동민 시인의 천분은 재기발랄한 율동적 언어에서 시의 성취가 잡히기 시작한다. 그리고 시조로 형식을 취한다. 뜨거운 사모곡과 향토애를 소재로 한 적지않은 시작에 몰두하면서 그의 시는 '넘치는 잔'이었지만, 차츰 안정과 함께 시의 예술성과 눈뜬 주제 의식으로 나아가 완성되는 감각과 향기의 진경에 이른다.

또한 그의 시는 인간의 삶에 대한 통찰과 함께 역사의식 또는 사회의식도 눈을 뜬다. 관조된 달관의 '다향'에 이어 새로운 진척을 보일 영역이 거기 있다고 하겠다.

노년은 청춘에 못지않은 좋은 기회라고도 한다. 신紳의 언어는 침묵이다. 김동민 시인이 자기완성에 대한 해탈과 지혜로 새로운 여행자의 보람으로 발전하길 빈다. — 김동민 시조집 『어머니의 감나무』 수록

# 지적인 진정성의 시학詩學

— 이사라(李思羅)의 시세계

## 1. 여성시, 그 튀는 언어들

이사라李思羅 시인은 지금까지 『강물에 시를 쓰다』(2009)와 『시편의 강에서』(2014)의 2권의 시집을 내놓았고, 제3시집 『어느 여행자에게』를 준비하면서 해설을 청한다.

이사라와는 적지않은 기간에 시를 함께 공부하며 격려해온 터였다. 이사라는 좋은 가정을 이루고 있는 주부이며, 시세계 또한 여기에 밀착되어 있음을 부인하기 어려울 것이다. 이런 관점은 페미니즘 곧 여권주의에 의한 우리나라 여성시와도 관련이 없을 수 없게 된다.

서구의 페미니즘 비평은 영미와 프랑스의 페미니즘으로 구분되어 있고, 열린 여성문화를 제시한다. 여성 중심의 관점에서 작품을 검토하고 비판한다.

우리의 경우도 지나치게 남성중심이었던 점을 반성하며, 여성시인들의 독특한 서정과 미의식을 평가하는 작업을 통해 양성공존兩性共存의 문학적 지평을 열고자 한다. 노천명의 시집 『산호림珊瑚林』(1938)이 지적 세련미와 절제된 언어로 여성시의 첫 지성적 시집으로 평가된다.

이사라의 시세계는 주부로서의 일상생활과 그 시적 소출을 도처에서 보게 된다. 좋은 시는 삶의 생생한 경험의 영역을 품게 마련이고 반대로 죽은 시에서는 의미가 동이지는 부분이 있다고 지적된다.

시인들에게 시대적인 미학의 갱신은 주요한 요소일 것이다. 자기만의 독특한 표현에 신경을 쓰게 된다. 흔히 말하기를 "시를 쓰려면 미당 서정주를 극복해야 하고, 시조를 쓰려면 초정 김상옥을 극복해야 한다"고 하는데, 시인들의 자기 수련을 뜻하는 말일 것이다.

이사라의 시는 그 내용의 표현이 독특함을 우선 들 수 있을 것이다. 여성 특유의 튀는 언어가 주는 매력인 것이다. 사례를 들기로 한다.

(1) 희미한 바람에도/ 올이 튀는 가을은 실크다.

— 「옐로카드」 일부

(2) 컵라면을 먹는 노인/ 구리 빛 얼굴에서 언뜻 스치는/ 명화 속 한 장면

— 「거리에서 명화를 보다」 일부

(3) 넘실대는 양은 주전자/ 대접 안에 넘치도록/ 채워 준/ 뽀얀 세월.

— 「막걸리 DNA」 일부

위의 간단한 인용에서 보듯이 재기있는 시적 내용이 도처에서 발견된다. 문학작품의 직관直觀을 가리켜 "정신이 한 대상에 집중하면서도, 별도로 자기 자신에 대하여 가지는 배려"(베르그송)라고 한다. 그

러나 그 '배려'가 튀는 언어일 때 시의 긴장은 전혀 새롭게 된다.

이사라의 언어는 천부적으로 풍부한 편이다. 그의 외래어 사용도 큰 몫을 하며, 이는 시인의 젊음을 과시하는 효과도 줄 것이다.

(1)의 제목 '옐로카드'는 심판이 선수를 경고할 때 내미는 카드로 축구에서는 노랑딱지라고 한다. '실크'는 견사, 견직물로 이른바 '비단실'이다. 명주실로 윤이 나게 짠 피륙의 총칭이 '비단'인데, 가을을 '비단'으로 감각화한 표현이다.

(2)에서는 컵라면 먹는 노인을 '명화 속의 한 장면'으로 비약시킨다.

(3)에서는'뽀얀 세월'이 섬찍한 직관을 돌출시켜 시상의 발상이 신선한 국면을 여는 효과를 낸다.

사실 시적 언어란 기성화된 의미에 반발하는 언어다. 이사라 시인은 이러한 시의 특성을 효과적으로 응용한다. 다음은 첫시집에서 인용한다.

서울로 가는 금강송松

수령 백십 년
맑은 바람
순한 땅에서
곧게 자랐다
훤칠하게 빼어난 용모
발탁되어
임금님 계신 서울
숭례문 광화문
대들보로 간택되었다

곧고 충직한 붉은 마음
복원되는 민족의 지존으로
다시 태어나고자
그의 몸을 바치다

황장목黃腸木
어명을 받드시오

—「어명이요」 전문

이 시는 제목부터가 튀는 제목이다. 내용도 시적 운치가 잡혀져 있다.

이 시의 '금강송'은 이른바 적송赤松이다. 1930년대 일본 산림과학자의 명명으로 금강산 지역의 소나무를 가리키는데, 황장목산의 경북 지역과 겹친다. 금강송은 목질이 견고하고 대패질을 해놓으면 윤기가 흐르며 나무를 켠 뒤에도 굽거나 트지않아 대궐 사찰 등의 건물에 쓰인다.

경북 봉화군 봉화역과 춘양역에 재목들이 모인 후 전국에 공급되는데, 그 지명을 따서 '춘양목'이라 부르기도 한다.

금강송은 생육기간이 200년을 헤아리기도 하며, 길이가 37자(11m), 직경이 70~80cm가 되어 왕실의 관곽棺槨을 만드는데 쓰이므로 이를 '황장목'이라 하였다. 형질이 또한 황적색이 있다. 이 시는 수령 백 십년의 금강송이 화재 입은 숭례문의 대들보로 '간택'되어, 민족의 지존으로 몸을 바치고자 한다며 '어명을 받드시오'에 이른다. 참신한 발상의 시라고 하겠다.

## 2. 일상생활의 '숨은 신神' 일깨우기

현존이란 언제나 과거라는 블랙홀 속으로 미끄러져 들어간다. 시는 필연적으로 삶의 경험에서 자유로울 수가 없다. 그러나 일상생활에서 '숨은 신'을 일깨우는 것은 역시 시인의 사명인 것이다.

이사라 시인의 시에는 주부로서의 생활과 그 경험이 주류를 이룬다 해도 과언이 아닐 것이다. 시의 제목에 투영된 것만 봐도 짐작할 수 있다. 「아궁이」 「냉장고」 등 적잖게 추려볼 수가 있다.

이런 현상은 여성시인의 경우 서로 비슷하겠지만 사회생활을 하는 이들과 그렇지 않은 분과의 차이가 있을 것 같다. 이사라 시인은 전업주부에 속할 것이다.

그러나 이사라는 천주교의 신자로서 종교적 신앙과 그 정신적 배경은 물론 특히 대전성모병원에서 무려 30여 년간을 봉사활동에 전념해왔다.

지구는 어느 행성에서 부서진 파편일까
밤 하늘의 별들은 축배의 잔이 부서진
크리스탈 조각들

사람 사는 마을에서
부서지지 않는 것 있을까
남의 불행에 위로받던 내가
남의 불행에도 위로가 되어줄 차례
희망을 미워하지 않는 조각들
어느 날

착한 햇빛이 허리를 굽혀
너를 찾을 때
반짝 눈 뜨고

누더기 같은 실금들은 모두 깨져 버려라
깨진다는 건
또 하나 생명이 생기는 일이다
더운 피가 흐르는 일이다

지구는 창마다
예쁜 빛깔 스테인드 글라스
빛나는 별
노숙자들
아침은 일어난다

— 「깨진 것들은 빛나고」 전문

이 시는 제목부터가 반어법의 표현. 표현하려는 본뜻과는 반대되는 뜻으로써 문장의 변화를 한결 높이려는 수사법이다. "누더기 같은 실금들은 모두 깨져 버려라/ 깨진다는 건/ 또 하나 생명이 생기는 일"(3연)이 그 핵심이라고 하겠다. 건설을 위한 파괴의 예찬인데 그것이 행성에서 떨어져 나온 지구(파편)로부터 시작된다. 「깨진 것들은 빛나고」에서도 그의 '숨은 신'은 절망을 넘어선 새로운 희망을 제시한다.

이사라 시인의 일상생활에는 보통의 주부들처럼 가족과 가정, 이웃과 사회, 종교와 사랑 등 적지않은 일상이 시에 잡혀져 나온다. 그러나 그 일상에는 모성의 공간이 있고, 예민한 여성의 감각이 움켜쥐는 포용력이 작용한다. 불가사의한 일상을 예민하게 감득하는 여성적 감수성을 보게 된다.

좋은 시가 생생한 경험의 소산이라고 하지만, 그 경험의 세속성이나 사적私的 편견에 빠졌을 때는 오히려 유해한 요소임을 우리는 알고 있다. 시는 여전히 '선적인 경지'를 넘어 깊은 사색과 사상의 물방울에 이르러야 하며, 그 표현의 공공성公共性의 구름을 놓쳐서는 안 되기 때문이다. 여성시의 예민한 감수성이 오히려 장애를 경계할 때도 있을 것이다.

앞에서 말한 것처럼 이사라에게는 주부로서의 경험의 세계가 상당량을 점하고 있다. 이것이 그의 시에 어떤 성과가 되고, 어떤 폐단에 이를지는 전적으로 그의 몫이라 해도 될 것이다.

시 쓰기는 자아自我 찾기란 말이 있다. 그 자아의 발견이란 언어의 표현으로 어떤 비전을 찾아야 하는 것이 시쓰기라 해도 될 것이다. 나날의 삶에서 언어는 긍정적 기능을 하기도 하지만, 무정의 심술을 부리기도 한다. 이 언어 속의 자아는 현실적 나의 인격임은 물론 작품속에 심대한 영향을 끼친다.

시인은 끝없이 '참된 나'를 찾으며 성장하는 길에 서야 한다. 그것이 일상생활의 '숨은 신' 일깨우기인 것이다.

### 3. 시인의 길, 순례자의 길

이사라 시인의 시세계는 '순례자의 길'로 정의할 수 있을 것이다. '순례巡禮'란 종교상의 여러 성지城地와 영지靈地 등을 찾아 다니며, 참배하는 일인데, 이사라는 그의 작품에 종교적 경외감과 시인적 친밀성을 함께 구유하면서 사색의 장을 펼치고 있기 때문이다. 그러나 그의 시심은 신앙적인 집착이나 그 편견에 함몰되지 않은 경건한 생활 감정이나 윤리에 밀착되어 나타난다. 말하자면 시인에게는 겸손한 순례자의 경모와 의지가 배어 있고, 시심의 통렬한 관찰로 이어진다.

성당 꼭대기
두 팔 벌린 예수님 상

밤마다 내려오시어
이 동네 저 골목 돌아보시네
잠그지 않은 문도 닫아 주시고
꼬리 흔드는 강아지도 쓰다듬고
병자의 머리도 만져보시네

많은 별 중에
오직 푸른 별을 위해
기울어지지 않도록
못 박으셨네

밤마다 찾아가는 골고타 언덕
새벽이 오면 상처투성이 발을 씻고
고요히 두 팔 벌리고
아무 일 없다는 듯
서신 채로 잠드셨네

— 「예수상」 전문

위의 「예수상」이란 작품을 살펴보면 예수가 선한 '사랑의 화신' 으로 객관화 된다. 구세주의 구체적 모습이 친근하게 다가온다. 작품의 효과도 높은 편이며, 도타운 순결이 또한 감동을 자아낸다. 청초한 시인의 길인 것이다.

여행을 떠나야한다는 그대
혹시 흐린 날이나 바람 부는 날
혹시 목적한 곳이 황량한 곳이라도
실망하지 말아요

길을 잃어버린다 해도
새로운 길은 언제나 보이는 것
우리를 살게 하는 건 그리 큰 것도 아니기에
상처는 치유하기 위한 것이기에
그대가 지친 새가 되어 문을 두드리면
곧바로 열어 주려고
계단에서 늘 기다리는 사람 있으니
그대의 배낭에는 따듯한 돌 하나면 되리라
어느 허름한 여인숙에 하룻밤 묵는다 해도
여행자로 떠난 그대
거룩한 순례자의 길로 돌아오라

병약한 사람으로 떠났으나
청년이 되어 돌아오라
한잔 낮술에 익은 얼굴로

— 「어느 여행자에게」 전문

시와 자유로운 정신, 그리고 상상력의 연결은 많이 일컫는 말이다. 특히 상상력은 두 대상을 연결하는 힘이기도 하고, 시인은 비유의 힘을 빌어 두 대상을 하나로 연결한다.

상상력을 키우기 위해서는 천진난만한 어린이의 눈으로 난생 처음 보는 것처럼 살펴야 한다.

일견 알 수 있는 것처럼 「어느 여행자에게」는 상상력이 시의 주축을 이룬다. 세속적 상식과 통념이 사라지고 나만의 창의성이 한 편이 시가 되고 있다.

여행을 떠나는 '그대'에게 주는 말이 '새로운 길' '지친 새'로 표현되며, "여행자로 떠난 그대/ 거룩한 순례자의 길로 돌아오라"고 한다. 특히 "그대의 배낭에는 따뜻한 돌 하나면 되리라"의 이 핵심 구절은 바로 상상력의 일품이라고 하겠다.

의미의 결합과 그 성취도는 이사라 시의 한 표본이다. 그에게는 서정적 묘사보다는 이 지적인 진정성에서 빛난다. 쉽게 말하면 손재주로 쓰는 시가 아닌 것이다. 이사라의 경우 「언강을 건너다」에서는 세속적 상황의 세계가 아니다.

> 긴 밤 이야기책을 더 읽지 못하고
> 불을 끈 강
> 아무것도 보이지 않는
> 백지의 벌판이다
>
> 강물을 보면
> 돌을 던지곤 하였지

덤덤했던 어머니 가슴
강물의 상처를 생각하지 못했지

언강에 돌을 던진다
튕겨져 돌아왔지
나의 투정을 받아 줄
어머니는 없다

완강하게 얼어붙은 의지의 강
또 하나 길을 만들었다
긴 강 건너 마을로 간다
허리 숙여 조심해서 걸어야지

죽음도 삶도 갈라놓은 강
신을 벗지 않고도
나를 받쳐주는
언강을 건너다

— 「언강을 건너다」 전문

그의 창의성은 "불을 끈 강/ 아무것도 보이지 않는/ 백지의 벌판"(1연)에서 다시 "죽음도 삶도 갈라놓은 강"(종연)이 된다. 비현실적 상상력이 시의 재미가 되고 뜻을 이룬다. 시에서 새로운 의미를 발견하고 그 가치에 대한 의미 부여는 곧 시의 생명력을 좌우한다.

## 4. 달관의 경지와 품격

시의 가치는 문학적 논의와 내용을 검토할 때, 거의 빠지지 않는 항목이다. 미적 가치와 의미 추구의 상호작용이 바로 시의 독법이라 할 수 있을 것이다.

시의 진정성真情性은 감동적 요소로서 독자의 요구라고 할 수 있을 것이다. 시의 수식이 아무리 복잡할지라도 거짓이 없는 참된 정서, 애틋한 마음의 깊이는 시의 진실성 바로 그것이다. 시의 본질이라 하여도 과언이 아니다.

아마도 여성시의 언술자세는 남성시에 비하여 시의 진정성이 앞서지 않을까 생각해 볼 수도 있다. 여성시의 섬세한 감수성은 일반적으로 남성시를 앞설 수 있기 때문이다.

이사라의 경우는 지적인 설득력이 강한 진정성일 것이다. 현대시의 기법상 단면일 수 있고, 시인의 문학적 체질과도 상관성이 있을 것이다.

(1)
햇빛 좋은 사랑마루에서 어머니는
참빗으로 내 머리의 이를 잡아 주었다.

하느님은 내가 잠들었을 때
내 머리카락을 세어 두셨다.

매일 빠지는 머리카락
믿음 약한 내 뿌리 죄송하다.

— 「머리카락」 전문

(2)

돌돌 말고 맹자 생각하는 국수
나도 같이 공자 생각한다
국수 맛으로 먹을까
소스 맛으로 먹을까

매끄럽게 넘어가는 면발
사는 일도 이렇게 쉽다면
긴 면발 풀리는 동안
진부한 대화는 생략하자
사는 일은 계속되어야 하니까

이렇게 저렇게 생각해도
찬밥 같은 세상은 아니다
사는 것이 맹맛이라도
상큼한 소스 같은
세상 즐거움
공자 왈 맹자 왈

—「메밀 국수」 전문

이 시에서도 독특한 인생론이 시의 즐거움을 더한다. 일찍이 "시는 언어를 가지고 인생을 모방하는 예술입니다"(아리스토텔레스)라고 했지만, 시의 인생론이 여성 특유의 긍정정신의 터전에 있음을 볼 수 있다. 그리고 앞에서 본 것처럼 상투적인 고정관념을 벗어난 의미의 신선함일 것이다.

(1) 「머리카락」은 우리의 상식을 초월한다. "매일 빠지는 머리카락/

믿음 약한 내 뿌리 죄송하다"는 표현은 하느님 앞에서 내 '죄'를 고백하는 내용치고는 그 특이한 발상이 우리를 압도하는 감이 있다.

(2) 「메밀 국수」에서는 이 세상에 대한 삶의 긍정이 노래로 승화된 작품이라고 할 것이다. "세상 즐거움/ 공자왈 맹자왈"(종연)은 '메밀 국수'를 맛있게 먹는 우리네의 정서를 소리로 고양시키고 있기 때문이다. 시의 진정성의 감동과 품격이 '노래'에까지 이른 셈이다.

세상을 달관達觀한다는 것은 누구나 원하는 것이겠지만, 그리 쉬운 일이 아닐 것이다. 더구나 그것이 시로 표현되고 깊이를 지니게 된다는 것은 미학에서 직접적으로 지각하는 관조觀照와는 또 다른 면일 것이다.

이사라는 그의 시 「내가 세상 떠나는 날」에서 이 세상 최후의 '하직 인사'를 보이고 있는데, 이 또한 특이한 달관의 경지로 주목하게 한다. 그것은 빛나는 시인의 언어라고 하겠다.

> 헐어지고 무겁던 육신 벗어 놓고
> 가벼워진 영혼으로 날아서
> 바빌론의 강으로 달려갑니다
> 살구빛 노을 물든 아름다운 강
> 조그만 나룻배를 저어 오는 분이 보입니다
> 내 앞에 당도한 배에는
> 손등에 못 자국 보이는 분이 계십니다
> 그 분은 저를 배에 오르도록 손잡아 주셨습니다
> 저는 참 그리웠습니다 하고
> 그분 품에 안겼습니다

딸아 나도 너를 기다렸다
나룻배가 강 건너 닿을 때
낯익은 사람들이 손 흔들고 있었습니다
아! 그곳에 부모님과 사랑하는 형제들이
나를 기다리고 있었습니다

오랜 타향살이 끝내고
드디어 고향으로 돌아왔습니다

—「내가 세상 떠나는 날」에서

세상을 하직한다는 뜻에는 '죽음'을 높이어 별세別世라고도 하는데 이 시는 바로 그런 내용을 담은 것이라고 하겠다. 이 세상은 '오랜 타향살이'의 삶이었던 것이다. 슬픔이니 회한이니 하는 어휘가 전혀 보이지 않는 것은 이 때문이다.

이사라의 시인적 정신과 기질이 깊고 경모스러움을 보인다.

서정은 미래를 향해 끊임없이 현재형으로 진화한다. 시에서도 시의 자율성, 실험정신, 새로움 등의 진취정신이 필요하며, 현실 및 삶의 제반 문제와 어떤 식으로든 밀착해야 한다는 방향성이 있게 된다. 이사라의 시세계도 이런 현대감각의 맥락을 짚지 않을 수 없다.

이사라는 시인적 바탕과 집념이 깊은 시인으로서 《창조문학》(2008)에서 등단한 이후 3권의 시집에 이르는 중견시인이다. 시의 언어적 기품과 성취에서 누구보다도 일깨우는 바가 있고, 그의 시는 끝없는 여행자의 길에서 시적 달관의 경지와 품격을 구현한다. 깊은 종교적 내밀성과 지적인 진정성은 그의 신학의 주요한 축으로 심화

되어 시의 질을 주체적으로 높인다.

우리나라의 여성시는 남성시와의 양성구유兩性具有에의 지향을 보인다. 근자에 여성시인들은 뚜렷한 진출을 보이며, 활발한 작품성과를 보인다. 이사라 시인은 우리 주변에서 떠오른 새로운 여성시의 희망이라고 해도 과언이 아닐 것이다.

그의 시혼에는 예술성과 사상성의 양면성이 함께 투시하며, 새로운 시적 충격, 감동, 깨달음을 주는 끝없는 자아발견의 숨결을 느끼게 한다. 시적 성취가 더욱 고무되었으면 한다.

— 이사라 시집 『어느 여행자에게』 수록

대전문화의 뿌리와 정신을 찾아서

# 한밭, 향토문학론


**발 행 일** 1판 1쇄 2021년 5월 28일

**지 은 이** 조남익

**발 행 인** 이영옥

**편 집** 김보영

**펴 낸 곳** 도서출판 이든북

**출판등록** 제2001-000003호



**주 소** (34625) 대전광역시 동구 태전로 30 광진빌딩 2F

**전 화** 042 · 222 · 2536

**팩 스** 042 · 222 · 2530

**이 메 일** eden-book@daum.net



ISBN 979-11-6701-049-0 (03810)

값 23,000원





* 이 책은 2021년도 대전광역시 대전문화재단 에서 사업비 일부를 지원받아 발간하였습니다.